荆楚文库

撒叶儿嗬——清江土家跳丧

白晓萍 著

荆楚文库编纂出版委员会
湖北美术出版社

荆楚文库

撒叶儿嗬——清江土家跳丧

SAYE'ERHE——QING JIANG TUJIA TIAOSANG

图书在版编目（CIP）数据

撒叶儿嗬 ：清江土家跳丧 / 白晓萍著．

-- 武汉：湖北美术出版社，2021.9

ISBN 978-7-5712-0843-1

Ⅰ．①撒…

Ⅱ．①白…

Ⅲ．①土家族－葬俗－湖北

Ⅳ．①K892.22

中国版本图书馆CIP数据核字（2021）第045597号

策　　划：冯芳华
责任编辑：袁　飞
文字编辑：陈凌云
整体设计：范汉成　曾显惠　思　蒙
责任校对：杨晓丹
技术编辑：李国新
出版发行：湖北美术出版社（中国·武汉）
地址：武汉市雄楚大道268号B座
电话：（027）87679525　87679520　　邮政编码：430070
制版：左岸工作室
印刷：湖北新华印务有限公司
开本：720mm×1000mm　1/16
印张：26.5
字数：205千字
版次：2021年9月第1版　2021年9月第1次印刷
定价：180.00元

ISBN 978-7-5712-0843-1

9 787571 208431 >

出版说明

湖北乃九省通衢，北学南学交会融通之地，文明昌盛，历代文献丰厚。守望传统，编纂荆楚文献，湖北渊源有自。清同治年间设立官书局，以整理乡邦文献为旨趣。光绪年间张之洞督鄂后，以崇文书局推进典籍集成，湖北乡贤身体力行之，编纂《湖北文征》，集元明清三代湖北先哲遗作，收两千七百余作者文八千余篇，洋洋六百万言。卢氏兄弟辑录湖北先贤之作而成《湖北先正遗书》。至当代，武汉多所大学、图书馆在乡邦典籍整理方面亦多所用力。为传承和弘扬优秀传统文化，湖北省委、省政府决定编纂大型历史文献丛书《荆楚文库》。

《荆楚文库》以"抢救、保护、整理、出版"湖北文献为宗旨，分三编集藏。

甲、文献编。收录历代鄂籍人士著述，长期寓居湖北人士著述，省外人士探究湖北著述。包括传世文献、出土文献和民间文献。

乙、方志编。收录历代省志、府县志等。

丙、研究编。收录今人研究评述荆楚人物、史地、风物的学术著作和工具书及图册。

文献编、方志编录籍以 1949 年为下限。

研究编简体横排，文献编繁体横排，方志编影印或点校出版。

《荆楚文库》编纂出版委员会

2015 年 11 月

序　言

20多年以前，初次听友人说到清江土家的撒叶儿嗬——跳丧，我顿觉心灵似有震颤之感。此后陆续读到一些关于跳丧的报道，虽仍像雾里看花，但已不禁为之神往了。

1998年深秋，在中国民族史学会的巴楚文化研讨会上，我见到一篇论文，其中写到为年逾花甲的“寿星”跳丧，读后深为诧异。本来音乐和舞蹈都是容易超越民族界限的，可是我竟不知跳丧的音乐和舞蹈何以能使土家山民如痴如醉，乃至仍然健在的老人一过六旬，就想在有生之年领略一下为自己跳丧的乐趣了。此中必有某种观念，在清江土家看来也许已是常识或者公理，在外人看来却可能还是奥义妙旨。我曾向那篇论文的作者白晓萍老师请教，她说她也正在思考这个问题，一时还不能为我解疑释惑。

2000年初冬，白老师对我说，她要利用日常工作的间隙，到土家山村去研究跳丧，要我帮她出些主意。她的话完全出乎我的意料，倒不是因为我对她的能力有怀疑，而只是因为近十余年来乐意做艰苦的田野工作的学人好像越来越少了。白老师说得很郑重、很恳切，显然其意已决。先是，我已知悉，白老师对音乐和舞蹈都不是外行，学养和文笔虽以佼佼誉之亦不为过，又是巴东籍的土家人，通晓清江土家的方言。于是，我鼓励她把这个研究课题承担起来。她的本职工作是群众艺术，这个研究课题可以说选得“门当户对”。

我为白老师出的主意只有两个：一是做好参与观察，这要有足够的广度和深度，力求达到融入土家山民的境界，还要有翔实的记录；二是增进自己的学术素养，除了读有关的史志和人类学、民族学方面必读的书之外，还要读《庄子》。其中，只有读《庄子》是我特意添上的，此外都是我从前做少数民族调查研究工作的体会，在做惯了田野工作的人类学家和民族学家听来都是老生常谈了。

研究跳丧，学术价值诚然很高，可是操作难度也很高，因此，对于白老师能把这个课题做到什么程度，当初我是不敢逆料的，我只是希望她做好。

从此，每隔几个月我就能读到白老师寄来征询意见的文稿，每篇文稿都增强了我对她的信心。这些文稿大半是跳丧的实录，精彩纷呈。我先睹为快，得感谢白老师。

课题的进展比我预计的快些，2004年初夏，白老师的调查研究报告出来了。这是一项经得起颠扑的学术成果，超过了我期待的水准。

白老师的参与观察做得真诚而刻苦，缜密而透彻。九家跳丧，十一个通宵，娓娓道来，应有尽有，莫不曲尽其妙，使读者如身临其境。还有关于清江中游风土人情的描述，以及在“缘起”中围绕跳丧所作的自叙，都便于读者了解跳丧所赋存的特殊环境和所依附的特殊传统，非闲文虚笔，能引人入胜。至于终篇的“感悟”，则显示了作者研究的功力。

如此忠实又如此精到的调查研究报告，确实罕见。尤其是在蹈空之风渐有滋长之势的今天，更显得难能可贵。

白老师嘱我作序，我作的序也无非实录而已。

张正明

2004年5月8日于桂子山

目　录

缘 起

“撒叶儿嗬”，汉称“跳丧”，是清江土家的一种丧俗。

如果你走进清江中游的土家村寨，遇有老人寿终正寝，就一定能看到“撒叶儿嗬”。那是一种非常独特的丧俗，独特到不明究竟的人乍一见时会觉得不可思议的程度。四山五岭的乡亲们相聚在一起，在孝家的堂屋里，在不太明亮的灯光下，在亡人的灵柩前，男人们载歌载舞，女人们穿戴着红红绿绿的鲜亮服饰围观助兴，通宵达旦。它真正地做到了把丧事当作喜事来办，而且有绝妙的歌腔舞态。

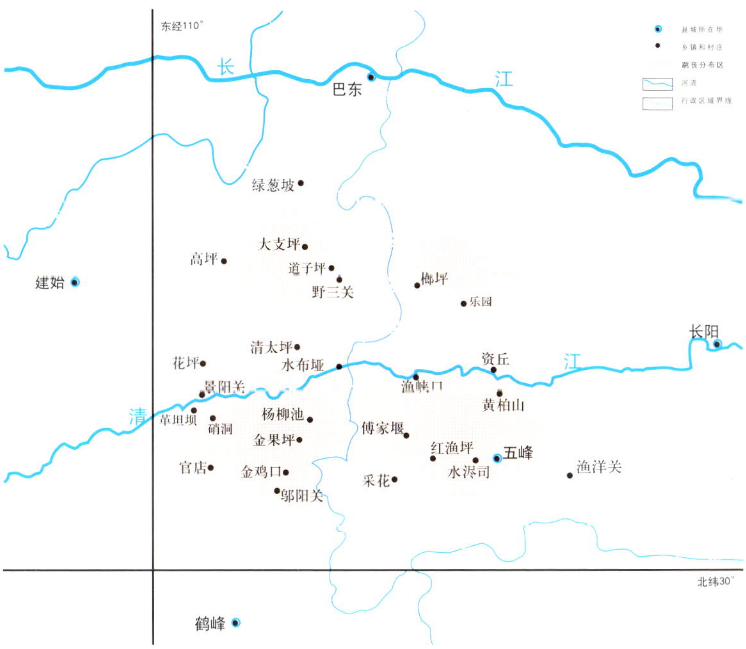

图1 湖北清江中游“撒叶儿嗬”分布略图

图2 秋风亭又名寇公亭，相传为北宋寇準任巴东知县时始建。“高楼聊引望，杳杳一川平。野水无人渡，孤舟尽日横……”这首《春日登楼怀归》诗，正是寇莱公在巴东任上所作。秋风亭原位于县城半山腰的凉水寺，三峡工程蓄水后，江水已涨到秋风亭脚下。

“撒叶儿嗬”是土称，究竟为何意已无人知晓。在曾有的几个解释中，要么根据谐音，要么根据丧事的主题，将其写为“散忧祸”或“三友合”，认为是土家人死后，朋友们合在一起，为孝家驱散忧愁和灾祸。这其实是后来文人的附会之辞。“叶儿”二字在演唱中是非常清晰的两个音节，如果语速较快，全称就成了“撒尔嗬”，“散忧祸”或“三友合”显然都解释不通。再者，土家跳丧最大的特点，是把丧事当作喜事办，认为老人辞世是“顺头路”，表明人的一生走到了头，是值得庆贺的，绝非忧愁和灾祸。过去只有儿孙满堂的老人死后才跳丧，现在也是有子嗣抱灵牌的亡人方可跳丧。对少年夭亡和死于非命又尚无子嗣即真正遇有灾祸的人，却恰恰不跳丧。

“撒叶儿嗬”是在丧祭仪式歌舞中反复出现的一种合唱和声。现在看来它更像是一个衬词，但在当初也可能是有明确语义的实词。土家是一个有自己语言的民族，酉水流域至今尚有约20万人操土家语。可是清江流域的土家已改讲汉话，不会讲土家话了。“撒叶儿嗬”应是古老的土家语词，它古老到人们已忘却了它的语义，仅在跳丧时还保留着它的语音。

跳丧有它特定的环境——天然环境和人文环境，研究跳丧必须认识它所赋存的独特环境。先前三峡地带的土家也是跳丧的，可是现在已很难见到了，这就与人文环境的变迁有关。巴东老县城信陵镇的秋风亭，相传是北宋寇準任巴东知县时始建的，它是三峡地带人文环境急剧变迁的标志。长江北面的小支流沿渡河，现在俗称神农溪，当地土家赤身裸体拉形制特殊的船只——“豌豆角”，现在已经是难得见到的三峡土家遗风了。先前清江上游和下游的土家也是跳丧的，可是现在已基本不跳了，这就与地理环境以及人文环境的差异都有关。清江最闭塞的地方不是上游，不是下游，而是中游。上游自从明朝设立卫所以来，

图3 巴东神农溪纤夫

不是他们放浪形骸，殊不知，频繁地下水拉纤，浸湿的裤子会擦伤皮肉。这才有了如今难得一见的三峡土家遗风。（郑定荣 摄）

图4 巴东老县城的马鹿口，天阶似的青石板路当年曾是通往施南府的官道。（白明光 摄）

下游自从改土归流之后与荆州沙市一带增进了经济联系以来，跳丧就越来越少了。建始的景阳关曾经是清江中游的锁钥，北保三峡通航，南控容美土司。巴东的绿葱坡既是清江与长江的天然分水岭，又是土家聚居区与土家散居区的人文分界线。巴东老县城的马鹿口[1]曾经是从三峡地带经由绿葱坡通往清江流域的古道的起点。

现在跳丧的分布，在恩施土家族苗族自治州有巴东县的大部分区域和鹤峰、建始两个县的小部分区域，在宜昌市有长阳、五峰两个土家族自治县的一部分区域，这些地方是连成一片的。北起巴东野三关，南至鹤峰邬阳关，西到建始景阳关，东近五峰渔洋关，是跳丧的中心区域。

跳丧风气最盛的是巴东的后乡。从20世纪80年代起，作为一种民族民间歌舞艺术的土家跳丧，被文艺界人士所关注。了解跳丧的文艺界人士说，巴东后乡的跳丧是“地道”的、“正宗”的、“原汁原味”的。

所谓“后乡”，是与“前乡”相对而言的。巴东的范围，北至大巴山东脉的神农顶，中经巫峡口跨长江，南逾清江而切入武陵山余脉。前乡与后乡以海拔1800余米的绿葱坡三尖观为界。绿葱坡迤北为前乡，包括长江两岸的平阳坝、沿渡河、官渡口、茶店子等四个乡镇，连同县城在内；绿葱坡迤南为后乡，从北到南，有绿葱坡、大支坪、野三关、水布垭、清太坪、杨柳池、金果坪等七个乡镇。前乡与后乡的文化确实有明显的区别，前乡在三峡文化圈内，后乡在清江文化圈内。前乡土家人少，后乡土家人多。前乡兴坐丧、转丧，只有后乡兴跳丧。

我也是巴东籍的土家人，却很晚才见到跳丧，这就和人文环境的变迁有关。我从小生长在老县城，是前乡人，又适逢“以阶级斗争为纲”的特殊年代，跳丧被视为封建迷信活动而横遭禁止，所以那时我无缘得见，只是听说过“撒叶儿嗬”。

儿时我跟奶奶生活在一起，奶奶是巴东谭姓土家。“后乡”这个概念，我最初是从奶奶口里听得的。20世纪60年代，巴东城内只有万余人。老城沿长江南岸一条独街，可以走马车，还常有骡马队驮着各种物资，沿马鹿口那天阶似的青石板路，进出于后山上那条通往施南的古道。听奶奶说，那些赶骡马的人，是从后乡里来的。记得

图5 长江边的沙滩上，骡马队从船码头装载的各种物资，沿马鹿口上山运往后乡。（郑定荣 摄）

我们一群住在街旁的大大小小的孩子，每每听见“得、得”的马蹄声，就会齐声数板吟唱那首童谣：“马来哒，牛来哒，后乡里大哥回来哒……”

后乡对我来说其实并不陌生，姑姑出嫁后在野三关安家，我上小学时就到过那里。20世纪70年代初，家父被下放到野三关石马公社全心一队劳动改造，奶奶和我也在那儿住过。1973年冬，奶奶病故在石马公社的高山上。那是一个大雪覆盖的夜晚，生产队长和会计带着火铳来到父亲住的土屋门口，朝天几响铳，算是给老乡们报了丧。父亲跑去接来两个老婆婆，给奶奶净身并穿上“老衣”，然后将奶奶入殓。一切完毕后，大家围坐在火塘边守灵。奶奶在时，是家里的一个主，此时她躺在棺材里，我感到父母也有些手足无措。队长张钦春对赶来帮忙的社员们说：“白同志在我们队里没得多的亲戚，你们都帮忙多守一会儿。”冬夜漫长，天寒地冻，或许是觉得干坐着冷清，有

图6 您见过搭在公路上的风雨桥吗？它位于通往巴东后乡以及州府各县的古道朱砂土驿站旁。

人讲起了从前兴跳“撒叶儿嗬”时的情形，认为人死了“还是要跳撒叶儿嗬才好混夜”，有的说：“其实这是祖宗世世代代都兴的，不应该算‘四旧’。”有人还议论说：“就是我们石马管得严，别的地方胆子大的还是敢跳，有的人户和队长关系好，人家不报告，还不是睁只眼、闭只眼。”队长听后说：“你们这些人的脑筋，就是顽固不化，上面说是‘四旧’，那就是‘四旧’。石马公社是县里的点，又不比别处。若是准跳，我还不晓得给这老人家热闹热闹呀。”父亲苦笑说：“还是不要违背规定。”队长平时对父亲很好，我想他的话不会有错。烤火守夜的乡亲们说起跳“撒叶儿嗬”，都认为有意思。我当时是学校里的红卫兵，一方面觉得他们思想落后，可另一方面又不希望聊天的人离开。他们只是议论了一番，尽管讲起来有点眉飞色舞，还是没人敢跳。在当时的特定环境里，奶奶最终没有享受到“撒叶儿嗬”。

图7 巴东绿葱坡山谷里的思阳桥（郑定荣 摄）

图8 巴东绿葱坡既是清江与长江的天然分水岭，又是土家聚居区与土家散居区的人文分界线。（郑定荣 摄）

图9 2000年12月，作者跋涉在巴东绿葱坡的高山雪地里。（王东生 摄）

奶奶去世不久，父亲即获平反回城。我于1975年在巴东一中高中毕业后，去长江以北的兴山县高桥公社插队落户，不久被招入兴山县文工团，后又调入宜昌市歌舞剧团，从此很少再有机会去巴东后乡。在文工团里，虽然天天唱歌、跳舞，但那时对民间的歌舞艺术并不重视也并不了解。

从20世纪80年代开始，宜昌各地的文化部门抽调人力，进行民间音乐舞蹈的搜集整理工作。我听宜昌市群众艺术馆整理民间舞蹈的专家谭燕华老师和湖北省歌舞剧院的舞蹈专家杨凤仙老师讲，我省民族民间舞蹈最精彩、最有魅力、最令人震撼的是土家跳丧。杨老师还讲到她们到巴东野三关等地调查跳丧的情况，这使我回想起当年在巴东对“撒叶儿嗬”的一些记忆。现在这些搞舞蹈的老师们说起跳“撒叶儿嗬”，都当宝贝似的。可当她们问起我这个巴东的土家人时，我却什么也搞不清，真是身在深山不识宝，感到自己有点儿枉为巴东土家人，因此非常想有机会看一看跳丧。

在20世纪90年代中期宜昌拍摄的电视专题片《三峡纵横》中，我曾看到一两个跳丧的镜头，为此专门找到宜昌市委宣传部的刘家信老师，向他借得摄制组拍摄的资料，看到了长阳跳丧的录像。后来我凡有工作之便到长阳，少不得要就跳丧向文化馆的民间舞蹈研究专家覃发池老师学上两招，但仍然没有机会亲历实实在在的跳丧。

第一次在现场看到跳丧，已到了1998年的盛夏。

那年7月，我因写作“文化人系列专访”，来到长阳县城龙舟坪镇。被采访的文化人中，有一位是资丘文化站的站长田玉成。此前我曾多次拜托玉成，请他在遇有跳丧的机会时，就通知我一下，然而因故总是时不凑巧，没能如愿。那天下午采访完玉成，我回到清江招待所，晚上8点多钟，玉成不知从哪儿得到信，跑来对我说：“你不是想看跳丧吗？今天城关就有跳丧的，你有没有兴趣去看？”这当然是个难得的机会，我赶紧问他有什么需要遵行的礼节。玉成是个行家，他说：“你什么都不用管，跟着我走就行哒。白事都讲‘戳’起去的（按，指主动上门去，孝家不用接或请，总是欢迎和感谢客人上门的），你人到哒就是礼节！”

我们来到一个小巷子口，玉成掏钱在小卖铺买了两封鞭炮。当我们沿巷子爬过一些石板阶梯时，已听见孝家屋里传出来男人叫歌时的高腔。

站在孝家的小院里，玉成点燃了鞭炮。亡人是位田姓的长者，男性，土家族。透过缭绕的烟雾，我看到灵堂里有四个男人在跳丧。天热，他们都是赤膊上阵。隔着门框，听见屋里有女人的哭声。不一会儿，孝女被人扶着，戴着孝，来向我们下跪叩头致谢。

我没想到跳丧的男子竟然是来自家乡巴东的人。这一班巴东后乡的农民，是来打工的。他们且歌且舞，挥汗如雨。跳下场来的人轮流到院子外头擦汗歇凉，他们用那叫我听起来有些熟悉的巴东后乡口音对我说："是从清太坪出来搞副业（按，指外出务工）的，有时遇到人家有'老人'（按，指老年人亡故）的，就想跳撒叶儿嗬。不过有的地方人家不兴，我们就对孝家说，我们老家的风俗兴跳撒叶儿嗬，是闹夜陪伴亡人的。孝家不愿意的话，就不跳；有的老板（按，指孝家主人）还是欢喜热闹，我们即跳一折。哪晓得一跳，人家就不准走哒，要留我们帮忙。老板供烟酒饭食，有的还把（按，即给）几个钱，一般一个晚上每人不会低于十块钱，有的孝家老板给我们每人包二十块钱的封包。我们是想跳哒玩会儿，也不光是为哒挣钱。"

跳丧在灵堂棺材前的空地上进行，站在棺材左侧击鼓

图10　建始景阳关，俗称关口、关口槽槽，又名建坪关。隘口凹宽16米，从前是建始到花坪、官店必经的古驿道，它南经鹤峰达湖南桑植，北连重庆的巫山，曾是川（今渝）、鄂、湘边界重要的官道。清道光年间建始知县袁景晖曾题诗曰："旧设崖关险，传闻雨洗兵。天梯心目敞，俯瞰一江清。"

叫歌的男人，就是俗称的“掌鼓师”。掌鼓师击鼓领唱，舞者边舞蹈边唱和，歌者和舞者又被统称为“歌师傅”。“叫歌”是歌舞者和当地民众自己的说法，在我看来，之所以将其演唱称为“叫”而不称为“唱”，是由于他们的演唱方式尤为独特——以男嗓高八度声腔歌唱，且发出类似花腔女高音风格的颤音，一拍两颤，有非常强的律动感，极具特色。

看着场上歌师傅们的精彩表演，从这别具一格的歌舞中，感官受到了美的冲击。灵堂里没有肃杀压抑的气氛，所见的是一种优美的艺术。

玉成是长阳资丘人，在本地长期从事民族民间文化的挖掘整理和研究工作，能歌善舞，掌鼓叫歌也是一把好手。他告诉我：掌鼓的歌师傅一般的“学把式”拿不下来，通常是由鼓技、歌技、舞技都娴熟出众的人担任，他领鼓叫歌，舞者都是跟着他接歌和唱的。跳得好不好，首先取决于掌鼓师。掌鼓师叫歌叫得好，节奏点子敲得好，跳的人才跳得起劲，不然就跳不拢。掌鼓师叫歌所唱的曲谱，都是当地人熟悉的民歌调子，根据歌词内容，依字行腔。歌词相当丰富，有颂赞土家先民披荆斩棘、开疆辟土的，有唱祖先落籍创业的，有唱农桑渔猎生产生活琐事的，有唱亡人生平、行孝故事的，有唱男女爱恋和风土人情的，等等。掌鼓师可按历来流行的内容唱，也可以临场即兴发挥。

我们站在门口，看着场上几个人的舞蹈，玉成一边给我讲解，一边评述。据他介绍，跳丧的基本套路是《四大步》，按老艺人们总结的要领，有“脚下踩的升子底，手上挽的链子扣”“会跳丧的肩靠肩，不会跳丧的跑圈圈”等。

他还说，场上我们所见的跳丧，是巴东的跳法，跟长阳后河的跳丧差不多，比较柔和。他认为，长阳前河的资丘、渔峡口跳丧显得刚健、豪放，最好看。说着，玉成在四周围观的男人中找了两个资丘来的熟人，让他们把资丘的跳丧拿出来露一手。他随即走到棺材左侧，接过巴东掌鼓师手中的鼓槌，放开歌喉，叫出了一声声极具穿透力的高腔。跳丧的两个资丘汉子果然出手不凡，一改方才文雅的风格，动作刚劲火爆，跨步脚底生风，转身、下蹲、摆胯，每个招式都讲究到位。他们表演了《四大步》《幺女儿嗬》《幺姑姐》等，其中穿插着“虎抱头”等模仿老虎形态的动作。

当表演“虎抱头”时，舞者二人左肩相靠，曲膝、哈腰、双手抱头，身体上下颤动，很像两只老虎在互相逗趣。土家是个崇虎的民族，在跳丧中有很多模仿老虎的动作，如双手空握拳左右晃动，很像老虎“洗脸”；有节奏地左右晃身，像是猛虎摆尾。作为跳丧核心舞段的《四大步》，舞者在6/8拍子伴奏下，每行一步用三拍时间，全脚掌紧紧抓地，即第一拍上步，二、三拍颤身，两腿交替进行，恰如山中老虎稳步行进的姿态，由此不难看出从巴人到土家对虎的喜爱。我观赏着他们朴拙而传神的舞态，感到回味无穷，妙趣横生。

这次在长阳见到跳丧，我才知道土家跳丧舞姿的特点是顺、曲、颤。

顺，就是左手与左脚同进同退，右手与右脚同进同退。这与人平时走路的习惯正好相反，似乎应该说是逆的，可是现在不但湖北土家跳丧和湖南土家摆手都说他们手脚的动作是顺的，而且藏族的舞蹈家介绍藏族舞姿尤其是康定锅庄的舞姿特点时，也说顺是特别明显的一个特

图11 清江建始景阳江段连接南北两岸的钢索桥

点。我是遵从他们的说法，说“顺”是跳丧舞姿的特点。尽管如此，在实际的跳丧动作中，也有不顺的，这多半出现在一些特殊的套路中，如唱《哑谜子》时，以猜谜为主，舞姿处于休息的状态，就像悠闲的散步一样。还有一些模仿动作的表演，不需要固定每个动作的节拍，只要在音乐中完成表演动作即可，如虎抱头、猴儿扒岩、蛤蟆晒肚等。至于曲和颤，那就容易讲清楚了。曲，就是膝部、腰部和肘部通常都是弯曲的；颤，就是下肢乃至全身都处在或弱或强的颤动状态中。

跳丧的魅力深深吸引着我，我自始至终目不转睛地看着。在这极富韵律的歌舞感召下，我恨不得也上场手舞足蹈起来。由于“女人不跳丧”的禁忌，我站在门口不敢轻举妄动，只能随着鼓点的节拍，在心里默记着这些动作。事后我向玉成和资丘71岁的田一彦老艺人请教时，才禁不住与他们对舞了一把。

在当晚的现场还得知，巴东清太坪来的这一班跳丧的农民，有一二十个，他们与孝家非亲非故，是孝家专门请来为亡人闹夜的，以“封包”答谢。长阳县城不兴跳丧，邻居和前来奔丧的亲戚朋友都在一旁围观，大多不会上场去跳，那晚的跳丧基本上是表演式的。另外，此后我有了多次现场参与的经历才知道，城区来奔丧的人，不像乡村里的农民，他们彼此住的距离都很近，又大多是吃过饭来的，一般到孝家看过，坐一会儿，就告辞了，当晚守夜跳丧的时间不至于太长，所以也没有看见我此后在山里老乡们那里看到的“坐席”场面。那晚我们看到半夜过，也告别了孝家。

返回的路上玉成说，城关跳丧远不如乡下热闹，气氛差多了。真要想了解跳丧，少不得要去资丘和渔峡口看一看，不然就太遗憾了。分手时跟玉成约定，待资丘、渔峡口有跳丧，就给我打电话。

尽管如此，第一次在龙舟坪跳丧现场的所见所闻，都给予我的视觉、听觉乃至心灵以极强的冲击力和感染力。叫歌时那余音绕梁的绵绵声韵和六拍子中表现出的顺、曲、颤特性动势，时不时地令我回想。每当这音律和节拍一冒出头，我就禁不住想哼几声，想舞起来。

这美妙的艺术源自何时何地，是怎样形成并流传至今的？现在由哪些地区的哪些人群传承？土家跳丧与祖先的历史和文化有怎样的联系？对“撒叶儿嗬”艺术的钟爱，使我在音乐、舞蹈之外，也常常思索着这些问题。我找来潘光旦先生的《民族研究文集》，认真阅读了《湘西北的

“土家”与古代的巴人》和《湘西北、鄂西南、川东南的一个兄弟民族——土家》等篇目，对土家的历史文化有了粗浅的了解。同时，通过翻阅一些有关的资料，渐渐对跳丧也有了多一些的认识。

1998年10月，中国民族史学会第七届年会在湖北宜昌举行，主题是巴楚文化研究。我想到了不久前所见的最具巴楚文化特征的土家跳丧，就以现场所见的感受和认识，写了一篇有关跳丧的文章。对跳丧一知半解而忐忑不安的我，想通过研讨会求教于各方大家。没想到拙文得到了张正明先生和另外一些专家的肯定，事后才知道，专家肯定是因为文章里有深入现场调查所得的鲜活资料。这使我初次认识到田野工作的重要性。

向张先生请教时，得知先生的夫人、中南民族大学的董珞教授曾在巴东野三关一个夜晚亲历了两次跳丧，并写有《巴风土韵》。这本著作使我对土家的历史、文化以及风俗观念等，有了更多的认识。从巴人到土家，上下几千年，我看到了一个了不起的民族。我为这个民族可歌可泣的历史而自豪，为这个民族敢于牺牲的精神而感动，为这个民族难能可贵的通达而叹服。

历史写就了土家的沧桑与辉煌，也形成了他们独有的气质与观念。跳丧中表现出来的欢欢喜喜，乍一看来是不合常理的，然而这正反映出土家人不同于其他民族的生死观。跳丧既是风俗，又是艺术，而且在艺术形式中，透出土家人不同凡响的生命意识。仅凭这些，它的价值就值得我们去探究了。

迄今关于跳丧的著作为数不多，而且主要是进行一般性和概括性的介绍。1995年12月出版的《中国民族民间舞蹈集成·湖北卷》[2]，详细地介绍了土家跳丧的歌调曲谱和

图12 清江建始景阳峡谷

舞蹈套路，可以说是做了前人没有做过的工作。其中106个线描图，描绘了跳丧舞蹈动作的一招一式，使我受益匪浅。大概是因为体例的限制吧，书中没有介绍跳丧这种独特的文化事象赖以存在的人文环境和天然环境，我读后的感觉虽然是好，但毕竟还是“无本之花”。其他一些有关的著作，也以宏观性论述的居多。至于现场跳丧的情形究竟如何，村落间有哪些交往方式，族群间有怎样的社会心态，跳丧的流变，以及跳丧的哲学底蕴，等等，都尚需做深入的考察和研究。

我对清江土家的生活习惯、方言土语较为熟悉，加之从事艺术工作的经验积累，使我产生了将这一艺术化的风俗介绍给世人的想法。我把这个打算告诉张先生，他非常赞成，要我多做些参与观察的田野工作，多读些有关的历史文献和调查报告。

从2000年11月起，我开始了对清江中游土家跳丧的田野调查。在巴东后乡的杨柳池、野三关和长阳资丘、五峰长坪等地，我先后亲历和参与了9场丧事里11个夜晚的不同风格的跳丧，还到恩施湖北民族学院土家族研究所图书情报中心查阅资料，到建始花坪、景阳实地寻访。在本书中，我将把亲历跳丧的实录和感悟，讲述给关注土家文化的读者。

我对跳丧的研究方法，是以田野工作为基础，将结构访谈和参与观察结合起来。我特别重视的是参与观察，不是走马观花式，不是蜻蜓点水式，而是参与到土家人的生活中，充分地、反复地观察思考。这需要相当长的时间，还要通晓当地的语言。参与观察虽然时间长，做起来较为艰苦，但它却是成败的关键。结构访谈主要了解跳丧的分布区域和异同，参与观察则是选择一个土家村落住下来，做长期、深入的调查研究。从2000年11月至2001年1月，主要在巴东后乡走访考察。2001年3月，我回巴东新县城，与父母一道往野三关，为葬在石马的祖母扫墓。这次我选择了野三关石马管理区道子坪村姑父的老家——一个田姓的土家村落作为参与观察的基地，此后，在干完所在工作单位交办的差事之后，就瞅空儿一头扎进道子坪村。在巴东后乡的高山上，我同土家老乡共度了变化的四季——两个冬天，一个春节。直至2003年9月底，基本结束课题的田野调查工作。

为了原模原样地展示跳丧的实景实情，让不曾见过和难以亲历的读者有身临其境的感觉，本书在文字表述之

图13 建始景阳镇清江边60岁的船老大周永双

外，还配以有关的图片。按照人类学田野工作的要求，本书中跳丧的照片，全部是在丧事现场拍摄的。为保证对跳丧的真实记录，凡人为组织的跳丧表演的图片，一律不用。图片除少量署名的以外，均由我亲自拍摄。

我不想用寻常的逻辑顺序来分解浑然一体的跳丧。存其真方能求其是，对于现场的描述和记录，力求细致翔实，甚至宁滥勿缺。在跳丧的现场，无论是燥热的盛夏，还是严寒的隆冬，我都整夜不睡，想知道跳丧的全部过程，尽力克服困倦，与观察对象一样生活，一样思考。我既是旁观者，又是参与者，坐在跳丧现场，生活在他们中间，跳丧的农民给了我启示，使我对跳丧的认识由浅入深。

跳丧是丧仪全程的核心和点睛之笔，至于丧仪的其他环节，都写在本书第一章中。以后的各章，即我所亲历的现场跳丧实录。还有自己对跳丧源流的认识，以及对跳丧所蕴含的哲理的咀嚼和对跳丧所显示的美感的品味之类，则写在末了的“感悟”中。

注释

1 马鹿口是街巷名，属巴东城内第一大巷，原位于老县城信陵镇中段，现因三峡工程蓄水已没入江水中。相传北宋寇準任巴东知县时，曾有一只白马鹿因受不起寇莱公三拜，从后山上的马鹿池沿此巷奔向长江，故得名。

2 中国民族民间舞蹈集成编辑部编《中国民族民间舞蹈集成·湖北卷》下册，中国ISBN中心，1995，第1151—1209页。

第一章

从“老人哒”到“送亮去”

——清江土家丧俗综览

为了便于读者了解跳丧在清江土家丧仪全程中的突出地位和特殊作用，在本章里，我有必要把跳丧开始之前和跳丧结束之后的清江土家丧俗活动，按大致顺序做一个概括的介绍，有关的图片也一并收录在本章中。

老人 老衣

清江土家把老人寿终正寝叫作“老人哒”，即把老人家“死”了称为“老”了。这里碰到白事，老乡们就会说某村某组“老人哒”。说“老”，并不是对“死”的忌讳，因为倘若对方问“哪个屋里‘老人哒’”，下一句要么说是谁家，要么就会说谁家的“老人家已经死哒”。在日常生活中，长者对晚辈说身后事，也会说“我明儿死哒”如何如何，并不忌讳说死。

“老”，表示生命走到了尽头，已享尽天年。对年轻凶死和少年夭折的，不会说“老人哒”，而直接说“死哒”，也有人说“坏哒”。如某个人摔死了，就说他“摔

图1 从前时兴的衣服款式

坏哒，不中用哒”。

土家说“老人哒”，跟现在人们爱讲的“走了”不同，讲“走了”是有意避免讲“死了”。如果说顾虑到给亲友带来哀伤而回避说“死”情有可原，那么因忌讳说“死”而殃及“4”这个数字，就不得不说是一种迷信。有的地方连车牌号含“14”的公车也配不出去，说是“14”预示“要死”，有可能影响仕途前程，这就避之太甚了。

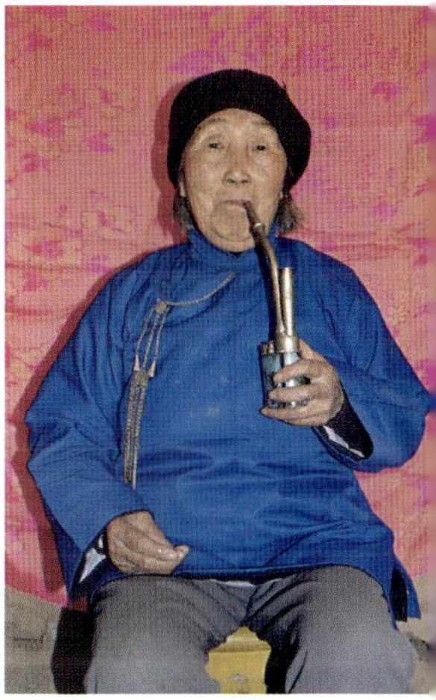

图2 死后“妆老”的老衣，平时得上身试穿。图为身着“老衣”的巴东野三关石马管理区道子坪村5组谭传秀老人（76岁）。

人，从生到壮、到老，到坏、到死，老到头了就死了，土家一言以蔽之，叫作“老”，这是一种客观的说法。“坏”了也是如此，死于非命就“坏”了。

在巴东土家，除后乡外，前乡也兴说“老人哒”。在峡江地区长江以北的兴山、秭归一带，也兴说“老人哒”。

同理，把人死后所穿的衣裳和鞋子称作“老衣”和“老鞋”，把老人死后的穿戴称作“妆老”。制作“妆老”的衣物，通常是老人健在时就准备了，生前还兴试穿，鞋子也得上脚踩一踩，一般在家里“过事”（按，家里举办较为重大的事情，如娶亲团族、生儿打喜等）时拿出来穿一穿。“妆老”的衣物备制得好，老人以及邻里乡亲都会认为是儿女后辈们的孝行，谁也不会认为不吉利。

招魂 落气纸 落气鞭 报信

土家乡村中的老人，大多是在自己家里终寿的。高寿的老人生病后，很少有去集镇上住院治疗的，除了山高路远、交通不便的客观条件限制外，还有主观的因素，即认为死在外面不好，死后抬回家时亡魂会冲撞祖先的神灵。即使健康的老人也不愿出远门走亲戚，怕遇不测。所以，老人生病多是接当地郎中把脉，请中医诊治。对一些顽

图3 招生魂

巴东野三关石马管理区枫木村7组的土老师（土家的巫师）谭德震头戴五佛冠、手挥七星剑跳招魂舞。

症，为排解病痛，祈求康复，也会请“土老师”做法事。

土老师就是土家的巫师。土老师是相对于“苗老师”和“客老师”而言的。苗老师是苗家的巫师，客老师是客家（按，土家人把外地迁来的汉人称为“客家”）的巫师。汉人把巫师叫端公，土家也常把土老师叫端公，有的地方如巴东、长阳、五峰等地，也把土老师叫道士，原因是他们学了道士的一些经文和科仪。在本书中，除某些特殊情况另有说明外，为了避免体例混乱，一律称他们为土老师。

土老师所做的法事有招魂和其他巫法。招魂有两种，一种是招生魂，一种是招亡魂。在清江土家现实生活中，既有招生魂的，也有招亡魂的。

人生病了，希望病愈；人失踪了，希望回来；有灾有难，祈求消除……诸如此类，当人还活着时所做的招魂法事即为招生魂。土老师作法，招引病人魂魄不要作祟，不要离开人的躯体四处飘游，使之附体还阳。据同治《重修巴东县志》卷十《风土志》载：“俗尚祈祷淫祀。每病，则请巫至家，挂神像厅旁。不忌荤酒，鼓锣喧闹，足蹈手舞，尽夜而罢，率以为常。”招生魂以治病，现今较少了，但尚有遗存，主要是后辈为尽孝德，给身染沉疴的人以心理上的宽慰。而小孩生病，则多会上医院治疗。

招亡魂是人死后所做的法事，在入殓、开路、奠酒、封殓、下葬等环节，由土老师手挥引魂幡，口唱《招魂》词，告诉亡者魂魄莫在四方飘散，东方、南方、西方、北方、天上、地下都不要去，快快回到家里（按，棺木中）来。现在民间流行的《招魂》词仍与楚辞《招魂》《大招》的格式和内容大同小异。由此我想起一些学者的看

图4 对身染沉疴的病人，尚遗存有请土老师作法招魂的法仪。经过挽手诀、念咒语，将作祟的鬼魂捉进瓶子里，压在令牌下。

法，他们认为：先秦时人病了招生魂，死后不招亡魂。现在，由于医学的进步和医疗条件的改善，招生魂的少了，“淫祀”淡了，招亡魂的却很多，几乎人死必招亡魂。在峡江地区的秭归，每年端午都要“祭江”，为屈原大夫招魂，显然招的是亡魂。

土老师须举行“度职”仪式，即取得司职资格后方能主持法事。清江流域土老师将为亡者安魂超度称为上坛；将为生者招魂祛病称为下坛。土老师通常上、下两坛法事都做，具有一身二任的特点。

老人亡故落气后，孝家要赶紧烧几扎事先备好的纸钱，称为烧“落气纸”，认为人死落气时，其魂魄即离开肉体，飘向阴间，属于阴司鬼魂了，因此得给新亡的鬼魂奉送纸钱，以免在阴司受难。“落气纸”要烧七扎，或是烧七斤半，这与当地汉族的丧俗相同。

烧“落气纸”的同时，孝家会在屋场门口放一挂鞭，称为“落气鞭”，也叫“孝家鞭”。放“落气鞭”，一为护送新亡的鬼魂上路，同时也向周围亲友、四方邻里报丧“把信”（按，即报信）。从前山里有新亡，是朝天连放三眼铳，本村的邻里亲友听见火铳一响，就知道谁家“老人哒”，即会赶去帮忙。现时已不允许私人藏铳了，因此大多是放“落气鞭”报信。

入殓 停丧

烧完“落气纸”，放了“落气鞭”，孝家后辈和邻近赶来帮忙的亲朋好友会赶紧张罗给亡人“妆老”，随即入殓，又称“入材”。

“老衣”为单数，上单下双，取老者一人死去，后代则成对成双繁衍之意，强烈的生命意识可谓无处不在。上下十几件衣裳不是一件一件地分开穿，而是先将衣服一件件套在亡者后人（按，晚辈）身上，一般是由长子或长媳来套穿，长子不在场就由幺儿子代替，忌讳排行第二或

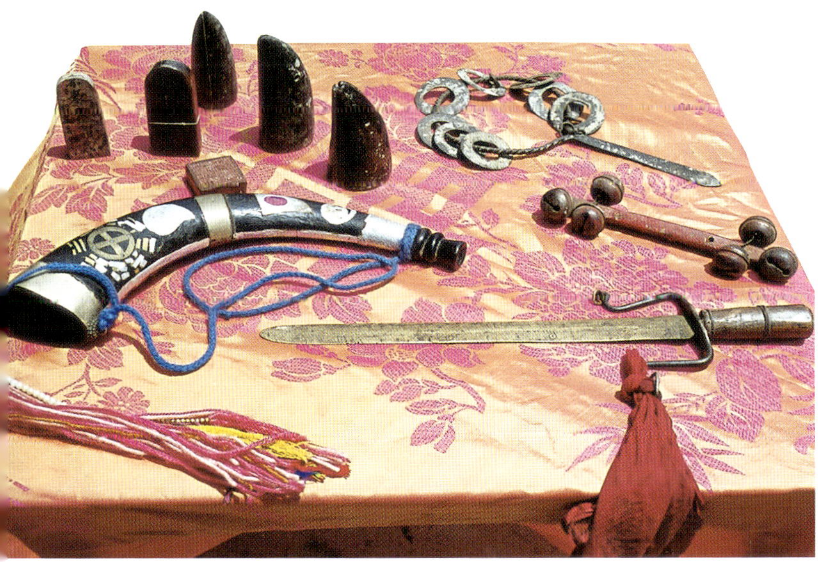

图5 土老师的法器：师刀、八宝铜铃、七星剑、牛角、印章、令牌、八卦等。

中间的后人套穿。土家习俗中特别讲究自始至终、有头有尾，寓意人生要走出头，不半途而废等，所以不能拦腰选择排行在中间的后人。如果长子、幺儿子都已不在世，则另当别论。将几件衣服套穿好后，从儿子或儿媳身上一起脱下来，带着后人的体温，一次性地穿在亡者身上。穿戴完毕后，按亡者岁数取一扎白线索系在亡人腰间，称为“岁线”；脚上也得捆上线索，称为“绊脚索”，是为了让亡者在去阴间的路上走得慢一些，不要一下子就跑得无影无踪了，表达着亲人的惜别之情。现今土家生育习俗中，在小孩子蹒跚学步时，还时兴“割绊脚索”（按，用镰刀在孩子脚后跟的地上划几下表示割断），认为这便于孩子学步成长，正是这一古老巫术的遗存。

架棺材前，先要在堂屋正中的神龛上挂一个大簸箕。山村老房子的堂屋正中都设有神龛，现今新盖的房屋也大都有简易的神龛。极少数没有做神龛台子的，墙壁上要么是空白，要么贴有中堂画，但仍然认为这里就是家神的位置，同样会挂上簸箕，以遮掩住家神神位，防止亡者阴魂冲撞祖灵。

入殓时，缝一个小布袋子，装入“落气纸”的纸灰和食用的粑粑，称为“打狗粑”，放在亡人的一只手里；另一只手里放上由土老师书写并盖有印章的文牒以及一根桃树枝做的“打狗棍”，以防亡魂在去阴司途中被饿狗咬伤，被恶鬼欺负。遗体在棺内安置好了，将棺材盖搁置其上，此时棺盖不盖严实，错开榫缝，留出间隙，待出丧下葬前还要开棺，让孝家亲属最后与亡者见上一面，才会封殓。上述环节，多受汉族丧仪影响。

在家亡故的老人，就在堂屋中央停丧。俗有“屋大好停丧，门大好出丧”之说。此处的“屋”，指的是堂屋，土家人早在建房时就已考虑到了死后要停丧的。

停丧时棺材垂直于神龛和大门停放，棺材的大头紧靠被簸箕掩盖着神龛的墙壁，小头靠大门方向，即头在里，脚在外，理解为头在上，脚在下，认为这样才是顺的。将两条长凳重叠起来支撑起棺材大头，小头则搁在一张小方桌上。为保护家神，棺材盖的纵向中脊线不正对神龛，而是偏斜一定的角度。棺盖上，搭着由土老师制作的招魂幡。底板下，放一个盆，木盆、瓷盆或塑料盆都可以；盆里点一盏“长明灯”，多为平时常用、常见的煤油灯，也有的点“七星灯”，意在照亮亡魂去阴间的路程。

棺材小头搁在方桌上，只占去桌面一小半。另一大半的桌面上，正中摆放亡者的灵牌。与汉族丧俗不同的是，灵牌用大红纸做成，其上以毛笔黑字书写亡者姓名、生辰八字、逝去时辰等。若亡者尚有老父老母健在，则要在灵牌上端或中间留出一条约一寸宽的白边，以示亡者为活着的父母戴孝。如果在孝家看到灵牌上沿或中间有白边子，即可判断出亡者尚有父母健在。

城市里为死者布置灵堂，无论在家里还是在殡仪馆，都一定会有亡者的遗像。现今土家乡村里老人死后则不然，灵堂前大多没有遗像。不是村人忌讳照片，主要是乡下老人一般都没有放大的遗像，集镇上条件好的地方才可能有。不管是否在灵堂前供奉遗像，但多会在靠大门的方桌的两只桌腿上分别绑“岁竹”或“寿签筒子”。“岁竹”或“寿签筒子”有点类似于城里人扎的花圈。待棺材下葬后，即把“岁竹”或“寿签筒子”插入坟墓前的土里。

在外凶死或病故被抬回家的亡者，遗体不能从大门抬进堂屋里，只能在大门外搭棚停放。除将丧堂整个移至屋外临时搭起的棚子里，其他摆设均与上述相同。如有年

图6 报信、看信

从前报信是朝天连放三眼铳，现今多为放鞭炮。图为巴东杨柳池长岭村3组卢家的丧事现场，孝家在门外院子里放鞭炮。

事高的老人在医院病故后抬回家，要在堂屋停放的，只能从侧门进。侧门窄小的，须将侧门的一面墙壁拆开，是为了不让亡魂得罪家神。从前土家建房多为木质结构，墙壁由壁板组成，拆卸起来容易；现今的房屋无论土墙还是砖坯，都是不方便拆卸的。不过因老人在家亡故的多，即使在医院里，一旦认为人不行了，就会赶紧往家抬，为的是死在家里，所以拆墙的情况毕竟不多。无论多与少，亡人不能冲撞家神这一俗规都代代沿袭着。

“看信”　跳丧

“看信”，指的是人亡故后，远乡近村的亲戚和邻居们，相约赶往孝家奔丧、帮忙。既然乡亲们都如是说，我理解此处的“信”，应该是指死者亡故的信息，即死讯。按当地习俗，凡与孝家家庭成员相关联的各方亲戚，孝家要差专人去“把信”。亲戚得“信”后，即赶去看望亲人、料理丧事。对亲戚之外与孝家相识的乡亲，则不需要登门"把信"，随着"落气鞭"炸响，附近的村民即会陆续赶到孝家；较远处不能听到孝家报丧的鞭炮声，或在稍后比如第二天，从路过的乡人和孝家亲戚中赶去奔丧的人那里听到了"信"，也会赶到孝家去"看信"。住在深山里的人往来稀少，只要看见家门口、田间地头甚至对面山坡上有人经过，都会主动、热情地跟过路人搭言，或"打呜呼"问候，问过路人往哪里去或做什么去，如此便会得到一些信息。在以前没有电话通信的大山里，这是信息传递的一种方式，乡亲们绝不会认为这样有打探他人隐私之嫌。

对乡邻们来说，"看信"不用孝家来接或请，而是闻讯后主动前往，这便是俗称的"红事请，白事戳"。"看信"的人中，除主动去的乡邻外，还有很大一部分是由孝家亲戚"相伴"或"约伴"去的。类似于"看信"一词有特殊涵义，"相伴"二字也有其特定的指称，它指的

图7 上山

上山时"八大金刚"抬丧，众人帮忙。棺材小头在前，大头在后。图中走在前面身着红衣服的是孝女，她双手举的是"岁竹"。（郑定荣 摄）

是孝家亲戚相邀上一班人前往孝家“看信”这件事。亲戚们得信后，邀约一帮亲友，出发奔往孝家。亲戚“相”的“伴”，一是自己的亲朋好友，二是吹鼓手——老乡们称作“响匠”“响器班子”，有的约一班，有的则请起双吹双打的响器班子赶往孝家，即为俗称的“送锣鼓”。除此之外，还少不了要约上能歌善舞即会打丧鼓的掌鼓师和会跳丧的男子汉们。

“看信”的人临近孝家时，响器班子便吹奏起来，孝家听见远远传来的鼓乐声，知道又有“看信”的人到了。“看信”的人抵达孝家屋场后，进门前先要在门外放鞭炮。鞭炮声密度大、时间长，证明“看信”的人来得多。孝子听到鼓乐、鞭炮声，早已在门外恭候，礼节大的还兴跪叩恭迎，叫作“孝子落礼”。在巴东后乡一带，主要是亡者亲族中最亲的人来到时，通常是女性亡者的娘家亲人前来“看信”时，孝子一排排地跪在门外，以表示对已故母亲或祖母的恭敬之心，以及对她一生辛劳、养育的感恩之情。在长阳、五峰等地，似乎更注重恭迎来客的礼节，凡有客人到，无论大人、小孩，还是长辈、晚辈，孝子一律要跪接前来“看信”的人，也就是对所有到场的来客，孝子都要落礼如仪。

“看信”的人到达孝家后，女人们当观众，男人们则要放开歌喉，一展舞姿，在灵堂前为亡人跳丧。本村组住得近、先抵达孝家“看信”的乡邻，在天刚煞黑时，捡起丧堂棺材旁的鼓槌掌鼓叫歌，跳丧就开始了。

跳丧又叫“打丧鼓”“跳丧鼓”“撒叶儿嗬”“打撒叶儿嗬”“跳撒叶儿嗬”等。

清江土家认为，老人辞世，是“顺头路”，表明人的一生走到了头，是值得庆贺的。对少年夭亡和死于非命又尚无子嗣的亡人，则不跳丧。从前对老人的界定以年届花甲为限，现在认为只要有子嗣抱灵牌了，就可以跳丧。

跳丧由掌鼓师和舞者在孝家堂屋所设的灵堂里进行。灵柩的左侧，放置掌鼓师领鼓叫歌用的牛皮大鼓，鼓多是搁在一个木盆里。舞者在灵柩前的空地上，每两人一组对舞并接歌合唱。一般为二人或四人同跳，人多时灵堂前位置不够，可延伸至大门外的院子里跳。

跳丧是大众都可参与的民俗活动，它的组织形式是松散自由、自发自愿的。在乡间，跳丧是纯粹的帮忙和人情的体现，不用金钱酬谢。跳丧时歌舞相伴，娱乐性和礼仪性都很强。它没有严格的师承关系，不用专门拜师授徒。土家村寨里的男子，只要愿意学跳丧，遇有白喜事，在丧鼓场上走几遭，就成了一个会跳丧的歌师傅。

跳丧自古以来就是男子的专利，俗有“女人不跳丧”的禁忌。现今这一禁忌也在发生着变化，长阳、五峰已有了女子跳丧的现象。

图8 从前送葬时兴在棺材上披虎毯，现在还偶尔得见。这是巴东城内一个丧事班子至今仍保留着的虎毯与豹毯，每逢“六月六，龙晒衣”的时节，都要拿出来晾晒。（郑定荣 摄）

图9 暖井、窖契

在墓井内放上与亡者岁数相同的纸钱张数，摆成三纵行点燃，称为暖井；主事人长阳资丘镇资丘村3组“白鹤”田德玉诵阴地契约，并在墓井中焚烧，称为窖契。

跳丧基本的歌舞套路，巴东叫《待师》，长阳叫《四大步》，五峰称《跑场子》或《升子底》，说法有异，实际跳的步伐大致相同，节奏都是6/8拍子，动作讲究顺、曲、颤。

除了基本套路，各地也有花样变化之区别，在六拍子外又有二、四、三拍子以及混合节奏，使得跳丧从歌到舞都丰富多彩，约有几十种套路和曲式名称，有的以动作命名，有的以曲式命名，约定俗成。

跳丧同“看信”一样，也是主动上门。不少介绍土家跳丧的文章都曾提及此事，如：“听到丧鼓响，脚板就发痒，一夜跳到大天光。”“半夜里听到丧鼓响，不管南方与北方，你是南方我要走，你是北方我要行，跳一夜丧鼓陪亡人。”说明土家人一家遇有白事，大家都来帮忙，尤其是喜爱跳丧而舞艺高强的人，禁不住要去丧鼓场上显示舞技歌才。因此即便与孝家不认识的人，有的也会去跳丧闹夜。这奇特的习俗所显示的土家人质朴的情感，是值得称道的。在对清江土家丧俗的深入调查中得知，“看信”、跳丧，乡亲们确实是主动前往，但决不是所有人都去，即不是“万人空寨”；与孝家不认识的人确实有去“看信”、跳丧的，但不是只要会掌鼓、会跳丧的就毫无缘由地跑去。

“人死众家丧，一打丧鼓二帮忙。”这是乡亲父老都会讲的一句话，意思很明了，是说一家死了人，丧事是“众家”的，大伙儿又跳丧又帮忙，当成自家的事来操办，这是乡亲们对待丧事的一个总的态度和原则。至于说每户往孝家去几个人“看信”，帮忙帮多长的时间，是闹一夜、闹两夜，还是直到将亡人送上山等，则因人而异，一来视与孝家的情感亲疏而定，二来视“看信”人往孝家路途的远近而定，当然也还有帮忙的人本身的性格等其他多种因素。

出丧 上山 下葬 回煞

跳丧通宵达旦，天明时，掌鼓师收槌息鼓。管事人将孝家亲人招至亡者棺前，由土老师唱《招魂》曲，亲人们奠酒，然后开棺告别。帮忙的人解开亡者腰间的“岁线”和脚上的“绊脚索”，取出亡者手中的“打狗粑”“打狗棍”抛向门外，随即“糊子口”封殓，由被称为“八大金刚”的八条壮汉和众人一起，将棺材抬出门外置于两条长凳上，称为出丧。

现今出丧的日子通常由土老师根据亡人的生、死时辰掐算，只要避过“重（chóng）丧”日即可，一般在死后的两三天内下葬的居多。所谓“重丧”，指出丧之日将另有一人死，得回避，出丧下葬的日期或提前一天，或推后天，由孝家酌定。倘若连续好几天都“犯重丧”，又因天气炎热等其他原因不能再停放，则以巫术排解：要么在出丧时由一个活人骑在棺材上，或抱一面镜子照着棺材，表示抬出去的是两个人；要么做一个纸糊的棺材，内置一

图10 回煞

黄火纸按一定距离粘贴在长长的竹竿上，意为接亡魂回家的“梯子”。天煞黑时，将竹“梯”搁在自家房屋的墙边，下端接地，上端靠在屋顶瓦檐边，为的是让魂灵从房顶沿“梯子”飘飞而下。

图11 每逢年节，要给祖先的亡魂送灯亮。巴东野三关石马管理区道子坪村4组田大方白天便提前准备，用竹篾扎制灯笼。

个茅草人，吹吹打打抬上山埋葬；要么在送葬的路上打金竹符或桃符，以赶走前来拿人的鬼魂；等等。但这些做法并非土家独有，可能是受汉族鬼魂信仰影响而形成的。

上山时孝子抱灵牌，“八大金刚”抬丧。从前送葬灵柩上常披虎毯，现在还偶尔得见，有的已改为罩棺罩。棺材小头在前，大头在后，遇高坡陡坎时，多人跑向高处用俗称“宏绳”的粗大绳子拉拽，又叫“拉纤”。到了墓井旁，须将灵柩掉头以便下葬。

下葬时头的朝向，有向西方的，即面向太阳；有面向自家屋场的，意为关注着后辈子嗣；有根据山势脉向确定方位的；等等。现今以土老师依山脉走势测定墓向为多，普遍认为墓向关乎后代兴衰，有“子孙出坟墓，兴旺出屋场”之说，意为房屋和坟墓的朝向与子孙兴旺发达直接相关。

图12 傍晚，巴东野三关石马管理区道子坪村4组谭支翠和家人们相邀送亮去。

土家认为在人死后的几天或十几天内，亡魂还会回家来一次，这叫回煞。回煞的大致时辰通常也由土老师掐算。这一天，亡者家人做好饭菜，摆上酒宴，并在竹园里砍下一根竹子，将黄火纸裁成约10厘米宽的条形，每间隔一尺许贴在竹竿上，意为接亡魂回家的梯子。按土老师事先掐算的方位，将竹“梯”搁在自家屋的墙边，下端接地，上端靠在屋顶瓦檐边，以便从房顶飘飞而下的魂灵沿此梯至家。时辰临近时，家人屏住呼吸，静听动向。若此时恰好听见响动，则认为是已故的亲人魂魄归来了，即为其烧纸，祈求保佑。多数情况下，都会听到响动。若当晚任何动静也没有，则认为亡魂没有回来，会把其他时间某个夜晚听到的响声看作是亡魂回煞。

出丧、上山、下葬、回煞等在汉族丧葬习俗中都有，但清江土家自有其特点。

献祖 送亮

献祖，又称告祖，即祭祖。由于土家祖先崇拜意识极盛，现实生活中很多时候都要献

图13 插在坟前的灯亮

祖，人生各个不同阶段的转折时期更要献祖。

并非只有土家懂得献祖祭奉先人，汉族也十分讲究祭祖，大户人家且有专门的祭祖场所，供奉着祖先的灵位。汉族祭祖的特点是祭得远，祖宗十八代都得供奉；土家的特点是通常只祭三代，或不出五代，但祭得勤，逢年过节、红白喜事，样样都得祭献。

献祖时先用特制的生铁凿子在黄火纸上打好钱印，再用白纸封包，写上已故祖先的名字焚烧，又叫“写包袱”“烧包袱”。红事中订婚团族要献祖，结婚要献祖，生儿要献祖，等等，知客师会在“叫亡、献饭”的环节高喊：“各位祖先，三代宗亲……”然后禀明家有何事，在此祭献“包袱”。白事献祖烧包袱，不光是给新故的亡人烧，已故的三代宗亲都要寄发“包袱”。对于新亡者，下葬后的第三天要烧“复三包袱”，逢七要烧“七包袱”，周年忌日更要以“包袱”祭献。

除了“烧包袱”之外，在亡人下葬后的七七四十九天内，亲人们每晚都要去新坟前面点一盏灯，称为“送亮”或“送灯亮”。“灯亮”用一根竹子制成，长1米多，直径约3厘米，将其一端剖成五六片，掰开，中间放煤油灯或蜡烛，外面糊皮纸或绷上塑料薄膜挡风。有的是直接在墓碑前点一盏有灯罩的煤油灯。

不仅要给新亡送亮去，每逢年节都要给已故的三代宗亲送亮。正月初一、初二、初三，正月十五，七月半，腊月二十八九和大年三十等日子，必定送亮。四月清明节，清江土家不兴送亮和献祖。清明祭坟应属汉族习俗，流入后影响到部分土家地带，如巴东的前乡与后乡，两地清明期间的祭扫习俗明显不同：前乡的土汉杂居区，每至清明，无论土家、客家，都携纸钱鞭炮，奔忙于郊外墓地，满山遍野的清明吊，微风下如彩蝶翻飞；到了后乡的土家聚居区，山间寂静一片，没有任何祭扫活动。

图14 插在坟前的灯亮

腊月二十八九和大年三十晚，送亮历来是必不可少的。是夜，家人们准备好“包袱”、鞭炮和灯亮，来到祖宗墓前，接先人们回家过年。此时除点灯、放鞭炮外，嘴里还要高喊：“祖公祖婆，回家吃坨坨——”坨坨即土家人爱吃的大块坨坨肉。

2003年3月，我乘车去五峰土家族自治县，路过长乐坪一带时，看到路边的坟墓前都有一个凹进去的部分，多为方形，一问老乡果然证实：这是专为后人送亮时放置灯亮而留下的位置。

峡江地区也兴送亮。三峡东大门宜昌市、枝江市受其影响，东至宜黄高速公路枝江段253公里附近的七星台一带，都兴送亮。2003年农历正月十五，我在乘车去武汉时看到，此地段的坟墓上插满了各色塑料纸做成的灯亮，与山里不同的是，这里是平原，为避免被风吹灭，灯亮都插得很低，没有巴东那么长的竹竿。过了枝江进入荆州，坟墓上就看不到送亮的了。

从“老人哒”到“送亮去”，本章大致浏览了清江土家丧仪的主要环节。其中，最奇特、最精彩又最令人陶醉和震撼的，便是下文即将记述的跳丧。

第二章

孝子也上场跳起了“撒叶儿嗬”

——巴东杨柳池跳丧实录

从2000年11月起，我开始了对清江中游土家跳丧的田野调查。

11月10日，我从宜昌市乘快艇到达恩施土家族苗族自治州的巴东县城，一边在父母家小住看望二老，一边等待从恩施湖北民族学院过来的陈湘锋教授。11日下午，我在巴东新县城长途车站接到了陈教授。当晚，我们向县民族事务委员会副主任邓明旺，县政府办公室主任、文化局原局长鲁德厚，县政府办公室综合科科长魏长甲等有关人士了解了巴东后乡土家族的有关情况。第二天，县里派吉普车将我们送到了清太坪镇政府。

清太坪的夜晚已觉寒气逼人，我们围坐在火炉旁，向镇上的人了解当地习俗。当时尚未亲眼见过跳丧的陈教授，自然关注来自乡村的信息。镇上的干部说："死人这种事说不一定，是过碰的，碰上就碰上哒。"

清太坪位于清江北岸，土家族土著大姓谭氏的始祖以及那个非常有名的鹰氏公公、佘氏婆婆的传说故事，就发生在清太坪的大白果树坪。我们决定把第一站放在这里。11月13日上午，镇里唯一的一辆吉普车沿着乡村土公路，颠颠簸簸地将我们送到山脚下的河沟附近。这河是清江的支流，唤作桥河，桥河所在的村就叫桥河村。吉普车一直下到河沟里路的尽头，我们便下车从河下一路爬了两个多小时的陡坡，终于登上了安葬着佘氏婆婆的地方——桥河村8组大白果树坪。

大白果树坪又叫"落婆坪"，是当年佘氏婆婆落籍的地方，现仍住着"八坪谭"幺房的子孙，他们世代守护着始祖的墓地。我们沿着佘氏婆婆墓园的神道碑，到墓前拜谒祭奠，又在谭氏后裔的带领下，参观了那棵被称为"活化石"的古银杏树，老乡们俗称为白果树。这棵被视为神

图1 建始景阳古道上的民居

树的千年古树正是“大白果树坪”得名的由来。谭家的子孙们将当年佘氏婆婆落难时，老鹰在尖刀岩与神路岩的绝壁间相救的“响洞”指给我们看，还告诉我们说：落婆坪大白果树下那一眼永不枯竭、四季清澈的井水，正是鹰氏公公在佘氏婆婆生命垂危时，用鹰爪刨出来的清甜水，现今仍叫“锦鸡刨”或“锦鸡水”。谭氏后代因为感戴鹰氏公公的功德，千百年来，一直有不射杀老鹰之俗。

当晚我们住在谭祖顺、卢祖翠夫妇家。在这里，我们向村里老乡们了解有关方面的情况时，自然也讲到了“看信”与跳丧。他们说，就在前两天，这里才刚“老”过人，白事是过碰的，不定什么时候又能遇到。我们坐在祖顺家的火坑屋里（按，火坑即火塘，当地习惯叫火坑或灰

图2 清江北岸巴东清太坪镇桥河村“八坪谭”祖居地的大白果树和树下相传鹰氏公公为救佘氏婆婆用鹰爪刨出的“锦鸡水”

大白果树被视为神树；“锦鸡水”已用石板砌成水井，井水四季清甜，从不枯竭，现仍是“落婆坪”谭氏后代的饮水之源。

坑），和几个谭姓的后辈聊至深夜，大伙儿都说祖顺夫妇俩常给乡邻的红白喜事当知客师，当然也少不了给我们唱了大半夜的歌。第二天上午，睡梦中的我被一阵阵喷香喷香的美味熏醒，睁眼时看见祖翠站在床头喊我起来吃饭。我问她：“是什么好吃的东西？真香啊！”祖翠说：“你们有口福，昨天祖顺逮到一头小野猪，一早就把它宰哒，你快些起来好趁热吃！”

我问祖顺：“现在还能逮到野猪吗？”他说：“逮是逮得到，不过一般不准随便逮。现在都讲生态平衡，不经允许不敢逮。农户蛮讨厌这家伙，它爱糟蹋庄稼，太多哒的时候，要经过办证允许才可以逮几个。从前我们是在冬天下大雪的时候，带起火铳和猎狗到林子里去‘赶仗’（按，狩猎），冬天里好逮些。这头野猪还是个小猪崽，我在河下捡到的，可能是前几天下雨，山上水大，被冲下河的。它已经受伤哒，在河中间爬也爬不起来，我就把它背回来的。今儿看它难得活哒，干脆宰哒吃。您家们是稀客，这如今，上年的年猪肉也吃完哒，今年杀年猪又还早，没得什么吃的。”记得我还是小时候吃过姑父从野三关带来的野猪肉，今天不知是祖翠的手艺好，还是因为小野猪的肉嫩，肉吃在嘴里鲜美极了。我问陈教授有什么感受，他笑笑：“皇帝我都不想当了！”

祖顺送我们下山已是14日的下午3时许，我们要在当天赶到几十里外的清太坪郑家园村。镇上的吉普车已按昨日的约定，在河下等候。经过两个多小时崎岖不平的村级毛公路折腾，下车时天已煞黑了。吉普车掉头回转，剩下我、陈教授和给我们带路的郑家园村2组村民魏长庚。天空开始飘洒着蒙蒙细雨，顷刻间，已是伸手不见五指。长庚告诉我们脚下便是清江。清江在这一段叫“桃符口”，江北的桥河下段的磨刀河与江南的支梭河都在这里汇入清江，是一处危险的江段。要到达郑家园村，得先在“桃符口”以北乘舟渡磨刀河，然后弃舟登山。茫茫暗夜中，虽然看不见“桃符口”湍急的河流，却听到了不绝于耳的滚滚涛声。

魏长庚急匆匆飞奔下河边，朝磨刀河对岸的坡上打呜呼。好一会儿，终于传来了对坡的应答，却说这几天下雨，河里水大，夜里不敢撑船。长庚心急火燎地说：“是两个远处来的客，今儿黑哒一定帮忙渡一下！”船工最终还是撑着船过来了。牢记着船工的再三叮嘱，我们三人紧抓住柳叶小舟的舷帮，一动不动，终于平稳地渡过了磨刀河汇入清江河口的江段。下船后船工告诉我们，就在几天前，这里刚淹死了两个人，岸边一直停着丧。听得我们不寒而栗。陈教授没有忘记我们此行的任务，于是问船工，丧事是怎么办的，有没有打丧鼓跳“撒叶儿嗬”。船工说：亡者一老一少，是郑家园村1组陈先翠的父亲和外侄，因陈先翠建新房，祖孙二人从杨柳池赶来贺喜，渡江时不幸船翻人亡，打捞起遗体后，在岸边搭棚停丧。未成年的孩子没有打丧鼓，就地埋葬了；老者则由家人抬回杨柳池，打丧鼓闹夜后才下葬。

雨不停地下着，越来越大，引路的魏长庚背着我们的设备和行李，边走边靠嘴巴提示着前面道路的状况。高度近视且患白内障的陈教授，拄着拐杖，和我就着一只手电筒，在泥泞中高一脚、低一脚地踩着。虽然长庚已背负着我们的大部分行李，我们仍然得扛着小包，抱着因爬山爬得大汗淋漓而脱下的棉衣和毛衣，携带的雨伞竟无手撑起，一任大雨哗哗落下。短短几公里山路，我们却走了几个小时。抵达目的地时，主人已经睡下，一看时间，是夜里9点多钟了。喊开房东魏妈妈的门，她立即刨开灰坑里用柴灰掩盖着的火什，抓过几把枯树叶掩上，用吹火筒一吹，即窜起了火苗；她又去门外找来一大抱柴禾，架起大火给我们烧水洗，烘干被雨淋湿的棉衣和被汗水浸透的内衣。

吃罢晚饭，已夜过子时，雨似乎小了些。谈话间忽听得一阵阵炸响传来，魏老伯断言，是山那边谁家里“老人哒”，“看信”的人放的铳和鞭炮。我们忽然觉得，此行完全有可能碰到跳丧。只是眼下已精疲力竭，我们看着远处铅灰色的山峦和眼前飘落的雨丝，只得闻声兴叹了。

两天后，我们从郑家园村2组出发，徒步走过当地远近闻名的险要地带——九岭十三弯，从山上再次下往清江河边。九岭十三弯多悬崖峭壁，山崖上一条羊肠小道，村人唤作“毛狗路”，意为山中狐狸等小动物行走的小路，却也是附近村民们往来于野三关、杨柳池等地的一条便道。九岭十三弯山路窄小险峻，一面是岩壁，另一面则是悬崖，崖下是奔流不息的清江。站在山崖上，江中湍急的水流声涌入耳际，似乎在提醒崖上的行人千万别虚了脚跟。满头银丝的陈教授不得不双手揪着路边的茅草，半蹲着前移，因为一旦踩失脚，是无法施救的。陈教授眼神儿不好，患有白内障，我曾问过他白内障是什么感觉，他形容说：“眼前好像有两根黑色的眼镜腿晃来晃去。”加上他走山路时双脚常爱互绊，我唯恐遇险，背脊上不禁冒出一阵阵冷汗。除了相互拉扶，险狭处我们没敢多讲话，甚至不敢相互提醒，以免分散注意力而造成憾事。

清江在这一段叫“南潭河”，我们从南潭河上游的苦竹溪渡江，来到了清江南岸。南岸原属杨柳池镇，修建水布垭电站后，划归水布垭镇。由于交通不便，车辆稀少，等待多时才开过来的一辆双排座货车，人货混装，已大大超载，挤不出一丁点儿缝隙。我们只得另作打算。到天黑之前，终于有了一辆“麻木”（按，三轮、带篷的摩托车），我们坐上“麻木”，穿越高山上夜间早已升腾起的浓密雾霭，经过20多公里的行程，才到了杨柳池集镇所在地。

到达的第二天，即11月17日，住户帮我们请来了附近的土老师——74岁的杨德恩。杨师傅对我们讲：“上下两坛的法事我都能做。”上下两坛，指的是土家的土老师所司之职。这里民间常把做上坛法事即为亡者办丧事的人，称为道士；把做下坛法事即为生者招生魂或施行其他巫法的人，称为端公。所谓上下两坛都做，说明了清江土家的土老师身兼两职的特点。跟杨师傅问及跳丧，他说：“您家们还不如自己去看一下。”“可是哪儿有呢？”我们问。他告诉说：当天晚上就有一场，就在距杨柳池集镇不

图3 巴东杨柳池柳家村4组跳丧现场的覃老汉和谭老汉

“有几个老头儿在跳丧，他们也快哒呀，打个撒叶儿嗬噢噢！”两位老汉上场时，掌鼓师开玩笑的说唱逗得观众哈哈大笑，载歌载舞的老人却没有丝毫的恼怒。

远处的柳家村4组，孝家已请了他去帮忙做法事，他方才正是从那里过来的。听了杨师傅传送的信息，我们当即整理设备，补充电池、胶卷，预备着晚上去“看信”。

柳家村4组在杨柳池集镇以北，约五六公里路，镇上也有一些人“约伴”去孝家“看信”。听说在镇上开小旅馆的谭大兴、谭大喜兄弟是孝家主人的侄子，于是我们联系好，请大兴他们出发时也约上我们一道。为了记录下当晚的实况，我们把工作作了个大致分工，陈教授管录音，我负责拍照，同时我们还跑到杨柳池镇广播电视站，请上管电视播出的小伙子崔先海帮忙操作我携带的录像机。

图4 棺材右侧，坐着吹唢呐的响匠师傅，掌鼓师每唱一句，由唢呐接歌吹奏，这是巴东杨柳池跳丧的一大特点。

请注意墙上挂着的掩蔽神位的簸箕，是为了防止亡魂冲撞了家神。

使我惋惜不止的是，由于经验不足，相机欠佳，这次跳丧所拍的照片，几乎全部报废了，只剩下本章图2、图3两张。我的所有照片，都是在不影响现场跳丧正常进行秩序的前提下抓拍的。我坚持不干扰别人，以致我不能不受到别人的干扰，例如别人把我的镜头挡住了，或者迫使我退到不便拍好的位置。后来从记录巴东野三关跳丧起，经验多了些，相机好了些，我对自己所拍的照片也就比较满意了。放在本章中的其他一些照片，是我于2003年8月1日到杨柳池长岭村3组的卢家拍下的现场跳丧。尽管季节不同，孝家不同，但前后两次都在杨柳池，地点是相同的，跳丧的流派是相同的，甚至参加跳丧的人也有相同的。这些照片可以供读者参考，或多或少也可以弥补这次在

图5 巴东杨柳池长岭村3组跳丧中“送锣鼓”的响器班子

杨柳池拍摄失败的一些遗憾吧。

遵照当地的风俗，我们在镇上的杂货铺里买了些鞭炮。掌灯时分，寂静的镇子上传来了三三两两的邀约声。听见大兴、大喜在门外打招呼，我们赶紧背包出门，加入到“看信”人的行列中。

一大队人结伴向柳家村的方向走去。暗夜里，只听见时不时地有人在路道口打呜呼搭言，原来是路旁的行人加入到我们的队伍中。

走过一段机耕路，拐道阡陌田野，进入山间的一片松林。天空中一颗颗闪亮的星星，仿佛就挂在树梢。大家就地而坐，在树林里的小道上歇歇脚。谈话间，隐约听见远处传来唢呐声，“呜哩哇……呜哩哇……”，那唢呐好似在跟人打招呼，一声，又一声，不大会儿，断断续续地有鼓声、锣声加入。坐在路旁的大兴告诉我，这是往孝家“送锣鼓”去的响器班子的人出了门，他们在互相邀约。静听，鼓、锣、钹、镲先是在不同的方向无序地发响，继而，不同的声响逐渐拢在一起，合奏出一支支节奏清晰、十分好听的打击乐曲。这声音，穿过夜色，绕过松林，飘荡在绵绵不绝的山峦间。才一会儿的工夫，“咚锵咚锵”的锣鼓声似在耳旁，原来是响器班子一队人马已在近前。他们边爬山边吹打，还跟我们队伍里的人打招呼。这一队响器班子刚过，田坎下又有一阵吹打乐传来。“快些走，等会儿没得位子坐哒。”我们队伍里有人说了一句，大家连忙起身，朝着山顶继续前行。

山顶上是一个相对平整的开阔地，名叫“圆大包”。站在田坎边看去，孝家的门口高挑起几盏白炽灯，屋场院子里密压压地站着前来“看信”的乡亲。我们赶紧从包里拿出事先准备好的鞭，像别人一样，撕开外层包装纸，将鞭抖成长条，顺着田埂一路朝孝家门口牵过去，然后点燃了引线。噼噼啪啪一阵炸响后，先前一直播放着音乐的高音喇叭一时间停了下来，我们走到大门跟前，透过围堵在门口的人墙，已听到丧堂里传出的歌声和说笑声。这时忽听得喇叭里传出声音说：“各位村民都注意哒，今儿天有远处来的客、湖北民院的教授们到我们村里采访土家族风俗——撒叶儿嗬，大家都要文明点，遵守秩序！”原来是管事人在广播里发话，不知是谁已跑去向他报告了我们的到来。我和陈教授相视一笑，眼前已有人端过来一杯杯冒着热气的茶水和已拆开了的一满盘香烟。见到管事人，他接着方才在广播喇叭里的话题对身旁的老乡说：“叫他们都文明点儿噢，莫尽唱些‘丑歌子’。”当地人把“带姐带郎”的五句子情歌叫丑歌子，他是怕我们听了难为情或认为不好。我们赶紧强调：“你们平时怎么唱的就跟平时一样，千万不要有什么顾虑！”

图6 管事人高叫：“给客们筛茶、上烟——”

管事人将我们领到左厢房，屋内或坐或站满是人。我们又来到旁边的火坑屋（按，平时专为烤火取暖用的火塘，不是厨房。有的

图7 棺材左侧支着牛皮大鼓，掌鼓师击鼓叫歌。眼前这位击鼓叫歌的小伙子唱得多么投入！

将厨房与火坑置于一间屋内，有的是将两者分开，各占一间），约一米见方的火坑里，堆放着大大小小的木柴，正燃烧着熊熊火焰。火焰上方，一个铁棍做成的约两米长的钩子，从房顶的木梁上垂挂下来，带钩的一端在下，接近火焰。铁钩下段有一截活动的部分，两端分别有连环互拉，可上下伸缩、滑动。钩子上吊着一个被柴火熏得透黑的炊壶，壶里煮着水，壶盖、壶嘴里正冒出热气。火坑周围也挤满了人，见我们进来，坐着的人赶忙起身让座。几乎整幢房舍的每个角落和场院里都是前来“看信”的人，屋里屋外，人来人往，川流不息。一旁有唢呐声声，歌乐阵阵。据管事人介绍，当晚已有约四五百人来“看信”了，到晚些时，还会有远处的人到达。陈教授不禁发出感叹：“这简直就是土家人的‘狂欢节’！”

孝家谭姓。房主谭运南，80岁。亡者是其妻，名覃桂香，77岁。房舍是一幢三开间的土墙屋，堂屋里设着灵堂。我们侧身挤进去，丧堂前的景象即在眼前——

与第一章清江土家丧俗综览“停丧”所述摆布大致相同，堂屋正中垂直于大门停放着一口黑棺材，亡者已入殓。棺材大头靠设有神龛的墙壁，搁在相叠架起的两条长木凳上，神龛处挂着一个大簸箕掩盖着；小头在外，搁在一张小方桌上，上面放着一个纸扎的灵屋了，无亡者的遗像。小方桌剩余一半的桌面上，紧挨着棺材小头立着一个灵牌，长形的牌面用红纸折叠粘贴而成。大红色的灵牌上用毛笔书写着黑字：上方横排从左至右写着“瑶池宫”，其下是纵向书写的5行字，居中的一行写着“故显妣谭母覃老孺人之灵位”，其旁两行为“深恩 金童引入逍遥地，难忘 玉女迎归不夜天”，再旁两行为“东来 生于民国十二年癸亥岁二月十二日酉时，西去 亡于公元二〇〇〇年庚辰岁十月二十一日卯时”（如图8）。灵牌前面放着一个可盛5斤米的黑色升子，内装有半升玉米，玉米里插着点燃的香。升子前面摆设着给亡人的祭品：一排摆着三个瓷碗，里面装着饭菜，碗沿上垂直于大门各放有一支木筷子（按，当地人认为阴司与阳世有别，亡魂只需要放一支筷子）；碗前一排摆着三个酒杯，杯里分别盛着白酒。升子两旁点着煤油灯。架起的棺材下方，放着一个搪瓷面盆，里面点着一盏煤油长明灯。

图8 灵牌图示

堂屋上方挂满了当年收获的玉米，玉米外层的包衣都朝根部撕开，露出金灿灿的玉米棒子。将揭开的包衣捆扎在一起，每十几个一束，一排排悬挂着。紧挨着一束束玉米的楼椽间，还挂着各色祭幛，有花花绿绿的床单、被套、毯子以及布匹衣料等，一律抖开成平面，垂在堂屋顶空，上面用线缝着写有祭献者姓名的纸条。

棺材左侧是一个牛皮大鼓，鼓放在大木盆里，盆的边沿用木块斜支起鼓，以架空鼓面增强共鸣；掌鼓师站在鼓旁，手执鼓槌，边敲打边以“撒叶儿嗬”特有的高八度嗓音歌唱着。

与第一次在长阳龙舟坪所见跳丧不同的是，棺材右侧坐着一班响匠——到孝家来“送锣鼓”的吹打鼓乐班子，其中有两个吹唢呐的师傅。每当掌鼓者一叫歌，两支唢呐就接歌；有时是一支唢呐接歌，另一支休息，两人轮换着吹奏。其他的打击乐演奏者在跳丧时都不动响器，他们与唢

图9 巴东杨柳池长岭村3组跳丧《打架子》

跳丧现场并不避讳鲜艳的红色。

呐师傅同来孝家，属于平时常合作的班子，除了会打击乐器，还一专多能，在通宵的跳丧歌舞中，可以轮换着替唢呐师傅吹奏。据响匠师傅们介绍，他们这里的跳丧与清江北岸的野三关、清太坪不一样，是以唢呐接歌的，属于杨柳池跳丧的一大特色。他们认为这样可以使曲调更丰富，更好听。

棺材前的空地中央，被前来“看信”的人团团围成圆圈，舞者在掌鼓师激情豪放的歌声和婉转明丽的唢呐声伴奏下，尽情地舞蹈着。围观的人时不时地往圆圈的最里层挤，以便随时跳上场，挤下前面正跳着的舞者；而新上场的人很快又被其他抢上前的舞者所替代。参与的舞蹈者很多，他们随意地上下场，歌者舞者争先恐后，加之观者不时发出一片唏嘘、叫喊和议论声，现场气氛异常热烈。

丧堂外，管事人一阵阵地吆喝着让来客们“坐席”。坐席是“流水席”的形式，大致按“看信”人到达的先后顺序，安排在房屋左厢房外临时搭起的一个竹棚内，四张八仙桌同时开席。孝家为办丧事杀了两头猪，以鲜肉招待“看信”的客人们。圆大包地属高山，海拔1200米以上，乡下农户平常很少吃新鲜猪肉，多是年前杀年猪，用盐腌、烟熏制成腊肉，供一年四季享用。办丧事时杀猪用鲜肉款待客人，是当地土家隆重的礼节。孝家邻居、64岁的覃世杰对我们说：“一户人家有‘信’，十户人家有关。‘看信’坐席，就是亡人后代‘宴客’。”所以俗有“人死饭甑开”之说。

我们被当作远道而来的贵客请在上席。管事人特意安排了一位1968届到该村插队的老知青，现仍在杨柳池农机站工作的李言登大哥招呼我们。李大哥向我们介绍，他当年下乡就在这个队里，30多年了，后来一直没有返回巴东县城，已在杨柳池安家，是真正地在广阔天地里扎了根。现在一切生活都习惯了，偶尔回到城里反而有些不适应。覃桂香老人一家曾关心帮助过他，所以他今天也来“看信”。他说，村里其他的乡亲家中有事，他都会到场。看上去，李大哥和当地人已经没有什么两样。他指着八仙桌的四个方位说：“上坐君子下坐客，旁边坐的是‘白客’（按，指亲戚之外的乡邻）。你们大老远地来到这个乡旮旯儿，就是贵客，主人家当然要请你们坐上席；我呢，是自己屋里人，和这儿的乡里乡亲是一样的，所以就坐在旁边，是陪客人的。”说罢就给我们碗里夹菜，多是大块大块的肥肉和大刀大

图10 曲肘颤膝

坨的连皮带瘦的坨坨肉，他边夹菜边说："这个高山上，老乡们吃肉还是相信（按，喜欢）肥的，你们只怕还奈不何吃这样的大片片和肥坨坨吧？其实也不腻人，来，尝一点。"

桌上先后上了十二道菜，有头子菜——肉煮豆腐，另有八个扣碗蒸菜，还有小炒以及油炸土豆片、虾片、花生等。我们边吃边聊，李大哥说："山里人好客，你们今儿来哒，主人家蛮欢喜，也是谭家大妈（按，此处指亡者）的福气。你们只管随便些，这后乡里'老人'哒，来客没得什么忌讳，可以说可以笑。今儿是亡人在家的最后一夜，'看信'的人都是来陪亡人玩的，会跳的跳，会喊的喊（按，此处指跳丧时的叫歌），会打的打（按，此处指打鼓之类），越热闹越好。"说话间，孝家长子谭大明走进来见礼，说了一番客气话，又请李大哥好好陪我们。

坐席前后，只见时有三五个人邀约着，往里屋"写账"。李大哥告诉我："写账"就是上人情份子钱，通常由孝家请一个有文化、会管账的长者担任，对所有"上情"的人以及细目作详实记载，协助孝家管理内务。在巴东后乡以及清江土家农村，村人"上情"也有拿不出现金的，就在家里打个豆腐（按，指自制的用一个圆簸箕装着的豆腐）送往孝家，这种情况也有的是因为家庭主妇做豆腐的手艺好，与孝家感情也好，又知道是孝家此时需要的。家里暂时困难，打不起豆腐又送不起情的，就去孝家跳丧闹夜，抬丧下葬，一应效力，故俗有"打不起豆腐送不起情，跳一夜丧鼓陪亡人"之说。

子夜时分，坐席差不多告一段落。一部分"看信"的人趁着星光，邀约着同伴，陆陆续续地回去了。同来的大兴、大喜他们，此时也准备返回杨柳池集镇上去。到后半夜，孝家的房前屋后仍是人挨人。一些附近住的，一时挤不到堂屋跟前去，为缓解人众过多的压力，有的也打算回自己家中去，他们对我说，等会儿或明晨会再来，特别是本组跟前的，都还会来。

一些远处来的以及不想跑路而没有回去的，有的在火坑边坐着聊天守夜，剩下的多数人都跑到丧堂前跳、唱或观看“撒叶儿嗬”，跳丧达到前所未有的高潮。广播电视站的小崔屋里屋外地跑着录像，陈教授站在掌鼓师身旁，手举着录音机招呼录音，我则忙不迭地拍照。挤在丧堂前小小的圆圈中，因距离太近，又光线不足，相机往往拒绝工作，加之人多拥挤晃动大，抓拍显得十分困难。由于舞者上下场替换得频繁，被挤下场去的舞者多站在圆圈最里层，随时准备再上场，所以圆圈被满屋子的人众挤得越来越小，然而观者和舞者的情绪却越来越高昂。

在当晚跳“撒叶儿嗬”的人群中，有一班从几十里外的金果坪过来“看信”的小伙子，是几个跳丧的高手，领

图11（左）顺
图12（中）曲
图13（右）颤

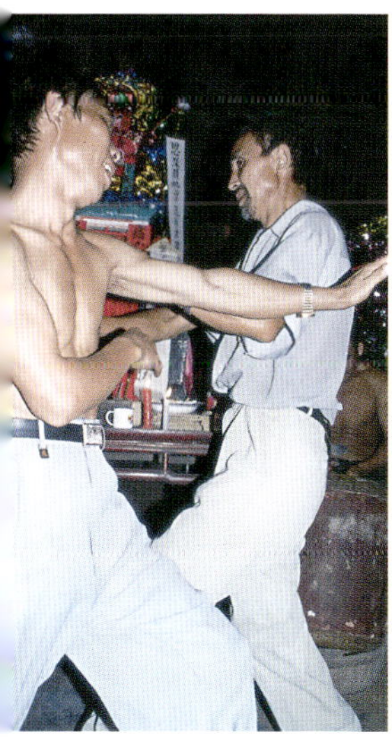

头的是李大龙、李大凤兄弟。从柳家村观众的议论中可以判断，李家兄弟的歌技舞艺都属上乘。李大龙身高在1.8米左右，身材魁梧，舞姿奔放；李大凤掌鼓叫歌，高腔清脆嘹亮，且节奏快慢适中，兄弟间配合得十分默契。本村的人见状都跃跃欲试，柳家村5组的田恒君、田恒松兄弟一使眼色，田恒君拿起李大凤手中的鼓槌，将歌接了过去。田恒松和4组的覃世杰等几个人轮番地挤下场上的舞者，往往一对人舞上场，才一两分钟，就又被挤了下去。

杨柳池跳丧的动作套路中，将6/8拍子构成的核心舞段《四大步》称为《架子》或《打架子》，意为贯穿始终的骨架，是跳得最多的基本套路。在跳《打架子》的套路时，以掌鼓师主唱，舞者不必合唱，而由唢呐代替舞者接歌。掌鼓师每唱一句，唢呐就跟着吹奏一句。舞者只管一个劲儿地跳，重在舞蹈。为使舞姿丰富多彩，又将《打架

图14 凤凰展翅

子》分为双车身（走双边）和单车身（走单边）两种。其他如《牛擦痒》《猛虎下山》等舞蹈套路以及各种模仿动物动作的舞步，如“凤凰展翅”“猴儿扒岩”“猛虎扑食”等等，都包含在《架子》中，统称为《打架子》。看上去动作雄健，跳起来虎虎生风。

图15 猛虎扑食

另外，将一问一答式的《哑谜子》叫作“打撒叶儿嗬”。打这个套路时，则需要舞者接歌。在“打撒叶儿嗬”猜《哑谜子》时，唢呐休息，由掌鼓师出谜，舞者二人猜谜对唱，一唱一和，调节气氛。由于猜《哑谜子》时唢呐伴奏停止，由人声清唱，唱词格外清晰，每当掌鼓师一出谜，观众会相互参与议论或会心微笑，而一旦舞者唱出谜底，则会引发观众应和的笑声。遇上涉及情郎妹子表情达意甚至男欢女爱的“荤”段子，女性观众哧哧地笑个不停，这时，对丧鼓场上且歌且舞的男子汉们的表演，则大有推波助澜的效果。出的谜中，还有不少属于知识问答式的，主要有猜花名、地名的，尤其是以猜当地人所熟知的本地小地名为多。如：“死人子弹澡（按，方言将游泳叫弹澡）怎么样讲？”回答是：“死人子弹澡是‘难弹活’”，即“南潭河”（按，南潭河属清江在杨柳池地域内的江段名）的谐音，引人发笑，使现场气氛轻松和谐。

当晚杨柳池跳丧的动作套路基本上是以上几种的轮换，花样虽不繁复，然而舞者姿态刚劲豪迈，洒脱自然。舞蹈风格显得特别古朴原

图16 猴儿扒岩

始，模仿老虎的动作尤多，威猛中不乏朴拙的憨态，韵味十足。

为了不让金果坪过来的李家兄弟独占鳌头，本村的田氏兄弟一段接一段地唱着。当覃世杰等几位老者上场跳时，掌鼓的田恒君即兴作词，边唱边开玩笑道："哑是哑谜儿嗬，哑是哑谜儿嗬，有几个老头儿在跳丧，他们也快哒呀，打个撒叶儿嗬噢噢！"唱得围观的人哄堂大笑，几个老汉不但没有气恼，还兴高采烈，边舞蹈边打哈哈。

深秋的高山上，农家早已烤火了，到后半夜，气温更是下降了许多，丧鼓场上却热浪拂动。围在堂前的观众挤在一起，看得津津有味，谁也不愿离去。场上的歌者舞者已是汗流满面，他们脱掉棉袄，揭下棉帽，顺手搭在棺盖上，或由同来的熟人帮忙抱着。身着单褂的舞者，仍连连用手指刮去额头和脸颊上的汗珠。

孝子谭大明频频地给歌舞者装烟敬酒，酒用俗称的"盐水瓶子"（即医院输液的玻璃瓶子）装着，他先是用小酒杯一杯一杯地倒出，分别递给响器班子的师傅和歌舞者，一瓶倒完，又从白色的大塑料壶里往外倒一瓶。到后来，他干脆将装着白酒的"盐水瓶子"递给掌鼓的田恒君，见恒君双手握鼓槌无暇喝酒，他便举起瓶子给恒君喂上一大口。

此前从有关介绍跳丧的资料中得知，孝子一般都不上场跳丧。而在杨柳池，似乎没有这些禁忌，孝子谭大明放下酒瓶，也上场跳起了“撒叶儿嗬”。

掌鼓的田恒君边喝酒边叫歌，得意时，他摇头晃脑地唱道：

姐儿生得一枝花，她爱我来我爱她。
她爱我的年纪小，我爱她的一身花，
魂儿跟着姐去哒。

图17 牛擦痒

笑声中，一些妇女禁不住高叫："恒君——你个砍脑壳的！"男人们听着这笑骂声，似乎更加喜形于色，唱得也更来劲了。

金果坪过来"看信"的李大龙，此时也早已脱下了外套，他潇洒的舞姿本已引起现场观众的一致称道，这时有观众冲着他喊道："来个《猛虎下山》！"杨柳池跳丧的特点，除了其基本套路是由唢呐代替舞者接歌之外，还以《猛虎下山》的套路享誉一方、具有代表性。站在我身旁的老乡说，在杨柳池一带，金果坪的《猛虎下山》跳得最正宗。

李大龙听见喊声，先是一阵解释："《猛虎下山》要两个人合适（按，指配合默契）才跳得拢！"他不无遗憾地说，常与他搭档的伙计今天恰恰有事没来。然而，他又经不住田家兄弟得胜的神色，于是不甘示弱，与同来的一位老汉临时搭档，准备跳《猛虎下山》。

李大龙和老汉伸展臂膀，脚踩"升子底"，来了几番"双车身"（按，车身即转身，双车身为左右两边各转身一次），先打开场子，挤下场上跳舞的人。随即二人相互撞肘，两手掌互推，四目逼视，一阵咆哮，观者中也有人呜呜地附和助威。孝家后人站在棺材两旁，时不时地给歌者舞者递烟点火，还奉上一杯杯白酒，似乎要以酒伴歌，借酒催舞。此时掌鼓师已换成了李大凤，他径自拿起小方桌上盛着白酒的"盐水瓶子"，揪开盖子，仰脖豪饮。李大龙和老汉边跳边比划，动作节奏逐渐加快，几番撞肘、吸腿、转身，二人动作似乎进入了和谐的状态。这时，老汉一个右弓箭步，双手分别抓住李大龙的两手，嘴里喊声"上！"李大龙左肩靠在老汉的右肩膀上，双腿用力一蹬，头在下，两脚在上，身体腾起在空中，从老汉身上翻

图18 跳丧是大众都可参与的民俗活动，没有严格的师承关系，无需专门拜师授徒。土家村寨里的少年男子，遇有白喜事，在丧鼓场上走几遭，就成了一个会跳丧的歌师傅。

了过去，来了个“猛虎下山”！里外三层围观的人，在歌师的伴唱中齐声吼叫，发出阵阵“虎啸”声。观众一片沸腾。

正在欢笑之时，有人惊呼一声，大家这才发现李大龙脸颊上流着鲜血。原来他落地时，因个子高，身体太重，老汉扛不起，加之两人没配合过，现场人多又地方窄狭，他的左侧眉骨在地上擦破了。好在他反应快，以手撑地，脖子没有触下去，否则将有危险发生。

现场出现了一个停顿。有人赶紧铲来热灶灰，用手指捻起细末，一点点地撒在李大龙受伤的眉骨上。好一会儿，血止住了，却把白色的柴火灰染成了一道一寸多长的红口子。李大龙不得不停止剧烈的舞蹈运动，在一边烤火休息。由于伤口较大，仍有鲜血往外渗出。此时正值后半夜三点多钟，离集镇还有好几公里路，镇上的医院也早已关了门，主人家一时找不到任何止血药品，只得不断地往伤口上撒些柴灰，以防流血过多。

跳丧仍在继续。那舞步虽然并不复杂，却和着“撒叶儿嗬”6/8拍子动人的节奏，赋予了跳丧舞特有的律动，叫人百看不厌。这律动简直有一种魔力，勾人心魂，让略知节拍的正常人都会禁不住手足，更何况有着三千年歌舞辉煌历史的巴人后裔土家人！难怪它能在土家山寨千百年不衰，一代又一代地往下传承了。

天空瓦蓝瓦蓝的，镶嵌着数也数不清的满天星斗，它离得那样近，好像伸手就能摘下那闪亮的繁星。群星辉映出光芒，照耀着高山上的村庄。人在凌晨四五点钟通常容易犯困，而手舞足蹈的歌舞者仍然兴致高昂。舞者身穿单褂，后背却冒着热气，待下场时，便会拿起放在棺盖上的棉袄披上，或由为他们抱着棉袄的女人替他们披上。为了给守夜的客人们取暖增温，管事人安排后勤帮忙的人，把各处的火都加得旺旺的，又将厨房几个灶门里烧过的火什用铁锨铲出来，加到火坑里。考虑到火坑旁的位置不够坐，还特意在门外也准备了一大堆从厨房灶门里扒出来的火什，供乡亲们烤火暖身子。

谭运南老人也在为亡妻守更，他坐在门口的火堆旁，看看跳“撒叶儿嗬”的乡亲，又看看那缀满星宿的天穹。老人看上去还硬朗，他告诉我，谭姓是巴东土家的大姓，巴东谭氏有不同的两大支，一支是“八坪谭”，另一支是“六大房”谭家。他说自己是“六大房”谭氏的后代，“听老辈子说，祖上原在南京凤阳府颍州太和县居住，仲字派的祖公迁到这儿来的。进山公公谭汝益，他们总共六兄弟，就叫作‘六大房’谭家”。

满天星斗不知何时已悄然不见，少顷，天空竟失却方才的明净，渐渐地，黑暗笼罩，什么也看不见。我想，黎明就要来临了。不知不觉间，我们在山上的跳丧歌舞中度过了一个不眠的夜晚。

天已经亮起来。掌鼓师收槌，响器班子的唢呐师傅起身收拾好乐器，通宵达旦的“撒叶儿嗬”告一段落。

观众渐渐散了，院子里逐渐有较多的人走动，灵堂前安静下来。

片刻的宁静后，做法事的土老师来了。亡人入土前，要由孝子去“接先生”来主持安魂、下葬等法事。接来的土老师是当地有名的谭祖纯师傅，七十岁开外，家住在邻近的东风村5组。他身着对襟棉袄，外面套一件天蓝色对襟罩衣，布纽扣，脚穿布底棉鞋，衣着颇具传统服饰风格，与在此地见到的中青年人多追求西服款式形成对比；头上没有包帕子，黑发向后梳理得很整洁，面部白皙。他来到丧堂前，拿出自己的打击乐器，将半面大钹的凸起部分置于一个空的升子上以固定，另外半面大钹的红绸带缠绕在左手掌里，敲击着搁在升子上的钹面；右手执鼓槌击鼓，两手节奏有序地敲打。他面对灵位，口里唱着成串的祭词，边唱边拿起搁在棺盖上的招魂幡，时不时地在棺材上方拂动着。“招魂幡”其实是用各色彩纸剪贴成图案制作的，约12厘米宽、60厘米长，上面写有亡者姓名和“魂兮归来”等招魂词，一端用线索系在一根半米长的细竹棍上便于手执。法仪由谭师傅主持，他的身后左右两侧，站着杨德恩和另一个土老师，分别执大锣和马锣，给谭师傅帮忙打下手。这一出叫“打享荐”“孝子奠酒”，即所说的为亡者“开路”法事中最简单的“点子路”，是每有亲丧都少不了的仪式程序。孝家后人一排排站立于灵堂前，按土老师的指点，依次给亡者上香、烧纸、奠酒、叩头。亡者是高寿仙逝，属白喜事、顺头路，没有出现孝子们悲切哭泣的场面。

“开路”法仪结束后，我们随土老师来到房屋东大门右侧前方约30米的墓地旁。谭师傅拿出罗盘，一边按亡者去世的日子掐算出丧的时辰，一边测量着下葬的方位。因出丧时间定在9点以后，我们没能参加观看，便赶早下山了。临行前，看见了昨夜跳《猛虎下山》受伤的李大龙，此时眉骨有些肿起，伤口仍在往外渗血。见他正向同伴借钱去医院弄药，便掏出一些钱给他，让他赶紧下山去医院缝合。李大龙说了些感激的话，还告诉我他家的住址：金果坪乡小溪湾道班村4组，希望我们能到他们村里去采访。

第三章

“歌飞舞动遍山寨”

——巴东野三关跳丧实录之一

图1 2003年9月，作者在巴东野三关电站采访民间艺人黄在秀（右）。（郑定荣 摄）

2000年11月18日一大早，从柳家村圆大包的高山上下到杨柳池集镇。稍事休整，我们于当天中午乘上了开往野三关方向的班车，中途在水布垭停留了一天，第二天抵达野三关镇。野三关的跳丧，无论在学术界还是在当地，都是非常闻名的，我们当然也想此行能够碰到。

一到野三关，我们先去拜访了文化站的柳太尉站长。柳站长是个老文化人，干了大半辈子文化工作，对全镇的民间文化了如指掌，是个行家。围坐在他家暖融融的火炉旁，我们聊起了野三关的“撒叶儿嗬”。柳站长说，野三关跳丧最有代表性的，要数以黄在秀、黄治军为骨干的一个民间歌舞班子。我曾在《中国民族民间舞蹈集成·湖北卷》一书中见到过他们二人的大名和所唱的部分曲目，心想，即使此行不能遇上“老人”，能同他们二位聊聊，也是不小的收获。当晚，在柳站长的带领下，我们找到了黄在秀的家。

黄在秀近五十岁，看上去很精神，对人亲切热情，言辞有条有理。当晚他向我们讲解了很多“撒叶儿嗬”的套路和曲式，因不在“老人”的现场，又无搭档，没有作演示。我们约定，翌日上午在驻地野三宾馆细细讨教。

第二天，黄在秀如约到达，柳站长请来了黄治军，又从文化站里抱过来一个小鼓，由黄在秀主讲、黄治军配合，逐一演唱了“撒叶儿嗬”的各个曲牌。然而毕竟没有现场气氛，嗓子也放不开。他们说，待碰上“老人”时，他们演唱的激情自然就上来了。

陈湘锋教授得赶回湖北民族学院给学生上课，到野三关的第三天，便搭班车回恩施了。我一时还不打算回宜昌，听说清太坪有一家娶亲的，我决定去那里看看。行前我们给黄在秀留下联系的呼机和电话，希望以后有机会，能在“老人”后的现场，领略野三关“撒叶儿嗬”的风采。

图2 2003年9月，作者在巴东野三关镇黄在秀（左）家中访谈。（郑定荣 摄）

转眼半年过去。2001年6月12日，我接到黄在秀的电话，说野三关电站田崇国因公殉职，当地有非常隆重的祭奠，他们都会去跳“撒叶儿嗬”。我将这一消息电话告知恩施的陈教授，并约定由湖北民族学院电教中心带上电视摄像设备，赶到野三关会合。

6月13日下午，我从宜昌赶到野三关镇，下车后，便直奔电站。傍晚时分，见陈教授一行已先到了电站的丧堂前，民院电教中心的覃东骏老师正扛着摄像机在拍摄外部环境。

电站位于穿行野三关的公路大道旁，门前院子的空地上，已经用几张大塑料布扯起了棚子。附近的公路上铺满了前来吊唁的人燃放的鞭炮纸屑。田崇国49岁，男性，生前系野三关电站站长，由于奔忙于乡镇电力农网改造，过度劳累，心脏病发作，又因工作繁忙而一再贻误治疗，终于累倒在岗位上。待到武汉抢救时，已为时太晚，最后死在了手术台上。《恩施晚报》2001年6月14日头版头条以《一心扑在农网改造工作中——野三关供电所长殉职》为题，报道了田崇国的事迹。按照土家族习俗，田崇国的遗体被运回野三关。因其是在外死亡的，故而灵堂未搭在自己家的堂屋内。亡者英年早逝，上有老，下有小，属非正常死亡，当地认为是惨事，但由于是因公殉职，电站仍组织了热闹的丧仪。镇子附近的老乡也自愿前来“看信”、跳“撒叶儿嗬”。准备在停丧闹夜后，将灵柩运回他的家乡——野三关堰塘湾村2组下葬。

灵堂设在电站办公大楼一楼的车库内，棺材垂直于车库大门停放，大头靠内，用两条相叠的长凳支撑。与在家所设灵堂不同的是，大头上方不必用簸箕掩蔽家神神位。小头朝门一边，搁在小方桌上，方桌靠门的两只桌腿分别

图3 2003年9月，作者在巴东野三关寻访民间艺人黄治军（右），黄治军在田间传授“撒叶儿嗬”技艺。（郑定荣 摄）

绑着“岁竹”，这是清江土家丧堂中常见的布置。每当亡者落气后，孝家在竹园里砍下两根竹子，直径约在3厘米，长1.5米左右，用刀剖开竹子的一端，划成一根根细篾条，亡者有多少岁，两根竹子划出的篾条相加就要多少根。在篾条上分别缠绕用彩色纸剪成的纸须，然后将两根竹子的篾条相汇交叉，即编织成一个平面的彩网。竹子的另一端，分别垂直于地面，绑在方桌的两条腿上。“岁竹”的式样在清江流域土家有些微区别，巴东、长阳一带选取竹子是按上述大小，五峰一带叫“寿签筒子”，所取的竹子粗大，直径在10厘米左右，高度直顶堂屋楼板，插在竹筒中的篾条也不交叉。

“岁竹”中间，摆放着亡者遗像，未另做灵牌，这与乡下农民家的灵堂布置中只有灵牌而未有遗像也略有不同。遗像前，依然是一个黑色的升子，里面插着点燃的香。升子前摆着给亡人的祭献——三个瓷盘，分别装着广柑、梨和香蕉，两旁各点燃一支蜡烛。桌面上和棺材下方的塑料盆里分别摆放了长明灯，是罩着灯罩、点燃着的煤

图4 黄治军掌鼓叫歌“我打鼓来你出台，请出一对歌师来……”

油灯。棺材上覆盖着大红的金丝绒棺罩。预制结构的车库柱子和天花板上，挂满了镇上的单位和亲友们送的祭品，大多是较高档的成品被子、毛毯等实用家什，将物品连同外包装的手提塑料袋一起成件挂着，未有像杨柳池的农民老乡家里那样展开，这显然是从将来实用卫生的角度考虑的。四周的墙壁上和外面的场院里摆满了各单位送的花圈。车库大门的外墙上，悬挂着黑布制作的挽联，上面用浆糊贴着正方形白纸书写的黑字，上联是“风雨半百为人民，创基业终身不止”，下联是“勤劳一生作表率，谋福利功绩长存”，横幅是“沉痛悼念田崇国同志英年病逝”。

棺材左侧崭新的红漆牛皮大鼓，击打出催人舞蹈的鼓点。黄在秀早已在现场，他指挥着跳“撒叶儿嗬”的一班人，让他们先来一套“四合一”。

最先掌鼓的是黄治军，他双手执鼓槌，站在鼓旁击鼓叫歌：

我打鼓来你出台，请出一对歌师来。
跳撒叶儿嗬哎……

（曲谱一：《待师·请出一对歌师来》）

接歌的是两个中年男子：一个是野三关书箱管理区太平店村8组的谭传伦，45岁；一个是9组的黄本才，39岁。谭传伦上着白衬衣，下穿西装裤，衬衣外面套着一件蓝色马甲；黄本才的细格衬衣上打着领带，外罩着一件军绿色的马甲。因为是到集镇上的公家单位来“看信”跳“撒叶儿嗬”，他们的着装颇为考究和靠近都市化。

开场的这一段叫《待师》。"待师"，在很多有关跳丧的文章里都写作"待尸"。在调查中，据艺人们讲，他们只晓得这样叫，不知究竟该写哪个字。这是跳丧开场和以后串联其他套路时唱的，尤其是开场或掌鼓师上下交替时必唱，比如前一个歌师唱累了，想请下一位来接槌，就会唱"把人换来把人接，一人难挑这一歇"。下一位掌鼓师接过鼓槌，便高唱："请出来，请出来，跳丧的歌师上场来！"从这个意义上讲，似是等待歌师傅上场之意，那么则应写为"待师"。写作"待尸"，除了表明跳丧是在尸体旁跳唱的之外，按字面理解，"等待尸体"又似乎讲不通，何况尸体在跳丧前早已入棺，并不需要边跳丧边等待。假若按土家语宾语前置的习惯，"待尸"即为"尸待"，"尸体等待"，说尸体在等待歌师上场，也觉牵强

图5 谭传伦、黄本才表演的《待师》

"你是对手上场来！"灿烂的笑容完全是自然地流露。

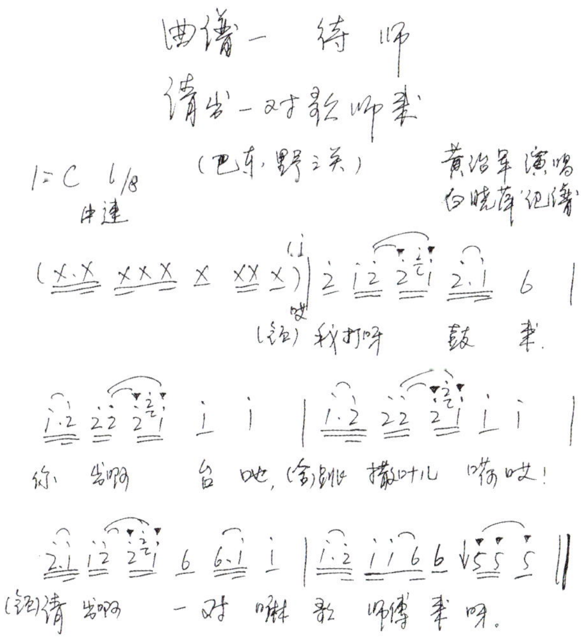

图6 边数板、边击掌的《摇丧》

或别扭。综合以上各种因素，我在文中权且按现代汉语理解，写为“待师”。

《待师》，与在杨柳池所见跳丧中的《打架子》类似，因其有串联的功能，好似整个曲式的骨架或纽带，故以“架子”作比。在长阳跳丧中，《待师》被称为《四大步》，这是以舞蹈的步伐特点相称的。《打架子》《待师》《四大步》的鼓点、声腔都是6/8节拍，是“撒叶儿嗬”的基本套路，又是贯穿始终的核心，在曲式、套路转换时起连接作用。

一曲开台的《待师》之后，掌鼓的黄治军轻击鼓边，调门一转：

叫一个号子转了板，再请师傅们跳摇丧。

对跳的二人一边合唱“跳撒叶儿嗬哩”，一边双手挽花，穿插舞蹈。

黄治军接着又唱道：

改换那个号儿打上一哟——

两个舞者立即双手交叉，像孩子游戏似的相互击掌：

打上一，还上一，初一、十一哎哎哎嘿哟，哎哎哎嘿哟，二十一个一来，撒那叶儿嗬噢噢。

（曲谱二：《摇丧》）

歌师和舞者一唱一和，配合默契，现场气氛活跃起来。丧堂门前围满了观众，尤其是一些来自巴东县城电力公司的同仁们，也都围在门口欣赏着歌舞，还相互议论：“后乡里是比前乡搞得好看些。前乡里死人哒就只坐到唱，顶多围到棺材转圈圈儿，哪有这‘撒尔嗬’过瘾呢！”（按，此处的“过瘾”为精彩好看的意思。另，巴东城里人说话语速很快，总把“撒叶儿嗬”说成“撒尔嗬”）有人称赞道：“人家这一班是请到恩施表演过的，说是还出省到过贵州比赛哩！”在场的歌舞者听着围观人的议论，难免流露出骄傲的神色。

黄治军又叫起一段：

改换了的号子正月里香袋——

对跳的二人边击掌边数板：

正月香袋绣起头，绣个狮子滚绣球。
绣球滚在郎怀里，郎又欢喜姐又愁。

明快的数板节奏和优美的舞姿相互衬托，给人以极大的视觉、听觉享受。

《摇表》唱词：

1.［打上号儿］打上一，打上一，还上一，初一十一二十一。

［改换号儿］正月香袋……

正月香袋绣起头，绣个狮子滚绣球，绣球滚到郎怀里，郎又欢喜姐又愁。

2.［打上号儿］打上二，打上二，还上二，初二十二二十二。

［改换号儿］二月香袋……

二月香袋乌须须，要绣乌须马一匹，有人换我三十两，我要留给小郎骑。

3.［打上号儿］打上三，打上三，还上三，初三十三二十三。

［改换号儿］三月香袋……

三月香袋三点黄，井边打水李三娘，多多拜上小郎哥，求不到官早回乡。

4.［打上号儿］打上四，打上四，还上四，初四十四二十四。

［改换号儿］四月香袋……

四月香袋四角方，四只角里安麝香，上街走到下街转，爱坏几多少年郎！

5.［打上号儿］打上五，打上五，还上五，初五十五二十五。

［改换号儿］五月香袋……

五月香袋五点绿，金鸡飞到洞庭湖，去年许我香袋子，不知今年又何如？

6.［打上号儿］打上六，打上六，还上六，初六十六二十六。

［改换号儿］六月香袋……

六月香袋热茫茫，香袋绣在汗巾上，扯起汗巾来揩脸，闻到汗巾满脸香。

7.［打上号儿］打上七，打上七，还上七，初七十七二十七。

［改换号儿］七月香袋……

七月香袋绣七针，七天七夜未绣成，日里绣花人看见，夜里绣花熬眼睛。

8.［打上号儿］打上八，打上八，还上八，初八十八二十八。

［改换号儿］八月香袋……

八月香袋八根纱，里绣龙来外绣花，里头绣起芝麻秆，外头绣起栀子花。

9.［打上号儿］打上九，打上九，还上九，初九十九二十九。

［改换号儿］九月香袋……

九月香袋九点红，要绣天上九条龙，九条龙也来洗澡，淹死牡丹花九重。

10.［打上号儿］打上十，打上十，还上十，初十二十又三十。

［改换号儿］十月香袋……

十月香袋绣完了，皮纸包起顺墙抛，有情哥哥你捡到，无情哥哥你莫捞。

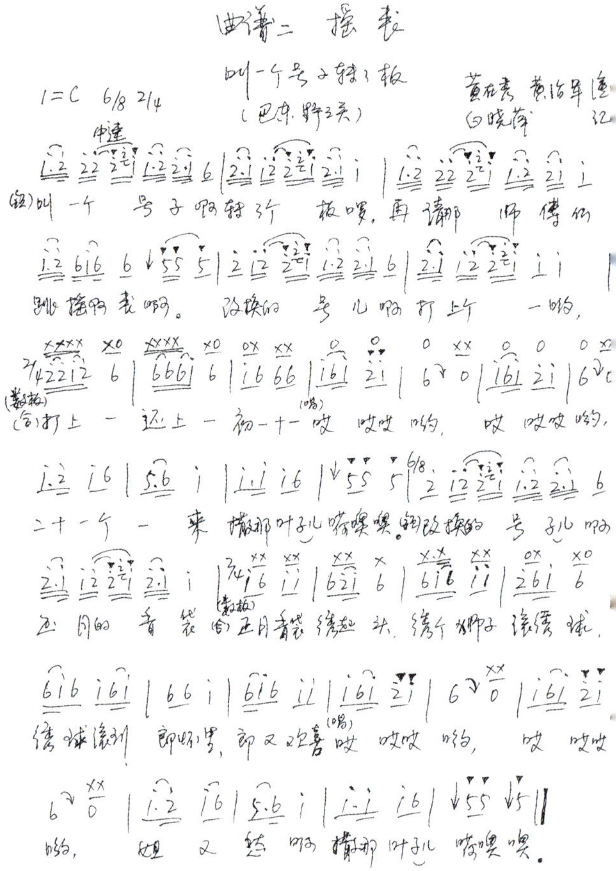

图7 两腿相勾的狗连裆

《摇丧》的内容从一唱到十，也可随意唱中间的某个段落，其音乐特点是有念有唱，六拍子和二拍子相混合，巧妙变化而不呆板。

正当观众沉浸在轻松、跳跃的节奏中，掌鼓师又唱起了抒情的《幺女儿嗬》。

几个管事、帮忙的人，端着一满盘斟着热茶的茶杯，给歌师傅们奉茶，又挨个儿装烟。

黄治军继续唱着，他接着来了一段《哑谜子》：

哑是哑谜儿嗬，哑是哑谜儿嗬，
升子无底怎么样讲？哑是哑谜儿嗬噢噢。

（曲谱三：《哑谜子》）

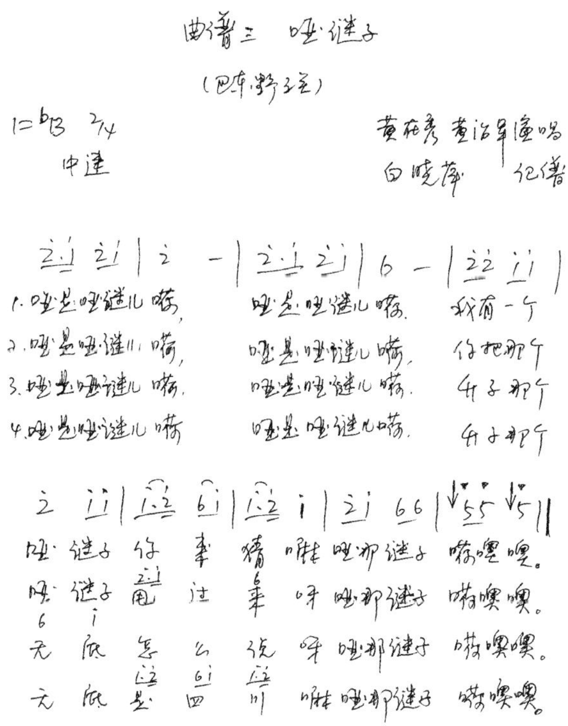

《哑谜子》唱词：
什么子打架角对角？水牛打架角对角。
什么子打架啄脑壳？公鸡打架啄脑壳。
什么子打架角碰角？羊子打架角碰角。
什么子穿青又穿白？鸦鹊穿青又穿白。
什么子身穿瓦灰色？斑鸠身穿瓦灰色。
什么子岩上盘脚坐？猴子岩上盘脚坐。
什么子岩下织绫罗？蜘蛛岩下织绫罗。
什么子会打天边鼓？雷公会打天边鼓。
什么子会唱五更歌？公鸡会唱五更歌。

《怀胎歌》唱词：

怀胎嘛正月正哪，奴家不知应哪，水上的浮萍怎生根？

怀胎嘛二月末，实在是怀不着，新过门的媳妇脸皮儿薄；

怀胎嘛三月三，茶水也不沾，一心只想往红罗帐里钻；

怀胎嘛四月八，庙里拜菩萨，保佑奴家得个乖娃；

怀胎嘛五月五，实在是怀得苦，天天想吃麦李子二十五；

怀胎六月三伏热，实在是怀不得，都是奴家葬的德；

怀胎七月半，扳到指头算，算来算去还有两月半；

怀胎八月八，拜上爹和妈，多喂鸡子少喂鸭；

怀胎九月九，实在是怀得丑，娃娃在肚子里打跟头；

怀胎十月小阳春，娃娃要见生，娘奔死，儿奔生。

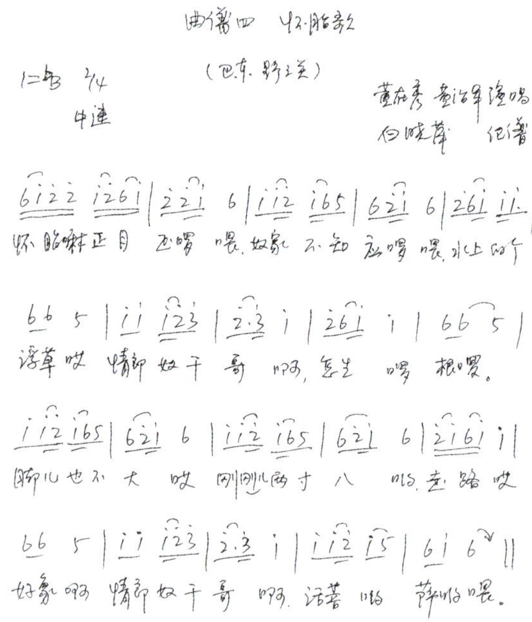

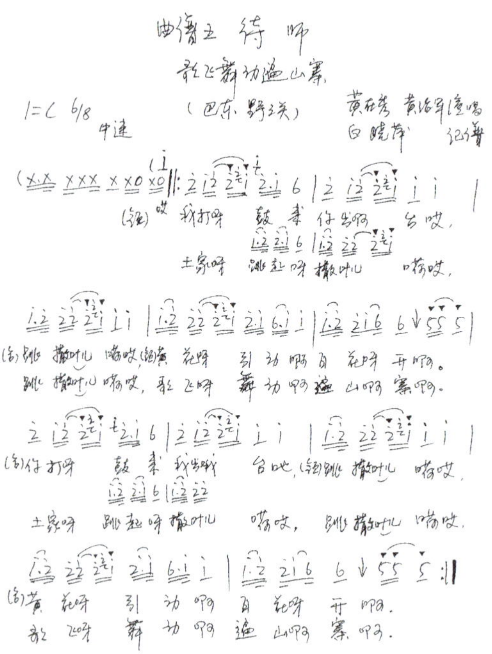

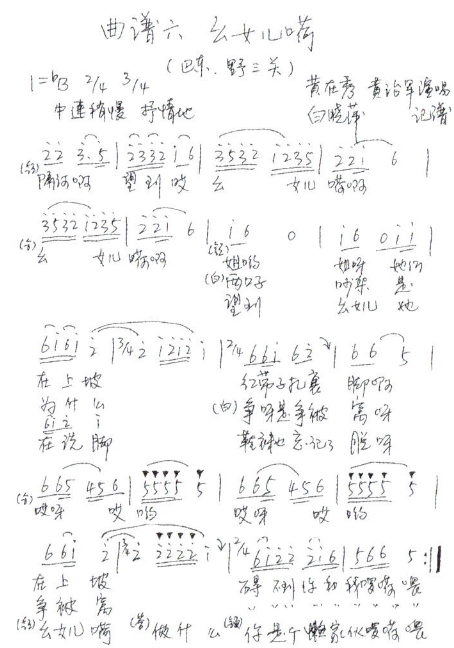

图8（左） 黄本才、黄本清表演的《待师》
图9（右） 黄治军掌鼓、谭传伦表演的《怀胎歌》“怀胎正月正”

两位舞者相视一笑，一点也不在乎这个哑谜，他俩情绪饱满，立即高声应道：

哑是哑谜儿嗬，哑是哑谜儿嗬，
升子无底是四川，哑是哑谜儿嗬噢噢。

几番《哑谜子》猜下来，黄治军又变换调门，唱起了《怀胎歌》：

怀胎嘛正月正，奴家不知应，水上的浮萍怎生根？
怀胎嘛二月末，实是怀不着，新过门的媳妇脸皮儿薄；
怀胎嘛三月三，茶水也不沾……

（曲谱四：《怀胎歌》）

图10 “奴家不知应”

图11 “怀胎二月末”

这是一段诙谐、幽默的歌舞。从怀胎正月正，到怀胎十月小阳春，十段歌词都是唱叙母亲十月怀胎的辛苦。它原本是为女性亡者跳丧时演唱的，因唱词内容丰富多趣，表演动作滑稽生动而广为流传。后来不分亡者是男性还是女性，凡有“撒叶儿嗬”，都少不了要演唱《怀胎歌》。歌者在唱腔中也适当插入数板，使音乐富于变化；场上舞蹈的两个大男人表演夸张，忽而叉着腰，腆着大肚子，忽而摆手，作含羞状，惹得围观的人直发笑。

黄治军掌鼓从《待师》开场，接着演唱了《摇丧》《幺女儿嗬》《哑谜子》《怀胎歌》。后四个曲子组合在一起，中间由《待师》串联，即黄在秀前面所讲的野三关跳丧中的“四合一”，它也是野三关跳丧的一大特色。与前面所见杨柳池跳丧的明显不同在于，“四合一”是杨柳池跳丧中没有的。杨柳池跳丧不兴按“组合”跳，因此不

图12 “实在是怀不着”

讲究相对完整的舞蹈段落，舞者的参与、交替显得更加随意，不用顾及场上人表演的时间长短或一个舞段是否完成，有时常常是一对人刚跳上场，一个乐句还没有唱完，就被抢上前的舞者挤了下去，虽然有些无序，但参与者

图13 “怀胎八月八，拜上爹和妈”

图14　黄本清、邓重魁表演“这个哑谜儿怎么样说？我的情哥哥！”

图15 黄在秀掌鼓叫歌“我打鼓来你出台”。

众。野三关的这一套“四合一”，组合搭配合理，节奏缓急考究，气氛热烈且富于表演性，不易被打断。据黄在秀介绍，一般开台时都会唱到它。

陆续赶来“看信”的人，已将丧堂大门口围成圈，看得津津有味。这时，站在一旁指挥的黄在秀接过黄治军手中的鼓槌，高唱起来：

我打鼓来你出台，黄花引动百花开。
土家跳起撒叶儿嗬，歌飞舞动遍山寨。

（曲谱五：《待师·歌飞舞动遍山寨》）

图16 黄治军、黄治成表演“歌飞舞动遍山寨”。

图17 “高山顶上一树茶，年年采来年年发”

照例在一段《待师》之后，黄在秀又来了一段《幺女儿嗬》，他爽朗的歌声充满了激情，动人的音韵浸润着听众的心扉：

隔河望到幺女儿嗬，
姐哟、姐呀，她们在上坡，红带子扎裹脚。
隔河望到幺女儿嗬，
两口子吵架为什么，争呀争被窝。
隔河望到幺女儿嗬，
望到幺女儿在洗脚，鞋袜儿也忘记哒脱。
…………

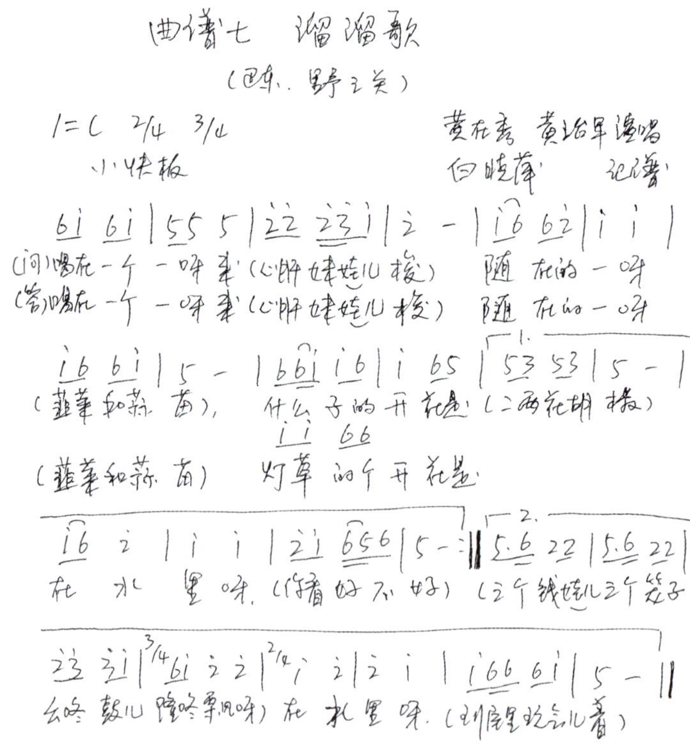

图18 《待师》“请出一对歌师来”

两位舞者齐声唱和：

哎哎哎嘿哟，哎哎哎嘿哟，
幺女儿嗬，做什么？你是个懒家伙！

（曲谱六：《幺女儿嗬》）

欢快的歌舞冲淡了丧堂悲伤的情绪。在观众的笑声中，黄在秀又唱起了有问有答的《溜溜歌》：

（问）唱上一来（心肝妹儿梭）还上一（韭菜和蒜苗），什么开花（二两花胡椒）在水里（你看好不好）？

（答）唱上一来（心肝妹儿梭）还上一（韭菜和蒜苗），灯草开花（二两花胡椒）在水里（你看好不好）。

（曲谱七：《溜溜歌》）

《溜溜歌》又叫解歌，意为一人出题，一人解答，是流行于巴东后乡的民间小调。黄在秀唱时常即兴发挥，将衬词加些花样，如将“二两花胡椒”替换成“心肝妹娃儿

图19 虎抱头

隆咚飘”等等，使曲调突破原来的框框，觉得很好听（见曲谱七）。接着他还唱了欢快活泼的《幺姑娘年纪轻》和婉转甜美的《陪姊妹调》：

幺姑娘年纪轻啰，爹妈常担心啰，去呀去的来呀来，紧关门啰冤家哎。

（曲谱八：《幺姑娘年纪轻》）

门口一条冲，冲里起蛟龙，去时十姊妹，转来九弟兄。门口一个堰，堰里水漫沿，阳雀来洗澡，喜鹊来闹年。

（曲谱九：《陪姊妹调》）

图20 “会跳丧的肩靠肩”

一人领，众人和，“咿呀呀喂哟……”把现场气氛推向了一个高潮。

好些打，好些跳，莫把脚步跳错了……

掌鼓师换成了黄本喜，他也来自距野三关6公里的书箱管理区太平店村9组。跳上场的是一高一矮两个年轻小伙子，高个子叫黄本顺，稍矮些的叫黄本清，都是黄本喜的兄弟。他们共来了兄弟四人：本喜是大哥，45岁；前面出场跳“四合一”的黄本才是二哥；本清是三弟，34岁。三人一母所生。高个子的黄本顺，只有30岁，是他们的叔伯兄弟。他们告诉我：书箱太平店村，小地名叫鹦鹉岩，在野三关打“撒叶儿嗬”很有名，他们兄弟四人都爱跳“撒叶儿嗬”，只要附

图21（左） 黄本喜、谭传伦表演的“古树盘根”
图22（右） “隔河望到姐爬坡，红带子扎裹脚……”

近有“打丧鼓”的，他们都会去。邻近的老乡也知道他们兄弟几个跳得好，遇有“看信”的事，都爱“相伴”约上他们。

大哥本喜掌鼓后，开始依然是一段《待师》串联，本清、本顺兄弟俩接歌合唱，他们双手挽花，一步两颤，侧身对插。几番热身之后，本喜改换了一个此前不曾演唱过的新

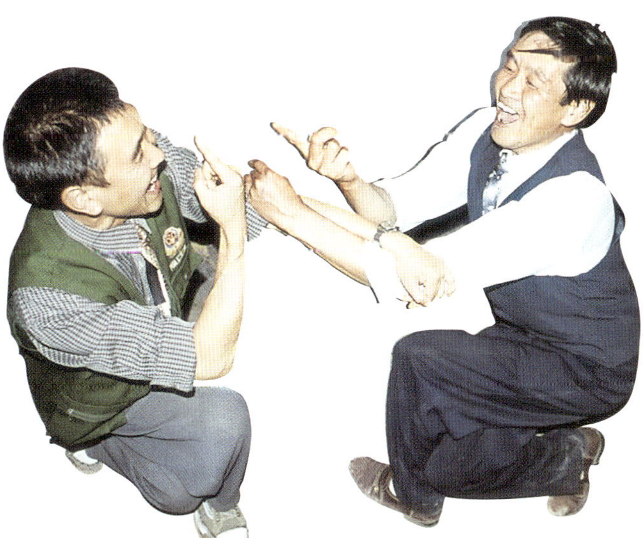

图23 “哎呀，哎哟，碍不到你和我！”

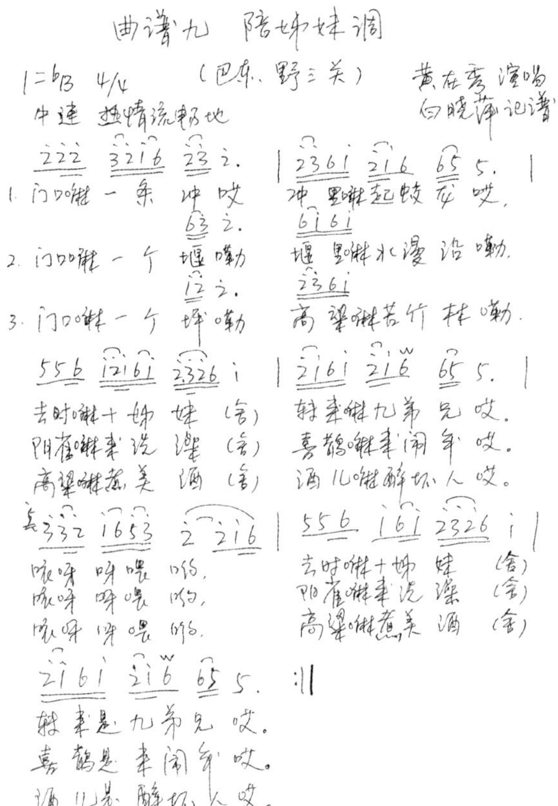
曲谱九 陪姊妹调
(巴东、野三关)
黄在秀演唱
白晓萍记谱
中速 热情流畅地

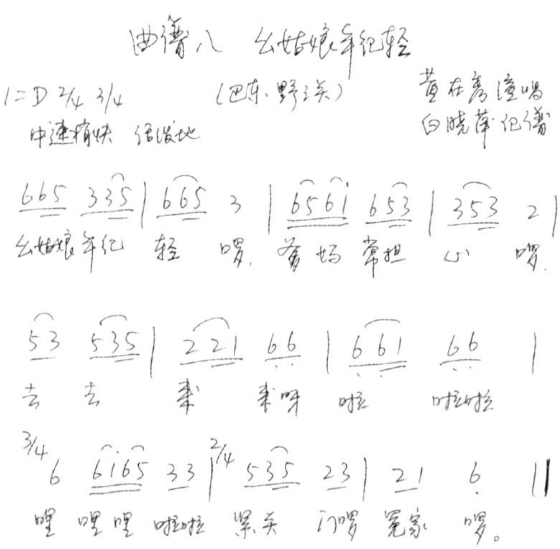
曲谱八 幺姑娘年纪轻
(巴东、野三关)
黄在秀演唱
白晓萍记谱

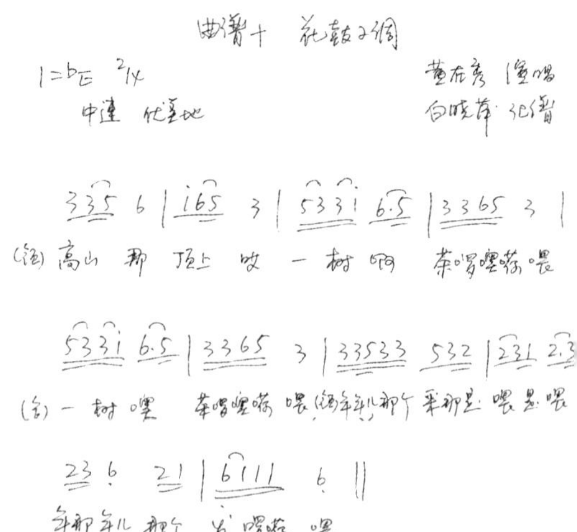
曲谱十 花鼓子调
黄在秀 演唱
白晓萍 记谱
中速 优美地

鲜调子《哑嗬儿》。《哑嗬儿》中速稍慢，只单击鼓槌伴奏，音乐旋律简约，节奏突出，歌舞场上显得安静下来。兄弟俩踩着节拍，一摇一顿，走拢时，二人后背相靠，左右摆动，两肩互擦，来了个“牛擦痒”；或又背靠对方，仰面交颈，双臂展开，跳起了“凤凰展（闪）翅”。

这个号儿嘛要改脚，再把花鼓子打两打哟。

本喜又在示意换下一个套路，兄弟俩于是从口袋里掏出小手帕，扭起了《花鼓子调》：

高山顶上一树茶，年年采来年年发。

（曲谱十：《花鼓子调》）

掌鼓的大哥又跳转到《陪姊妹调》：

门口一个坪，高梁苦竹林，

兄弟俩立即接歌：

高梁煮美酒，酒儿醉坏人。

图24 凤凰展（闪）翅

图25 黄本顺、黄本喜各自掏出手帕边扭边唱《花鼓子调》。

图26 黄本顺、黄本清表演的《待师》

优雅的舞姿呈现出阴阳交合、刚柔并济的美态。

图27（左）《摇丧》“打上一”

图28（右）“隔河望见幺女儿嗬，两口子吵架为什么？争呀争被窝……”

他们边唱边根据歌词内容做舞蹈动作，表演喝美酒而陶醉的神情。

《陪姊妹调》《溜溜歌》《花鼓子调》《幺姑娘年纪轻》等几首都是当地的民间歌曲，不像《待师》是专用的丧鼓调。这几种调子在红事时也多会唱到，其音乐旋律流畅、上口，非常适合歌唱。

几段抒情的歌调交替下来，掌鼓师黄本喜再次敲起了《待师》6/8拍子的鼓点，这回连接的是《风夹雪》，他唱道：

唱歌要唱十二月，跳丧要跳《风夹雪》。

兄弟俩的接歌合唱没有延续方才的6/8拍子，而是转换到稳健有力的4/4拍子：

风夹哟雪来呀，
咿呀嗬咿呀，呀呀呀嗬嘿，嗬、嗬，
接鼓儿打锣，撒那叶儿嗬噢噢。

（曲谱十一：《风夹雪》）

两种节奏的转换自然而巧妙，舞者一点儿也不乱阵脚，跳动自如，叫你在眼花缭乱之际，不得不佩服他们天

图29（左）“怀胎五月五，实在是怀得苦”
图30（右）《风夹雪》

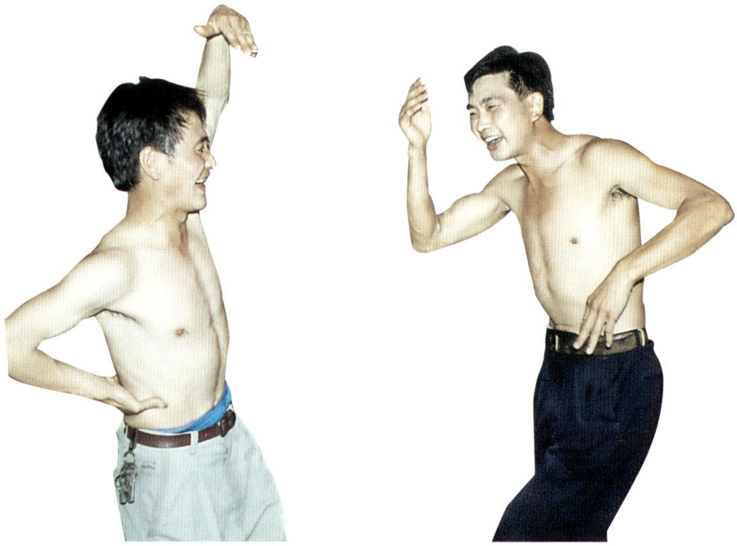

图31 瞧他们多开心，“虎抱头”表现的是小虎的顽皮可爱。

才的歌舞技能。

跳《风夹雪》时，兄弟俩各以一条腿与对方的腿脚勾住，做出挑逗的动作，表演的是“狗连裆”；继而二人单臂交叉相缠，表现“古树盘根”；接着他们又面对面，一手叉腰，一手从耳朵旁绕过头顶，或双手举过头，腾空跳跃，表演“虎抱头”：恰似在风雪飘飞的山林中，两只小虎抱头嬉闹、玩耍。兄弟二人舞蹈时笑容满面，姿态优美，激情高扬，把丧场的气氛再次推向了高潮。

时在阳历6月中旬，处于高山地区的野三关，夜间仍是凉气袭人，然而跳“撒叶儿嗬”的一班人却挥汗如雨。他们不断用手指刮一把额上的汗珠，只一件薄薄的上衣，早已被汗水浸湿，不吸水的化纤质地衬衣，一大块紧贴在背上，于是他们干脆脱掉上衣，赤膊上阵，跳它个潇潇洒洒，舞它个利利索索。光着膀子的男子汉们，在一阵阵雄浑有力的鼓点和悠扬歌声的伴奏下挥动手足，更显出男子舞蹈的风采。那浑身结实的肌肉，散发着热腾腾的气息，充盈着男性的阳刚美，展示出魅人的生命力。

丧鼓打哒半夜过，我们来唱个五句子歌。

为半夜赶瞌睡而具有独特效应的情歌“五句子”开始了。大哥黄本喜提了个头，兄弟三人一起唱和：

清早起来心里糙，拣根竹棍儿打鲜桃。
竹棍儿短哒打不到，竹棍儿长哒闪了腰，
不成相思也成痨。

茶树开花一条龙，要和姐儿扣合同。
扣了合同根才稳，不扣合同不稳根，
要和姐儿玩一生。

叫声情姐我的妻，不想别个单想你。
日里想你同路走，夜哒想你同屋歇，
背负名声也值得。……
（“五句子”用《待师》或《花鼓子调》的歌谱都可套唱）

已是午夜时分，几个帮忙筛茶上烟的人，在管事人的指挥下，又上前给歌师们装烟奉茶，之后从旁抬过来一条长凳。掌鼓师见状便歇下鼓槌，“撒叶儿嗬”暂时停了下来。

图32 《风夹雪》中表现小虎撞肘嬉闹

图33 虎抱头

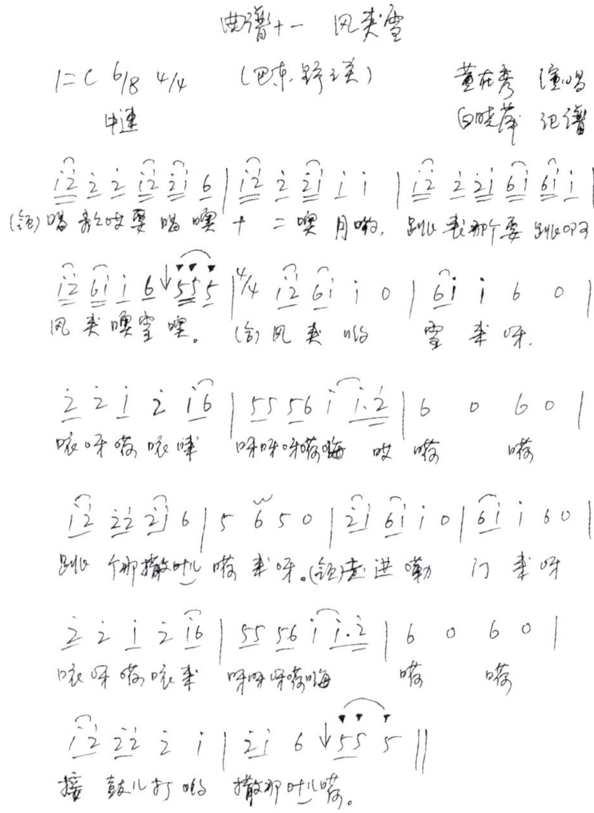

长凳摆在搁棺材小头的方桌前，上面摆着三个小瓷碗，碗里分别盛着饭和菜。碗沿上各放有一支筷子，每个碗旁分别放有一个一次性的塑料杯，里面盛着白酒。管事人站在灵柩前，开言道：“现在，由孝子给亡人献饭——”

孝子们已一排排肃立在门口棺材小头一端的遗像前，有亡者田崇国尚未成年的长女、儿子和几个侄儿。黄在秀告诉我：在乡村农家，给亡人献饭的程序，通常是由土老师主持的，时间多在半夜过后，先是土老师唱《招魂》曲、打享荐，然后孝子为亡人献饭、奠酒。而当晚的丧事现场是集镇上的公家单位，所以没有像杨柳池柳家村那样接请土老师，给亡人献饭的仪式则由管事人代替主持。此时广播里播放着那首著名的《哀乐》乐曲，管事人站在孝子的旁边，告诉他们如何做。在他的指点下，长女点燃三炷香，插在升子里，然后拿起桌上的黄火纸，就着蜡烛的火苗点燃，蹲在棺材前的地上焚烧；再以右手从右至左分别端起三个酒杯，洒酒于地，祭奠亡灵。当酒洒落在燃烧着的纸钱上时，黄色的火焰立即蹿起一大朵绿色的火团。此时，《哀乐》声大作，丧堂前似乎多了几分肃穆的气氛。火焰渐渐熄灭，孝子跪地叩头，管事人和站在旁边的人们将孩子扶起来。几个孩子依次祭献完毕，管事人将碗里的饭菜倒进升子里，收拾掉碗筷后将长凳搬下，现场还原成跳丧时的状态。

咚咚的鼓声再次响起，打“撒叶儿嗬”的一班人在方才片刻的休息后，都围拢来，下半夜的跳丧开始了。

图34 凤凰展（闪）翅

图35 “幺姑娘年纪轻，爹妈常担心。去去来来紧关门，冤家哎……”

图36 谭传伦手挥红绸表演《耍五巾》。

这次掌鼓的是黄在秀。黄治军拿起事先放在方桌下还未曾用过的一面铜锣，与黄在秀的鼓点配合，二人咚咚哐哐地打将起来。这一折开始没有唱腔，铿锵的锣鼓敲击出强劲有力的节奏。随着锣鼓点子，谭传伦手执撕成5条的红绸“五巾”，碎步圆场跑起来。他忽而双手在胸前挽成团，忽而手臂作“天女散花”状，将“五巾”抛散空中。锣鼓声急急风一般来去，红绸带飘飘飞犹如彩霞。这就是《耍五巾》。

几番耍下来，锣鼓声似渐渐远去，黄在秀开口喊起了高亢悠扬的《长声号子》：

啊喂呀嗬哎……
喂呀喂呀喂呀喂嗬……

这边喊，那边应，黄治军对呼：

啊喂呀嗬哎……
喂呀喂呀喂呀喂嗬……

号子声此起彼落。《长声号子》是高腔散板，歌词没有具体内容，全由衬词组成。号子冠名“长声”，是有别于《短号子》的。《短号子》节奏鲜明、急促，在多人协作的劳动中，借以调动、协调步伐；《长声号子》则节奏舒畅自由，好似山里人隔着大山打呜呼，充满了浪漫的情调。

野三关跳丧中，歌师艺人们表演的曲式、套路都环环相扣，张弛有序，快慢得当。刚刚还在舒缓的《长声号子》山鸣谷应的意境中，一会儿便又响起了劲疾的锣鼓——在黄在秀领鼓叫歌指挥下，黄治军左手执锣、右手操锣槌，谭传伦两手前后将“五巾”拉成长条形，与黄治军二人弓身面对面，一进一退，作挖田、薅草的动作。这显然是从鄂西民间的《薅草锣鼓》脱胎而来，快速的锣鼓点儿，似在催人薅草时莫要歇下手中的活计，莫要懈怠，活脱脱一幅热烈的劳动场面。

丧堂门前的观众已堵得水泄不通。被围在当中的谭传伦舞动红绸，绕场转了一个圆圈，将“五巾”丢在地上，然后抖动肩膀，身体前倾，双手向后伸直，两手掌不停地颤动，活像飞燕扇动扑打着双翅。他慢慢地叉开两腿，俯身下大腰，用嘴巴衔起地上的红绸巾，表演了一出精彩的《燕儿衔泥》。这是在长阳和杨柳池跳丧中都不曾见到的套路。随着激动人心的锣鼓，谭传伦咬着“五巾”，仰起

图37（左）“高粱煮美酒，酒儿醉坏人”
图38（右） 牛擦痒

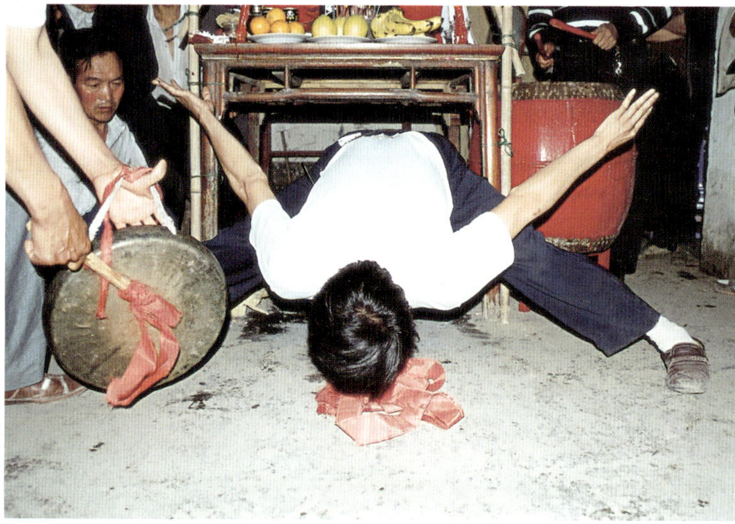

图39　谭传伦表演的《燕儿衔泥》

图40　在《长声号子》中穿插《薅草锣鼓》

图41　“手上挽的链子扣”

头，向后下腰，转动了一圈脖子，然后将红绸巾吐在身后的小方桌上。与此同时，管事人手拿一条“芙蓉”牌香烟，掰开五包丢在地上，摆成一个小圆圈。谭传伦继续以燕儿衔泥的姿势，依次衔起五包香烟。他时而咬起香烟，弓身向前吐在同伴端着的盘子里；时而站在棺材前，背对遗像，衔起香烟，向后一个下腰，仰脖将香烟抛在遗像前的小方桌上。这一套动作难度极高，扣人心弦，说叹为观止也毫不过分。

一出《燕儿衔泥》，引得观众阵阵鼓掌叫好。原坐在场院外长凳上的人，此时早已里三层、外三层，围在大门口，有的甚至站在板凳上，争相观赏。表演者谭传伦已是大汗淋漓，他抛甩香烟时，一串串汗珠也随之在空中洒落。他先脱下了蓝色的马甲，再脱下衬衣，最后干脆脱掉了圆领汗衫，赤裸着上身，又一次表演衔起“五巾”，方才圆满结束了这一套动作。

《燕儿衔泥》是跳丧下半夜精彩的开始，它像磁铁一样深深吸引住前来“看信”的观众，谁也没有离开的意思。一直在旁掌鼓的黄在秀，此时一改激昂、紧促的节奏，唱起了优美的《幺姑子姐筛箩》：

图42　谭传伦前倾下腰从地上衔起香烟。

叫声的个号子啊，哎哎嘿哟……

场上的人一起合唱“哎哎嘿哟”……

哎呀情郎、情郎干哥哥，
情郎、情郎，情郎我的干哥哟喂……

对面的黄治军怀抱着锣边跳边应道：

哎！哎——喊我来做什么？
哨啊哨子响，撒那叶儿嗬。

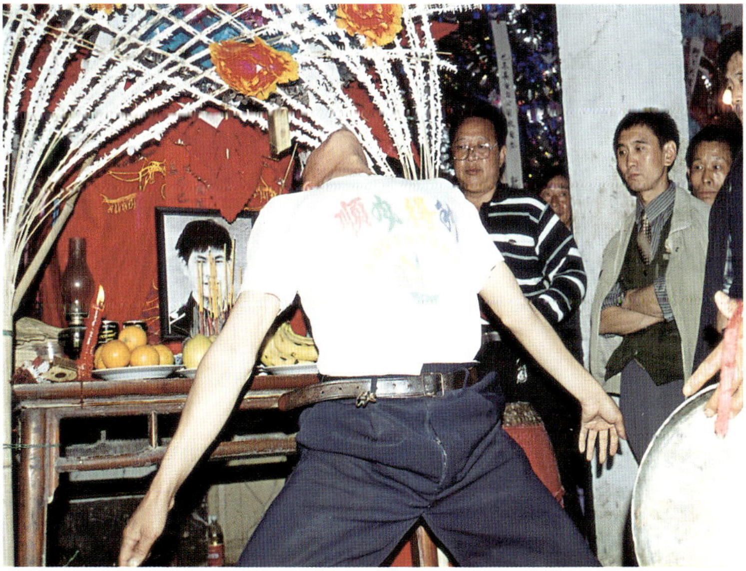

图43　谭传伦向后下大腰将烟抛入灵前小方桌的茶盘里。稍加留心即可看到画面上被抛在空中的香烟。

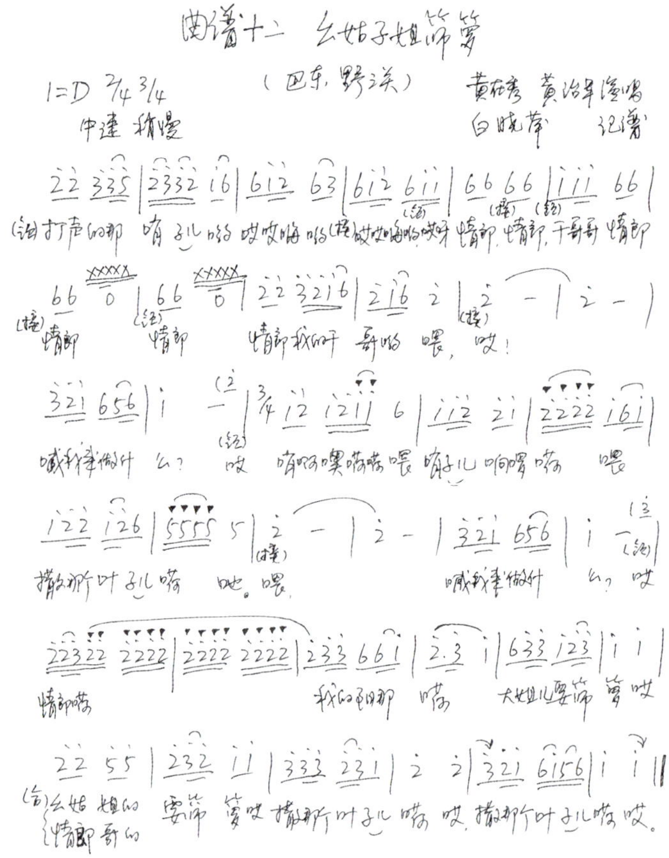

图44《幺姑子姐筛箩》
“我的阳那嗬，大姐儿要筛箩……”将锣作为道具箩筛，表现妇女扬场、簸谷的动作。

图45《薅草锣鼓》中表现田间劳作的情形

黄在秀进而轮唱旋律：

哎！哎——喊我来做什么？
嗬，嗬嗬嗬嗬嗬，我的阳那嗬，大姐儿要筛箩。
姐儿嘛要筛箩，撒那个叶儿嗬，撒那个叶儿嗬。

（曲谱十二：《幺姑子姐筛箩》）

《幺姑子姐筛箩》的音乐从表现农家扬场、晒谷子、晒玉米等劳动情景的民歌演变而来，两个舞蹈者虽然都是男性，所表现的却都是模仿农村妇女劳作时的状态和场面，如筛箩、簸簸箕、簸谷等，走的碎碎步，诙谐而有趣。唱“大姐儿要筛箩”时，还灵活地用锣做道具，舞者将锣当作箩筛端起，左右晃荡，然后翻身转圈，用力一簸，好似将谷中的杂质簸出了一般。

图46《螃蟹歌》“两个大夹夹”

当场上正紧张有序地忙“筛箩”时，黄在秀又唱起了诙谐逗趣的《螃蟹歌》：

五月天哩好唱那个螃是螃蟹歌啊，
我问那个螃蟹呀，几呀几只脚啊喂？
两个大夹夹哟喂，一个乌龟壳啊喂，
它在那个石头底下梭是梭两梭哟喂，
我捡个棒棒戳是戳两戳哟喂，
它夹又夹得紧哪喂，扯又扯不脱呀喂，
它夹又夹得松啊喂，我这下才扯脱哟喂。
你是个厚脸皮呀喂，
（答）我会下象棋呀喂；
（问）象棋怎么走呀喂？
（答）车行直路马行斜呀，象飞田字炮打隔呀喂。
你是个厚脸巴呀喂，
（答）我会吹唢呐呀喂；
（问）唢呐子怎么叫呀喂？
（答）哩哩啦啦哩哩啦啦送你回娘家哟喂。

（曲谱十三：《螃蟹歌》）

《螃蟹歌》源于野三关一带民间小调《捉螃蟹》，跳丧时几乎原样搬进去。在丧堂上唱时，一般看老人死在哪个月份，有正月死的，有十月死的，起头就稍有不一样。此时虽是阳历六月，但农村一般习惯于讲农历，所以方才唱的是“五月天哩好唱……螃蟹歌……”演唱时掌鼓师与两个舞蹈者一问一答对唱，妙趣横生。唱到动情处，领鼓的黄在秀离开牛皮大鼓，以两只鼓槌相互轻叩，发出“哒、哒”的敲击声；同时他很快穿插进来，跳入丧堂前观众围成的圆圈小“舞台”中。于是三人背靠背边唱边舞。转圈时，其中一个舞者情不自禁地伸手掐下一截“岁竹”篾条的苗子尖尖当道具，或将锣、锣槌也当作道具，各人根据歌词内容，挥舞着“岁竹”苗、锣槌和红绸巾，分别做着“梭两梭”“戳两戳”“扯不脱”“吹唢呐”等各种动作。比如唱“一个乌龟壳”时，几个人围成圈，同时抓住锣的圆盘，做成一个乌龟壳的形态；唱“下象棋”时，几个人又将锣当作棋盘，在上面做下棋的动作；等等。高潮时场子中间忽又加进来一个人，于是四人采取穿花的形式，东西对插，相互交错，队形变化多端，煞是好看。唱“你是个厚脸巴”“我会吹唢呐”“哩哩啦啦哩哩啦啦送你回娘家”时，一个人做吹唢呐的动作，另一个装作新娘的模样，好像坐在轿子上，荡荡悠悠的。一旁观看的人有如身临其境，指指点点，笑声不断。《螃蟹歌》并不光唱螃蟹，也融入了别的内容，以词填曲，灵活多变，唱起来内容丰富多趣，给听众耳目一新之感。

图47 《螃蟹歌》“一个乌龟壳”

从《耍五巾》开始，接《长声号子》《燕儿衔泥》《幺姑子姐筛箩》，直到《螃蟹歌》，野三关跳丧习惯于把这五个曲子相联成一套，称为

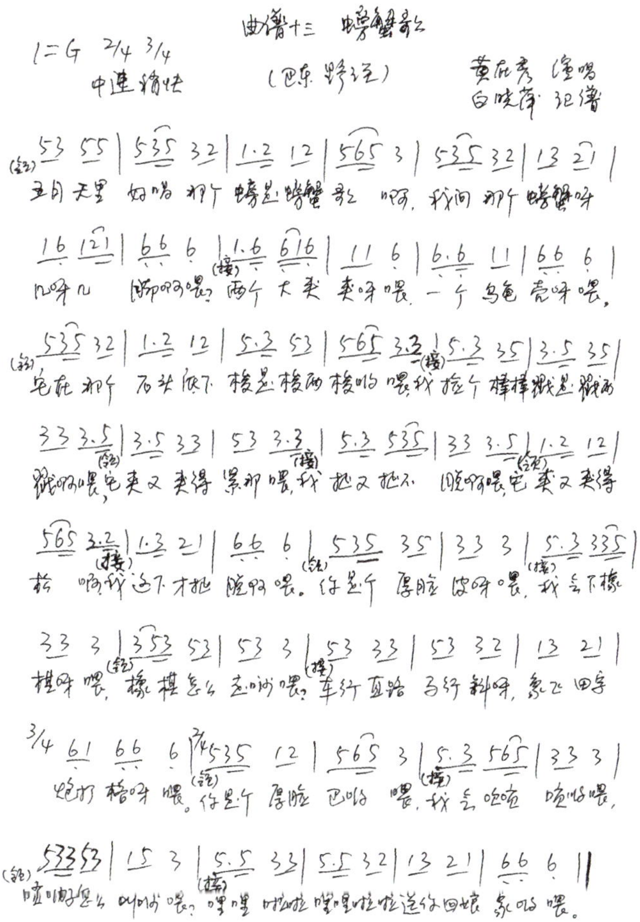

图48 《螃蟹歌》“它在那个石头底下梭是梭两梭，我捡个棒棒戳是戳两戳……”

“长家伙”，其表演时间长，动作难度大，技艺精湛，最能吸引观众。这一串曲子与前面跳的“四合一”的串联方式有所不同，曲与曲之间可以直接转换，不一定用《待师》作连接。

一套“长家伙”打下地，载歌载舞的汉子们一个个汗如雨下，早已将上衣脱了个精光，胸前、背脊上的汗珠经灯光一照，油亮油亮的。黄在秀此时将歌腔转入《待师》：

图49 “你是个厚脸巴”“我会吹唢呐，哩哩啦啦送你回娘家！”

把人换，把人换，改换了的号儿要转板……

先前掌鼓的黄本喜稍事歇息，准备来一段《哭丧》。于是他又站起来唱道：

好生打，好些跳，莫把脚步跳错了。
慢慢打，慢慢说，听我来唱个哭丧歌。

唱罢，便模仿起女人的哭腔——

我昨天嘛看到噢……老人家您还在哟……
没想到今天哪……您家就躺在堂前……不起来呀！

他唱时就像妇女哭泣的情态，边数（诉说）边哭，一句话中间有多次停顿，还情不自禁地加进好多抽泣声。

表演《哭丧》的依旧是最先上场的那一对——黄本才和谭传伦，他们搭档默契，听着大哥一“哭”，二人各自双腿绞缠下蹲，肩搭着肩，抱头作痛哭状，还和着叫歌的声腔，填空附加着各种衬词，如“怎下得到场噢……”“好遭孽哟……”“今儿好热闹噢……”“我的爹呀，我的娘噢……”等等。有时两人又站起身，随着叫歌的音乐，松开拥着的双臂，动作轻柔而缓慢地散开，以便下一番二人再次抱拢。他们搭肩相抱时，还互推互摇，很有捶胸顿足的味道。此时似乎勾起了人们的几分伤感，然而掌鼓师顿时将歌锋一转，在《待师》的曲调中来了一句：“叫声客们莫见气，刚才哭哒好玩的。”他们似悲实喜的表演，使现场气氛又转悲为喜。

图50 谭传伦、黄本才表演的《哭丧》

打《哭丧》时，歌师和舞者都没有真正地哭，而是用歌声和舞蹈动作来表现哭。据黄在秀讲，《哭丧》是一个很早就有的曲牌，唱《哭丧》调，主要是表达孝家后人们对亡故的老人依依不舍的感情。

说起《哭丧》的功用，黄在秀这样解释道：“老人死哒过后，往往有这个姑娘、那个姑娘出嫁在外乡，回来后就是一大场哭。哭过一场后，这丧事还有几天，不会老是哭。客们来得多，打牌的打牌、玩的玩，有的一时间好像把‘老人’这个事情忘在脑后哒，甚至忘乎所以哒，这时候歌师傅就会委婉地提醒一下，来一段《哭丧》。比如掌鼓的会这样唱：

丧鼓打哒这时间，没见孝子哭一声。
你不会哭来我教你哭，你不会哀来我告诉你哀，
鼻子一捏嘴两歪，眼睛两眨眼泪水就出来。

这一提醒，孝家后人尤其是孝女们就会哭起来，掌鼓人这时候会唱：

养儿不知娘辛苦，养女才晓得父母恩。

提示后人们要报答上人的养育之恩。同时告诫客人们：

我们人人都有父母在，换哒秋风夜雨还会来。

图51 两人互推互摇，作抱头痛哭状。

图52 哭丧不是真哭，而是用动作表现哭。

这是说今天你给我帮忙哒，二天你的老人百年归寿，我还会来给你帮忙。用农村里的土话说，有点‘转工会’的意思，所以说‘换哒秋风，必有夜雨’，这样就能将人们的感情调动起来。”

黄在秀还向我们描述：“一般打《哭丧》的时候，观众都围得水泄不通，有的肩膀搭着肩膀往上爬，甚至一坨人挤得摔倒在地上。只要掌鼓的师傅几声《哭丧》调子一喊，有孝心的儿女们就会动感情，对父母孝道好的，难免眼泪汪汪，站在一旁抹泪。不过等他们悲伤的时候，歌师傅又要把握住火候，赶紧转换调门。比如他会这样唱：

叫声孝家不要哭，老父老母是顺头路。

劝说孝家后人莫悲伤，老人不是死得不明不白，不是凶死，是寿终正寝的顺头路，是值得庆贺的白喜事，总之要使得孝家后人破涕为笑。同时要对客人唱一句：

各位客们莫见气，我们刚才哭哒是好玩的。

《哭丧》只在适当的时候来一下，一般一个晚上有个一两次，不会老是唱，最多也只有两次。”

上述《哭丧》的功能，既是为了表达对亡者的思念，又是为了安慰孝家后人。此外，还通过掌鼓的歌师，来把握、调节整个跳丧现场的节奏和情绪。如果说唱歌跳舞是直接制造欢快的气氛，那么《哭丧》则是以诙谐乃至滑稽的唱词和表演，巧妙地引入丧事主题，并在营造出愉悦的现场氛围的同时，融入浓厚的感情色彩。

又一位掌鼓师黄治成开始了击鼓叫歌，坐在旁边长凳上的两个中年男子相互示意，将场上的舞者替换了下来。《待师》《摇丧》《幺女儿嗬》……他们反反复复，乐此不疲。

图53 哭丧幽默滑稽，似悲实喜。

图54 谭传伦、黄本清表演的凤凰展（闪）翅

将野三关跳丧与杨柳池对比，可看出两地的不同处：杨柳池跳丧除了前述不兴打组合的“四合一”外，也不打《燕儿衔泥》和《耍五巾》，因此其伴奏保持着传统跳丧的规矩，只有鼓而没有锣。此外，杨柳池跳丧的伴奏特点在于以唢呐接歌；舞蹈套路特点则是古朴原始的《猛虎下山》，它是杨柳池跳丧的高潮所在。野三关的“撒叶儿嗬”可谓高潮迭起，尤其以《燕儿衔泥》和《耍五巾》时达到顶峰，并打破常规，适当用锣烘托气氛，有独创性。但其所表演的《猛虎下山》，据黄在秀介绍，却是从杨柳池“移植”过去的，为的是使野三关“撒叶儿嗬”更多姿

图55 《陪姊妹调》

多彩。这是野三关跳丧善于广泛吸收他人所长以丰富自己的一个例证，不过，“移植”而来的套路表演起来，当然就不如杨柳池“土生土长”的《猛虎下山》更地道。

野三关跳丧的特点还表现在它的表演性很强。一是因为他们跳得特别好，而且是“派对”出场，不熟悉的人一时难以插入；二来可能与现场的环境有关——当晚是在集镇上的公家单位里跳唱，前来“看信”的孝家亲属和附近来看热闹的乡亲，不比在乡村的环境里那么随便，受到了一定的限制。而在杨柳池的柳家村，观众和歌舞者多是同村或邻村相识相知的乡亲，相互间更加亲和随意，与在集镇上公家单位的人前跳唱相比，更具有参与性，歌舞者与

图56 “幺女儿嗬，做什么？”

对手和观众间打情骂俏的玩笑也表现得随心所欲，无拘无束。

就演唱的曲调和舞蹈套路的总体来看，应该说，野三关的“撒叶儿嗬”，是所见跳丧中最精彩的。它花样繁富、铺排得当、结构精巧、曲式优雅、声腔华丽，在表演上比其他地方显得更讲究、更精致、更好看。这与表演者个人的艺术才能有关，与这个民间歌舞班子的组织领导者黄在秀的艺术追求和才干分不开。

黄在秀是一个具有良好素养的民间艺术家，他自幼喜爱音乐、舞蹈，以至于达到痴迷的程度。聊起跳“撒叶儿嗬”的历史，黄在秀告诉我：他12岁时就会跳丧了。

黄在秀的老家原住在野三关集镇外几公里处的平坦村，幼时遇到村里“老人”了，他就跟着一些大人学跳丧。听见“撒叶儿嗬”的咚咚鼓声一响，他便觉得浑身有使不完的劲儿，在歌舞场上不知疲倦不嫌累。他清楚地记得，14岁那年，为了去当时的清太坪区白沙公社大阳坡2队（现为清太坪镇土坎子村3组）的黄大开家“看信”，他特地跑到树林子里，捡回好些杉树皮，做成三支大火把，天黑时跟在大人们身后，跑了25里夜路，为的是在歌舞场上

图57　黄本清、张应绪表演的《猛虎下山》

一显身手。由于歌腔舞态讨人喜爱，他当晚即被孝家挽留住，一直跳到天明，这是他首次通宵跳丧。

“文革”期间跳丧被当作“封建迷信”强加禁止，年纪不大的黄在秀也曾坐过“土飞机”。修建“三三〇”（按，葛洲坝水利枢纽工程）时，他被征调到宜昌当农民工，这使他感到有了施展才华的机会。在工地上，黄在秀不仅为大伙儿唱歌演戏，还将身边的好人好事写成小通讯稿，送给前方的广播站播出。这位能歌善舞的小伙子自然得到了比同伴们多一些的关注的目光，不久，黄在秀被安排到团部宣传队。满心希望从事文艺工作的他，却因父亲曾是端公、道士，不能招出去工作，最终未被留在城里。

回到家乡的黄在秀仍不甘寂寞，改革开放后的1984年，他组织了一个“鄂西土家族民间歌舞队”，先后往恩

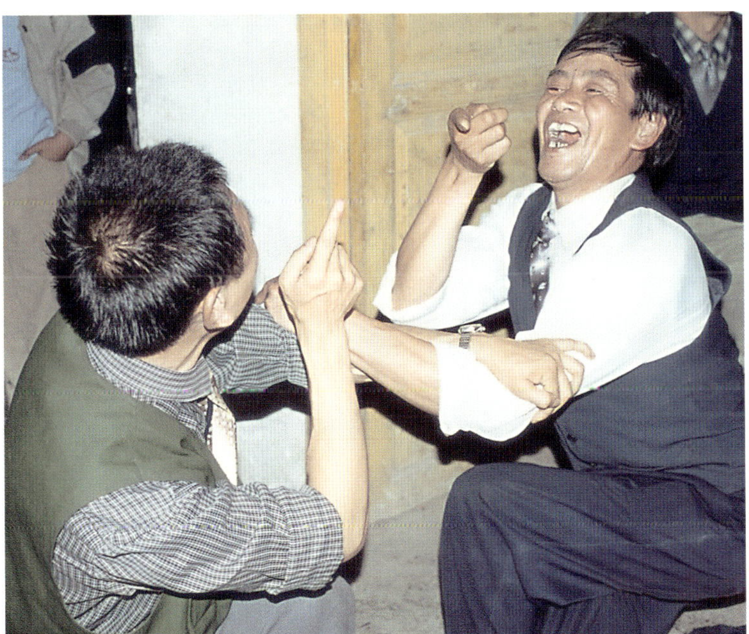

图58 “你是个懒家伙！”

施龙凤坝、利川毛坝、建始龙坪和查树坪等地演出。因为演员们都是农民，得挣基本的生活费，他们决定卖票，两角钱一张。为了把这事干拢，光一个演出证就盖了13个公章。没想到初到恩施只卖了两张票。黄在秀又想了一招，他找了个熟人的便车，让演员们站在货箱上，扯起一块红布横幅游街造势，用黄在秀的话讲“相当于打广告”。第二天，果然有效，礼堂里拥挤着看他们演出的观众。黄在秀不断总结经验，拿演出收入请人拍了一些剧照，贴在一块蓝布上，每到一个地方就挂出来做宣传。演到利川毛坝时，文化馆馆长来接他们，还打出两条标语：“欢迎巴东民间歌舞队来我县传经送宝”“感谢你们带来的土特产”。此次巡演达五个多月之久。

爱折腾的黄在秀当然也是野三关文艺活动中的积极分子，每当镇上、县上有文艺演出，有关部门都会想到他。他多次代表县里到州府参加汇演，还曾代表恩施土家族苗族自治州在贵州举行的全国少数民族体育大赛中表演“撒叶儿嗬”。类似的文艺活动，不断促使黄在秀和他的伙伴们锤炼着土家的民族艺术，同时也让他开阔了眼界，增长了知识。

见多识广的黄在秀以他优美的歌舞，成为野三关的知名人士。随着商品经济的发展，城镇上（包括原不跳丧的地区）办丧事，开始以“封包”的形式回报歌舞者。在市场需求的前提下，20世纪90年代后他又在原来班底的基础上补充人员，再次组建了“民间撒叶儿嗬歌舞队”。队伍是松散、自由的形式，有事时一呼即到。在大伙儿面前，他仍乐于担当召集人的角色。现今连巴东县城里遇有“老人”了举办丧祭仪式，也常有人慕名前来接请他们这个班子去跳“撒叶儿嗬”，每晚以人均50元人民币酬谢。

图59 黄本顺、张应绪表演的《哑谜子》

与普通农民艺人不同的是，黄在秀在表演土家民间歌舞的同时，还有心将他喜爱的艺术介绍到山外去。他常提笔撰写文稿向外投寄，《恩施日报》《三峡晚报》等报刊都发表过他的文章，他也被山外的报刊聘为特约通讯员、特约记者。由此，乡间邻里除了叫他“在秀”，也爱亲切地称他为“黄记者”。在村人们眼里，“记者”无疑是正义的代名词，所以，若谁家遇有麻烦，常会请他帮忙做主评个理。就在不久前，附近一户村民不赡养老人，将失去生活能力的老母赶出门外，老人只好住在牛圈旁。有人为此找到黄在秀，身为《老年报》特约记者的他，立即扛起摄像机前往，一来劝说该户晚辈们应尽孝道，同时告诫他们，若不尽赡养义务，将向外曝光其不道德的行为。他巧妙的工作方式使得年轻人改正过错，一场家庭矛盾就此得以化解。从某种角度讲，他充当着人民调解员的角色。

黄在秀现已从平坦村搬到野三关集镇上居住，平时和家人一起，在镇上做点小生意。他曾遗憾今生没有参加工作，他指的是没有进入国家单位上班。当我问他最希望干哪一行时，他没有回答说“文艺”，而是告诉我：“最羡慕当律师。”由于年龄、学历等条件的限制，黄在秀已难以考取律师资格了，但他没有放松对法律知识的钻研。乡亲们有事找到他，他就对照法律条款边学边用，拿不准的地方，就请教县里和州里一帮当律师的朋友们。对生活中遇到的各种官司，能化解的化解，不能化解的他就出面请律师，尽力帮当事人挽回损失。而他在此前要做的，则是大量基础性的工作，包括书写状子等等。

除此之外，黄在秀还爱好集邮、集报，这使他家并不豪华的小客厅充满了书卷气。从他本人的言谈举止看，也俨然一个知书达理的知识分子。

对歌舞艺术良好的悟性，应该算是黄在秀天生的禀赋，加之好学善思以及见多识广等，使他成为一个优秀的民间艺术家。他特别善于将当地的民间音乐如小调、山歌、田歌等艺术样式融入跳丧歌舞艺术之中，并吸引着一大批热衷于传播土家文化的民间艺人，使野三关的“撒叶儿嗬”丰富多彩，独具魅力。毫无疑问，黄在秀是现今野三关“撒叶儿嗬”艺术的优秀传承人，加上与他紧密合作的黄治军、谭传伦以及黄氏四兄弟等出色的民间艺人们，形成了一支充满活力的民间艺术家队伍。

巴东野三关的“撒叶儿嗬”，因为有像黄在秀、黄治军以及他们的前辈代代艺人群体的共同努力，在对土家“撒叶儿嗬”一脉相袭的传承中，又形成了自己的风格特点：

首先，从活动的场所和形式看，是在丧堂前的载歌载舞，一人掌鼓叫歌，二人或四人接歌对舞；从演唱和曲式节奏特点看，是以男嗓高八度声腔叫歌，主腔为6/8拍子带切分音的节奏类型；从舞蹈套路和动作特征看，其核心舞段是《待师》，以《待师》转换并连接其他的曲式，而其舞姿中不乏模仿飞禽走兽的动作；等等。

其次，野三关跳丧，其套路、曲牌相当繁复，而且在舞蹈过程中，善于将一个个曲子按风格、内容、轻重缓急分成组。比如以《待师》为骨架，将《摇丧》《幺女儿嗬》《哑谜子》《怀胎歌》等四个曲牌串在一起，叫作“四合一”。跳时，大家习惯于按这个顺序接续，有条不紊。

再次，野三关跳丧所融入的其他艺术样式、民歌小曲也是最多的，优美而动听。比如“四合一”中的每一段都是一首首充满地域特色的民间小调，还有旋律流畅的民歌《花鼓子调》《陪姊妹调》和一问一答式的解歌《溜溜歌》等。他们还将在田间生产时表演的《薅草锣鼓》融入其中，比如在唱《长声号子》时，舞者边应和边在灵柩前表现田间薅草的动作。甚至还融入了杂技杂耍的成分，比如跳《燕儿衔泥》《耍五巾》时，舞者下大腰，用嘴巴衔起地上的“五巾”和香烟。颇具特色之处表现在，艺人们大胆引入了打击乐器——锣。传统跳丧只击鼓不打锣，学者认为与土家先祖巴人的作战有关，因为进攻时不能鸣金退兵，所以源于巴人军阵歌舞的跳丧，其伴奏的乐器是一面牛皮大鼓。而现今野三关跳丧在表演《耍五巾》《长声号子》《燕儿衔泥》三个套路时，适当引入了锣的伴奏。说“适当引入”，是因为仅在上述三个套路时用锣，其他所有舞段仍只用鼓作为唯一的伴奏乐器。这样，锣与鼓的敲击相互配合，很好地烘托了气氛。此外，在接下去的《幺姑子姐筛箩》《螃蟹歌》的套路中，掌鼓师也舞上场，歌舞者又恰当地运用锣作为道具（按，作道具时不敲击发响），使得舞蹈动作更加活泼，现场情绪更加高涨。

以欢快的锣鼓点子增强气氛，似乎是嫌丧祭中还不够热闹，为使丧堂气氛更加热烈，顾不上老辈子的那些规矩了。这是反映土家人达观的生死态度又一具体的例证，在其他民族中是少见的。野三关的土家人对待死，并不像山外面的人想象的那样，一定会悲天怆地。

夜已深，堂前的歌舞还在一刻不停地进行着。帮忙的人一手提壶，一手端酒杯，忙碌于敬酒筛茶、上烟打火；歌师傅们又要接烟、喝酒，又要唱歌、跳舞，于是只好口衔香烟，或者把烟夹在两个耳朵后，尽情地歌舞。凌晨四五点钟，场院外守丧的人众略为稀疏了些，留下来坐在长凳上的人，也都披上了夹衣或棉袄。夜色中，几十个花圈静静地排列着，时不时地折射出七彩的光亮。

天将破晓，大地一时被黑暗笼罩着，只有丧堂前的灯光依然通明。

为了追念亡者，电站的“治丧委员会”经商议，决定继续停丧一天，再打一夜“撒叶儿嗬”。野三关气温较低，虽在6月中旬，遗体还能勉强再放一天，接下来的晚上将继续闹夜跳丧。

已连续两个夜晚通宵达旦的歌师傅们，白天就在野三关镇上的亲戚朋友家休息，中午和下午吃饭时，他们可到电站厨房的大厅里就餐，仍是吃流水席。到晚上，便又会出现在丧堂前的歌舞场上。

野三关跳丧丰富多彩的歌舞深深地吸引着我们，我们决定留下来再看一场。天明前，我们住进了电站招待所的客房里。6月14日晚，我们再次领略了野三关“撒叶儿嗬”的风采。

6月15日清晨，是出丧的时辰。一大早，管事帮忙的人都来到丧堂前协助封殓，然后将灵柩抬上了汽车。上午8时许，在一阵霹雳般炸响的鞭炮声中，载着灵柩的大卡车缓缓开动。很多人都来为亡者送行，参加了三个夜晚跳丧的那一班男子汉们，也都分别站在其中。行至亡者家乡野三关镇堰塘湾村的岔路小道时，大伙一起将棺材抬下，搁在村里人准备好的长木凳上。村里一位年纪稍长的男子，张罗着诸事的分工，他对着人群大声喊道：“孝子抱遗像在前头，亲属和妇女拿花圈跟上！今儿崇国回家来（按，实为其灵柩回家乡来），抬丧的事，不要说得是本组的噢！”他边说边吆喝本组里的人站到前排位置。此处的“本组”，指亡者家乡同一村民小组2组的人。按照“人死众家丧”的俗规，一个家里死了人，众家有责任帮忙；而众家人里，排在第一的，是与亡者一个村民小组的人。这种风习在野三关一带，已形成了约定俗成的规矩，融在大家共同遵守的行为中。

“现在，2组的人都往拢站，到跟前来，我们准备起丧哒——”村里管事的长者话音未落，又是一阵鞭炮，四根短木杠已穿在了两根主杠上，十几个男人抬的抬、扶的扶，拥着棺材，沿土路向山岗上走去……

第四章

“打得来丧鼓的吃泥鳅，打不来丧鼓的啃骨头”

——巴东野三关跳丧实录之二

图1 巴东野三关玉米塘曾享有“义门村”盛名的田氏祠堂，残存的石门高大的门框今天仍赫然矗立。

从2000年11月开始的结构访谈式调查，主要在清江中游地带南北两岸的巴东野三关、清太坪、杨柳池等地寻访，以走动的形式，在一个点上只住几天，便换到下一个点；或打听到某处有红白喜事的，就赶去调查了解。为使田野工作更加深入，2001年3月底，我带着选择考察地点的任务回到巴东，与父母及姑姑、姑父一道，先到了野三关石马管理区枫木村，那儿曾是父亲下放劳动改造时居住过的村庄。我们为当年葬在山上的祖母的坟墓插青之后，又随姑父回到他的老家——同属野三关石马管理区的道子坪村。在这里，我联系了驻村生活的事宜，并决定将道子坪村作为田野工作的基地。这年的7月，我完成了所在单位安排的诸项工作后，扛着行李来到该村，开始了深入的参与观察。

道子坪村是一个以田姓为主的村落，共9个村民小组，172户，644口。其中田姓88户，谭姓27户，张姓14户，侯姓8户，黄姓6户，向姓、赵姓各4户，常姓3户，邓、陈、胡、蓝、朱、雷诸姓各2户，另有杨、郝、吴、柳、王、谢诸姓各1户。田姓应为最早落籍此地的土著，杂姓是外地迁入的。

田姓是武陵土家的旺姓大族。从族中田世清老人家保存的《田氏族谱》得知，该村田氏与巴东、鹤峰、五峰等地的容美土司田氏同为祖公田行皋之后。村旁的玉米塘曾赫然矗立的“义门牌坊”，记录着田氏族人引为自豪的一段历史。

图2 “义门村”田氏祠堂旁的风雨桥

族中后辈们告诉我："义门"之名是皇上所赐的。田氏祖上世代和睦，曾有九辈人烟未分家。家养的十只狗，只要有一只狗未到，其他九只狗谁也不会先去动嘴吃食。这个故事在方志中有载，文曰："累世同居，仁爱相尚，孝友成风。""筑有紫荆台，前栽紫荆树，后种伯仲花，以为子孙仁舜之楷模，孝友之观瞻。有大德及感效灵，家畜十犬同牢，有一犬不至，九犬不食之家祥。宋嘉祐（1056—1063年）御史刘良卿亲访，哲宗继又差御史同访，回奏符实，旌封'义门'牌坊。"[1]在晚清及民国时期续修的《田氏族谱·纲要》第八章"教育"一栏中，为鼓励支持贫困人家子女读书，仍有"一人考中，全族供养"的条款，似有与"义门"精诚团结之祖训一脉相承的德行风范。

道子坪村小地名叫"秀才湾"，明清之际这里曾出过一批文武秀才，有文秀才田明学、田祝三，武秀才田光甲等。村里有一条两山夹峙的山道，形成了在高山上难得一见的平川，当年这些志向高远的青年们，常在此骑马射箭，习文演武，以尽忠报国。这是道子坪村得名的由来。

住在道子坪村4组的田大方，是姑父的叔伯兄弟的儿子，论辈分和排行我应管他叫哥。在哥嫂家里住时，他们白天忙着坡里的活，为了尽早融入他们的生活中，我总要跟着去"出坡"（按，下地干活），以便同相互转工的老乡们接触、认识，歇晌的时候还可以聊天。哥嫂怕我寂寞，出坡时常对大家说："你们晓得这跟前哪家有过事的，不论红事白事，就给我们这个客把个信噢，她想去看看。"乡亲们总是热情地应承着。干活人中孙儿辈的老乡冲着我亲切地喊道："姑婆，您家在我们这儿多住些时嘛，那不是就看得到哒！"

7月31日午后，道子坪村3组的木匠田世玉上门来把信，他对我说：“二姑儿，今天有一家‘老人’的哩，您家若是去‘看信’的话，就可以看到跳‘撒叶儿嗬’哒。亡人是1组的侯远仁，昨儿夜里死的。他从前是个老邮差，没解放的时候就当邮差送信，他这一死，连野三关和县上的邮政局都要来人的，今儿黑哒是‘正夜’，一定蛮热闹。”

吃罢中饭，已到了下午3点多钟，大方哥说下午饭不在家里吃，晚上“看信”时孝家屋里安排有坐席。

傍晚时分，大方和他的儿子田世宇、侄子田世柱、出嫁在荆门刚回乡探亲的侄女田彩英连同丈夫和8岁的孩子，还有利用暑假随我下乡的大学在读的外甥向擎，加上我，一行8人，同往孝家去“看信”。走到3组时，又约上了田世玉。世玉说，他的儿子田兵白天里早已下去帮忙了。我们在世玉家小坐后，就着月光，9个人的队伍开始往孝家所在的1组开拔。

1组坐落的地方叫“岩上”，就在318国道野三关辖区苦桃溪的沟壑旁。去时一路陡下，不大好走，弯弯拐拐的

图3 巴东野三关石马管理区道子坪村的高山上难得一见的平川，相传曾是田氏先辈们骑马射箭的跑道。而今这里是平整的良田。

图4　巴东野三关石马管理区大树垭村11组的田世清（左二）一家和所保管的《田氏族谱》

图5　巴东野三关石马管理区道子坪村3组的石

山道陡坡，一旦跌倒，容易滚下沟去，夜间走起来须格外小心。虽然只有五六公里路程，快走到时，月亮已经爬得老高老高的了。

孝家屋场的附近有一片林子，走到这里时，我们在树根旁坐了下来。大方从塑料袋里拿出事先买好的鞭，一封封撕开，为进屋前点燃作准备。此时不远处有说话的声音传来，大方猜测，也同我们一样，是去“看信”的人。我们正定神静听，忽然间一声开山般震耳欲聋的炸响，我不觉一惊，同行的两个侄子世宇和世柱说，是“看信”的人甩的雷管。不一会儿，又连着几声雷管爆炸的声音，先是在近处炸响，然后，一阵阵的声浪渐渐散开，在山谷里回荡……

我万分惊讶，担心雷管爆炸会伤着人。世宇却说：他们一般都会朝无人的地方甩。“可是晚上怎么看得见呢？比如说我们坐在这林子里，别人怎么晓得呢？”我仍担心地问。他们一点也不害怕，并告诉我：雷管是管制使用的，不允许私自拥有，只有村里人在修公路、搞建设时，有的年轻人会偷偷留下一点点边角废料，遇到“看信”时，就拿出来当鞭炮放，觉得炸的响声比铳枪的声音还大，好玩。

我们赶紧站起来，一路人马朝孝家屋场里走去。

院子不大，一栋明三暗五的土墙瓦房依山就势，因“岩上”地域不开阔，建房很受限制，猪圈和厕所都在房屋一侧的台子上搭建。屋场对面是苦桃溪沟壑下的万丈绝壁，在皎洁的月光下清晰可见。远处的公路上，偶然间有汽车夜行时隐隐约约的轰鸣声。

院子里已站满了人。听见我们说话，有人朝屋里喊了一声：“又来客哒——”这时大方已点燃了先前撕开的鞭封，噼里啪啦地炸响开来。站在院子中间的女人们捂着耳朵躲开了些，一些贪玩的小孩子却钻进尚在燃烧炸响的烟雾丛中，争抢着去捡地上没有燃尽的鞭屑，有顽皮、机灵的，还用脚去踩熄火什，以得到多一些散落的鞭粒。鞭炮的响声煞尾时，管事的男子扯开嗓子一声高喊：“给客们

图6 《田氏族谱》封面“敬宗睦族”四个大字清晰可见，另有27本分别写着祖先历史、家法族规和传承谱系等内容。

筛茶装烟啦——”几个十几岁的男孩、女孩已端着盘子，挨个儿装烟递茶。

时间是晚上9点半，陆续赶来“看信”的人，已将大门口堵得严严实实。那熟悉的“撒叶儿嗬”强劲有力的鼓点和高亢绕梁的歌声，正一阵胜过一阵地从门里传出。我在门外一时挤不进去，就站在院子里跟老乡们聊天。他们告诉我：去世的老人家活了81岁，他本是国家单位里的人，生前一直在镇上的邮政所拿离休工资，从民国时期就开始跑邮差送信，十里八乡的人都认识他。老人家去世后，县里的邮政局和镇上的邮政所都来了人，送来了安葬费和物品，送来了花圈，还放了好多鞭炮。老人家有福气，早已是儿孙满堂，还抱了重孙。出嫁远在恩施的女儿们和家人晚辈一行人等，得信后也已经赶回了家，为老人尽孝守夜。乡里乡亲来得特别多，丧事办得好热闹。

正说着，管事的人过来打招呼。大方哥介绍说这位管事人是本村3组的人，叫张家国。村里人家有事，都请他帮忙，是这儿远近有名的知客师。我问大方哥：“这里把管事人叫作知客师吗？”他告诉我：帮忙支配场面管事的人，在红事场合叫“知客”，白事场合叫“都（dū）官”。俗话说：“红事请，白事戳。”红事得上门接请，来的客人就要有人招呼，所以叫“知客”；白事不用接，要自己“戳”上门，把孝家的事当成自家的事，不把自己当客人，所以把管事人叫“都官”，意思是样样事情都得由他管。管事人帮助孝家督办各项事务，“都官”二字也被写为“都管”或“督官”。话虽这样讲，不过道子坪村人对此称谓似乎不太讲究，口头上没有严格的区分，在白事场合总也喊为知客师。

家国是个高个子，看上去只有40多岁，是个精明强干的人。他赶紧招呼围在门口看跳丧的人让个路，叫我紧跟着他走进了大门，还对坐在丧堂前的长凳上正观赏“撒叶儿嗬”的老乡说：“你们给这个远客让个地方坐一下噢。”坐着的人赶紧起身，我忙说：“不用不用，我一会儿要到处跑来跑去的，还要忙着拍照哩。”

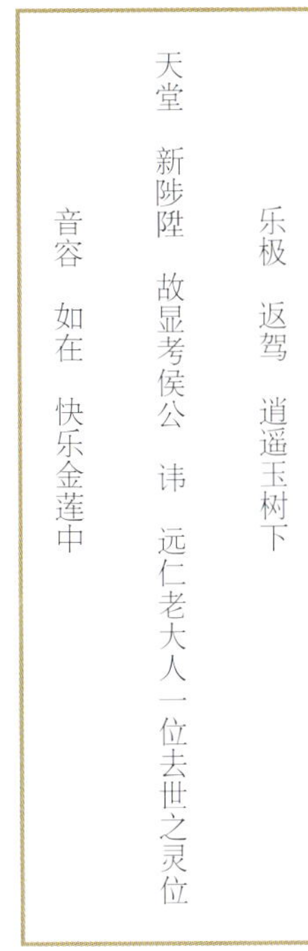

图7　灵牌图示

丧堂的布置跟杨柳池所见大同小异，堂前垂挂着由各种花色的床单、被面等组成的祭幛，黑色的棺材停在堂屋正中。棺材前是一个用大红纸折叠粘贴做成的灵牌，其上是纵向书写着的3行黑色毛笔字：中间一行为“天堂　新陟陞　故显考侯公　讳　远仁老大人一位去世之灵位”，两旁分别为“乐极　返驾　逍遥玉树下，音容　如在　快乐金莲中”（如图7）。同普通农民老乡死后一样，没有遗像，但棺材上方摆放了几个彩色花圈。一般是在公家单位里做事的人或家里有人在外工作的，才会从集镇上买来花圈。在老乡们看来，这是城镇上的人兴的习俗。村里老乡家有老人亡故后，除了彩纸扎成的“岁竹”外，不会另做花圈。

从整个丧堂布置看，最为醒目的是大门口张贴的一副挽联。醒目之处在于：挽联用大红色的纸张书写，尽管照明的灯光并不很亮，但红彤彤的色彩仍然鲜艳夺目。此前虽也知道老年人死后将白事当作喜事办，没想到却连挽联都是喜气洋洋的红色！以至于起初在院子里远远地看见这红对联时，还以为是不久前这里曾有新人办了喜事留下的，待走到近前细看上面书写的内容，才知道自己真的是见识短少，大惊小怪了。对联上写着“气化清风归地府，身随明月赴极乐”，横批“欲报椿亲”。原来是专为老人仙逝而作的，可见当地在白喜事时张贴大红的对联，也是有专门的讲究的。道子坪村用红色布置灵堂，这在汉族聚居的大都市及其他地方，简直难以想象，其所表现的土家丧仪的独到之处，由此可见一斑。

打“撒叶儿嗬”的大鼓看上去有些陈旧，它没用专门的木制鼓架支撑，照例放在一个中型的木盆里。被围在圆圈中的男子汉们，正尽力挥洒着满腔豪情。

道子坪村距野三关集镇约20公里路程，所跳的“撒叶儿嗬”，歌舞套路都属野三关跳丧体系，接槌叫歌的掌鼓师在《待师》开场后，以“四合一”跳唱得最多。但与野三关镇上的民间歌舞班子相比，曲间的间隔也要松缓许多。

场上的三个人正在《待师》的曲调中，演唱着这样的一首五句子歌：

板栗开花一条线，去年想你到今年。
去年想你犹似可，今年想你懒种田，
新旧想你两三年。

跳丧的歌乐，有简练精悍的短章，也有洋洋洒洒的长篇。其歌词多为七言（按，附加的衬词不包括在内），有三句、五句的单句式，也有四句、八句的偶句式，尤其以表达男女爱恋的五句子情歌为多。凡单句式，在演唱时都变化为偶句，如五句子歌的演唱，是在唱完前四句后，将第三、第四句的后半句拼合成一句，变成一个新的第五句，后面再接唱原第五句，此时等于就变成了第六句。接歌的方式不是简单的重复式，即不是掌鼓的唱一句或一段，跳舞的重复合唱这一句或这一段，而是错落式更替接唱。

以上述这首五句子歌为例，其具体排列为——领：第一句，合：撒叶儿嗬；领：第二句，合：重复第一句；

领：撒叶儿嗬，合：重复第二句……这样依次循环，在现场演唱中就成了如下的接替顺序：

（领）板栗开花一条线，
（合）撒叶儿嗬，
（领）我去年想你到今年。
（合）板栗开花一条线，
（领）撒叶儿嗬，
（合）我去年想你到今年。
（领）去年想你犹似可，
（合）撒叶儿嗬，
（领）今年想你懒种田。
（合）去年想你犹似可，
（领）撒叶儿嗬，
（合）今年想你懒种田。
（领）犹似可，懒种田，
（合）撒叶儿嗬，
（领）新旧想你两三年。
（合）犹似可，懒种田，
（领）撒叶儿嗬，
（合）新旧想你两三年。

不到现场的人，大抵难以明白土家跳丧歌乐的结构顺序。即使到了现场，对于一个外来人，恐怕一时半会儿也搞不清，因而难以想象老乡们为何会乐此不疲，竟能把一个看起来并不复杂的歌舞，跳得通宵达旦，甚至于连续几个通宵也不停歇。“撒叶儿嗬”艺术形式本身

图8 巴东野三关石马管理区道子坪村1组的土木结构房屋

的魅力，当然是这种歌舞能够持续不断地得以承继的重要原因之一。而在此前有关土家跳丧的书籍、文章中，少有详细的介绍。

错落式的隔句重复，既有领唱与合唱的热烈气氛，又避免了简单重复容易带来的厌倦和困顿；既是有唱有和，又不是歌者与和者各自一段的单调的对唱。如此的交替递进，隔句重叠，使得演唱跳跃而新颖，不会有疲沓、呆板之感。叫歌的人在不断地给出下一句新词，接歌的人却要在记住这一句新词的同时，唱出上一句歌词，这样，歌者和舞者都处于一种兴奋积极的状态之中。这样的状态是最投入的状态，当然是最能够抓住观众的，也正是这种看起来简单且不断重复的歌舞能长时间吸引观众的原因之一。那些想学歌的男子汉，正可以在这种轮回滚动式的递进中，牢牢地记住那数不清的五句子歌；那些想听词儿的女人们，更在这五彩变幻的歌的世界里，尽情享受千古流传的美妙之音。如此，才有了这世世代代相袭不移的歌舞。

门外的鞭炮又响了，来了一大队浩浩荡荡的“看信”队伍。这一拨客人除鞭炮外还放了好多礼花，各种造型的礼花在空中炸开，吸引了屋里的人都跑到门外观看。一簇簇闪亮的花束将月朗星疏的夜空照耀得更加明亮，观赏的乡亲们无不发出唏嘘赞叹。老乡告诉我：方才抵达的大队人马来自大支坪镇，“是亡人的孙媳妇夏清玉的后家（按，娘家）人约的伴来‘看信’的”。我找到其中的一位小伙子，他告诉我名叫谭光麟，27岁，一起来的共有60多人，是从大支坪开了一辆大卡车过来的，有40多公里路程。汽车只能开到公路边的大树垭村停着，所有的人下车后又步行了几里山路才到此。

大支坪来的小伙子们狂歌劲舞上了场，舞得汗流浃背，有的已脱光了上衣。本村的观众边看边评说着他们舞姿的异同，有的认为比村里人跳得好，有的认为赶不上。歌舞者在人们的议论声中毫不示弱地展现着优美的姿势，丧鼓场上多了几分竞赛的气氛。作为东道主的观众，既表现出对外乡来客的礼节，又绝不忘记给本村人呐喊的啦啦队职责。一来二去，丧鼓场上情绪高涨，双方都想让己方的能手出场。因同村和邻近居住的人平时同跳的机会多一些，上场前一般都先约上一个配合默契的同伴，一齐挤下对方舞者，占据丧堂前的中心位置，一展雄风。

见到大支坪过来的一班青年动作刚劲，英武盖人，本村的观众有点按捺不住了，有人建议恒松上。恒松姓田，48岁，是本村6组一个跳“撒叶儿嗬”的高手，在当地掌鼓颇有名气，他接过鼓槌，唱道：

走进门来接鼓打，要打三六一十八。
左打三槌龙现爪，右打三槌虎翻身，
打个鲤鱼跳龙门。

走进门来一声喊，手拿羊毫笔一杆。
一画秦，二画楚，三画龙，四画虎。
一画秦来秦叔宝，二画楚来楚霸王。
三画龙来龙现爪，四画虎来虎翻身。
五画亡人好衣服，六画亡人好棺木。
七画红纸写灵牌，八画道士把路开。
九画阴阳看好地，十画葬在龙窝里。

恒松一口气唱了下去，《待师》《摇丧》《幺女儿嗬》，一曲接一曲，大支坪的客人竟一时半会儿插不进去。到了打《哑谜子》时，才有了接槌的机会。

哑是哑谜儿嗬，哑是哑谜儿嗬，
我打一个哑谜子你来猜，哑是哑谜儿嗬噢噢。

一方出了题，另一方答道：

哑是哑谜儿嗬，哑是哑谜儿嗬，
快把你的哑谜子甩过来，哑是哑谜儿嗬噢噢。

问：

哑是哑谜儿嗬，哑是哑谜儿嗬，
灰坑（按，土家人的火塘）里涨水怎么样讲？
哑是哑谜儿嗬噢噢。

答：

哑是哑谜儿嗬，你也难不倒我，
灰坑里涨水是“安徽”（按，淹，方言读作ān），
你看确不确？

一方又出题：

哑是哑谜儿嗬，哑是哑谜儿嗬，
武松打虎怎么样说？

另一方边唱边回答：

哑是哑谜儿嗬，哑是哑谜儿嗬，

武松打虎是“武汉”（按，威武的汉子），
哑是哑谜儿嗬噢噢。

两边相互出地名哑谜给对方猜，先猜了几个“素”的，见没有拿下对方，于是又来了几个听来有些不登大雅之堂的“荤”哑谜（如问：“两个姑娘一头睡，这个哑谜儿要你来猜。”答：“两个姑娘一头睡，是‘两合口’。”“两合口”与地名“两河口”谐音），却把现场观众笑得东倒西歪。

一时间，堂前有点胜负难分。大支坪的小伙子冲着观众中的一位姑娘唱道：

冤家巧来巧冤家，你先和我好哒又和他。
你当着我的面来假装好，
一背到我的眼睛又跟他在哆（按，方言念作liā），
筛子端水我看漏哒。

堂前一阵大笑，姑娘的脸庞羞得绯红，把头歪在同伴的肩头上连连摇晃；在场的大妈、嫂子和老婆婆们忍俊不禁，撩起胸前的围裙直抹泪花。

丧鼓打哒这时间，没见孝子来装袋烟；
丧鼓打哒半夜过，没见孝子们泡茶喝。
说是茶来没见茶，约到伙计们往转煞；
说起酒来没见酒，约到伙计们往转走；
说起烟来没得烟，约起伙计们往转蜷（按，打回转、往回走）。

快嘴的掌鼓师连连出击逗乐，孝子们笑盈盈地赶紧上前给

场上的歌舞者装烟、敬酒，歌师傅见状于是调转歌头，转换了语气：

说起酒来就是酒，荣华富贵代代有；
说起茶来就是茶，荣华富贵代代发；
说起烟来就是烟，荣华富贵岁岁添；
说他有来就是有，缸里凉水也变美酒；
说他兴来就是兴，哈巴狗娃儿也变麒麟；
说他发来当真发，葛藤上树也结南瓜。
…………

掌鼓师的口才博得在场观众叫好，说得孝家后人一个个笑容满面，非常高兴。

"还没坐席的，现在快些入席哒！刚才大支坪来的客们，都请过来坐席哒——"是家国的声音，他在招呼客人们吃夜饭。与杨柳池所见坐席一样，在道子坪村，凡遇有"老人"的白喜事，为了款待前来"看信"、跳丧的客人，孝家通常要杀一至两头猪，置办酒席"宴客"。村人们平常以吃盐腌并熏制的土腊肉为主，若家有娶亲完配、生儿打喜的大事，或有老人已不太硬朗，就会留下圈里大小适中的生猪，以备红白喜事时宰杀。尤其是白事，因难以预计日期，主人家多会有心蓄留着圈里的生猪，以备"老人"后杀猪办丧事，用高山上难得吃到的新鲜猪肉，招待前来"看信"、跳丧的四方乡邻。

家国这一声喊"坐席"，似乎提醒了掌鼓的歌师，他调门一转，唱道：

孝家门前一个塘，塘里喂的是庞庞（按，青蛙）。
打得来丧鼓的吃庞庞，打不来丧鼓的抠颈项（按，方言念作káng）。

孝家门前一条沟，沟里喂的是泥鳅。

打得来丧鼓的吃泥鳅，打不来丧鼓的啃骨头。

女人们愈发大笑不止，这时，会打“撒叶儿嗬”的男人们几乎齐声唱起来：

不会跳丧的巴门站，眼睛鼓起像鸡蛋。

灶屋里一声喊吃饭，一逮就是几大碗（按，“逮”在这里为“吃”的意思），

糟蹋一条男子汉（按，“糟蹋”此处表示“惋惜”，句中略带嘲讽意。该句也有的唱为“亏你还是个男子汉”）！

笑声中，一批客人相继去坐席。家国特别招呼让我也去，我跟着他来到了相邻的一间偏屋里。屋里摆了4张桌子，老乡们让我坐在里边一张桌子的上席。我没有看到与我同来的其他人，才知道是家国提前安排我坐席的。家国说：“怕把您家受饿哒，您家先吃，他们不要紧的，下一排席就到他们上桌哒。”

与我同桌坐席的有石马大树垭村8组的曹碧忠，52岁，距此6公里路；本村5组的田代河、谭玉翠夫妇，都60岁了，携儿子同来的，距此约5公里路；本村6组的谭贤虎，52岁，携儿子谭平安、女儿谭春艳同来，平安是道子坪村新选出的年轻副村长，他们家距此约6公里路；本村6组、方才掌鼓叫歌的田恒松及女儿，恒松父女与平安父子同一个组，是约伴一起来的。同桌的客人们告诉我，他们与孝家并非亲戚关系，只是乡邻。按他们的说法：“‘看信’不管是不是亲戚，认识的，愿去都可以去。就是不认识的，只要有人来约伴，还不是可以去！去的

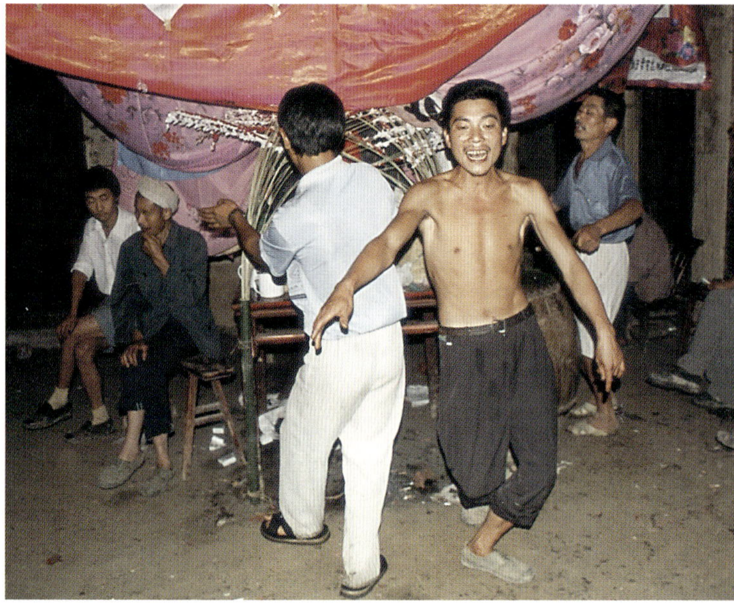

图9 “打得来丧鼓的吃泥鳅，打不来丧鼓的啃骨头”

人多，孝家才欢喜。”我问他们夜里回不回家，他们说：“等会儿看（情况）。今儿人来得多，只怕没得地方坐，后半夜冷起来哒，怕有些抵不住。不过今儿黑哒月亮好，想回去也看得见，把年轻的娃儿们留下来，明儿帮忙送老人家上山。”恒松还告诉我，这个季节正是忙的时候，他打算夜里赶回去，好把明儿的牛草割了。

吃罢宴席，帮忙的人迅速收拾掉桌上的残局，已有下一桌的人候在桌旁，我们赶紧让出座位。走到院子里，几十个大支坪来的客人吆喝着准备返回，还有些大支坪客人中尚未坐席的，因害怕汽车走了赶不上，干脆不吃夜饭，急匆匆地跟着队伍朝公路方向一溜小跑，管事人家国高声大喊，也没能留住客人。

孝家主人和一些好客的乡亲们站在院子里目送着大支坪的客人远去，喧哗的人声渐渐飘散，堂前的鼓声和“撒叶儿嗬”叫歌的声音似乎又格外响亮起来。站在我身边的一位妇女问同来的伙伴：“你去‘写账’没得？”我知道她们是在说“上人情”的事。

跟着她们走进堂屋右侧的一间房内，负责写账的人正聚精会神地记录着。与在杨柳池所见情形差不多，这里的老乡们往孝家去“看信”，也都要“上人情”，5元、10元、20元不等，无论多少，表示一份关心。我事先问过大方哥和一些老乡有关“上人情”的额度，他们告诉我，没有一定之规。若是送钱，家庭困难的，送5元；经济情况好些、感情也深厚些的，送20元；一般的，送10元。这之间还要看从前彼此的来往，是否欠对方的人情，若此前对方给自己上的人情厚，这时也会送得多一些。除送钱之外，也有送物品的，多为床上用品、布料、烟酒和打好的豆腐等，都会在写账处一一登记。我掏出50元钱递过去，写账的人抬头问我名字，有人告诉他我是来村里来访的客人。他迟疑了片刻，说：“您家不用上情，您家来哒是贵客，把这些钱，以后怎么还得到您家的情呢？”我说这没什么，应该表达一下心意。写账的人只好写下我的名字，并对我说：“那就给您家写个20元吧。”说罢硬是找给了我30元，又代表孝家说：“您家以后有什么事，也给我们把个信噢。”

时间已至深夜，大方哥及同来的其他人坐完席后准备回家，临行前他特意找到家国，

图10 巴东野三关石马管理区道子坪村1组跳丧场景

除了红色的灵牌，棺材上方还垂挂着大红的祭奠挽联和乡人们奉送的床单等祭幛。

告诉他我将留下到明晨，让家国晚上多照应我，给我安排个睡处，别让我冻着。另外，因我不识路，路上狗又特别多，他叮嘱家国一定要等明天他来接我时，才能让我走，以免走迷了路，或被狗咬伤了。其实，即使大方哥不交代这些，我也不会自己回去，夜里也不会去睡觉，一来机会难得，二来万一被疯狗咬一口，那就惨了。

堂前的跳丧仍在进行着。住房外左侧阳沟旁的一小块空地上，已就地升起了一蓬煤火。一大堆燃烧的黑煤块外面，用黄泥巴团团糊住，中间留出一个圆洞口。煤块被拢在一起旺盛地燃烧着，窜起一缕缕绿色的火苗。新糊上的黄泥还湿润润的，被火一烘烤，正散发着白色的雾气。帮忙的人搬来几条矮长凳和大小木椅子，火堆旁一时围满了人。

再次炸响的鞭炮声打断了火炉旁人们的闲聊，又来了“看信”的人。手脚利索的青年们早已站起身跑向院子，这次来的是亡者儿媳妇谭元菊的娘家人以及约来“看信”的伴。元菊已60岁，娘家在清太坪水井管理区，她告诉我说：“后家的人得到信，约哒一二十个伴，天煞黑时就动身哒。路远，车路不方便，黑哒也搭不到车，走起过来的，山路有四十几里。”我看看表，时间已是2001年8月1日的凌晨1时27分。

“清太坪水井来的客都快些过来坐席哒——”家国将刚到的客们请去吃饭，其他人仍围坐在火炉旁，边烤火取暖，边谈天说地。有的议论当天的丧事，有的也扯其他的闲话，拉各自的家常。老乡们告诉我：人都是父母生的，每个人都有爹妈，都会遇到“老人”。人死后，光有自己家的几个人，是无法将亡人送上山安埋的，要靠乡邻的帮助。乡邻间的互帮互助，就像是“转工”，别家有事时，自己前去帮忙，待自家有事时，乡亲们也会上门来助一臂之力，这是祖辈留下的传统，世世代代都是这样过来的。即使某人某家和乡邻间有矛盾不和，一旦遇到对方家里有白事，也会主动上门去“看信”，这叫“活人不记死仇，亡者为大”。

由于“看信”的人多，人死后需要帮忙的事情也多。所谓“帮忙”，有礼节性的对孝家的关心、看望、送人情（礼金），这主要是孝家的亲戚和远到的女眷们；有闹夜跳丧，主要是本村本组和外乡外村与亲戚们同来“看信”的男子，女性则只能在守夜时围观助兴；此外，有出丧、抬丧、打井、下葬等出力的活，还有后勤杂务除装烟上茶外更重要又更繁琐的厨房内的诸事，包括少则两天、上百人，多则三天以上、几百人之多的餐食“流水席”，等等，则义不容辞地由本村本组和邻组的老乡们担任。这是村里遇“老人”后在办理丧事时所形成的大致分工。孝家和近亲除了礼节性地拜会客人，通常都不做具体事务，大量的力气活、杂活都由乡亲们来做。这也是“人死众家丧”的涵义所指。

在与老乡们的交谈中得知：到孝家“看信”、跳丧、帮厨、打杂、抬丧、送葬等等，都是纯粹帮忙的，孝家以烟酒和坐席款待，不另付酬金，老乡们也不会要酬谢。这一点，与集镇上以“封包”形式回报跳丧者有所不同。在乡间，跳“撒叶儿嗬”仍保持着“帮忙”的原则，它是淳朴乡情的体现方式，而不是金钱交换的关系。那么，村组间各家各户的乡邻们，在“看信”、跳丧的过程中，各自帮忙的程度是怎样的，或有什么不同呢？乡亲们告诉我，具体说来，分为以下几种情况：

一是同一个村子的，视之为“义不容辞”的“分内”事，不管感情是否深厚，各家大都有人去“看信”，或一人，或携子女几人并邀约左邻右舍，以及在路途中约上村里的老乡，同行前往。彼此感情好、住得较近并且往来多的，一般是同组或邻组的，一听见报丧的鞭炮声就会立即奔去，帮忙料理各种后事，从张罗入殓、布置丧堂，到给来客们端茶递水、备办餐食，大事小事，不分彼此。厨艺好的家庭主妇当天会留下继续帮忙，为第二天或第三天出丧前将要到来的“看信”的客人坐席做好准备；稍远些、交情一般的，也会在得信后于第二天或“正夜”（按，亡人在家的最后一夜，即出丧下葬前一晚，也称“大夜”）时赶去。

通常情况下，同一个村子里，又以同一村民小组的乡邻最视之为“己任”。同组的人，每家必到，老乡们的话叫“不会卯（按，落下、漏掉）户数”，而且一户人家不止去一人，会去或陆续去好几个人，家里走得动的都会去，只留下狗看家。这种情况通常是在“正夜”里，除了已先期赶到孝家帮忙的家庭成员代表外，其他人也会赶去看看，一来表示对孝家的关心，二来也看看热闹。“正夜”里人是最多的，“看信”、跳丧也在这一夜最热闹，尤其在半夜时达到高峰。因为“看信”的人大多从坡里收工后，还要回家打整饲料喂养牲畜、料理家务，或收拾烟棚里的烟叶等各种作物，天黑后才会动身，待夜行到此，至少是晚上八九点钟了，到跳丧、写账、坐席诸程序完毕，就差不多已过半夜。有路程远的，傍晚从家里出发，抵达孝家时即近午夜。在陆续到达的人轮流坐席时，由灵堂前跳丧的人陪伴着亡人；夜过子时，坐席基本完毕，“看信”者都汇集于灵堂，跳丧达到最高潮。在“正夜”里一家都去的几个成员中，也不一定自始至终一直待在孝家，中途可能回去一个或几个。留下来的，到了后半夜，或聚在灵堂前跳“撒叶儿嗬”，或围在火塘边聊天守夜，或者因为住得近，待后半夜杂事做得告一段落，会根据当时情况，比如客人多没地方坐或者家中有事等，也可以回自己家里去，处理一下家务或稍事休息后，第二天清晨天刚亮时，再赶去帮忙抬丧、下葬。遇到此种情况时，一户人家会留下一两个年轻晚辈或在厨房做事的人继续帮忙。若遇上农忙时节，需要抢季播种，或者收回的烟叶急需烘烤制作等，也同样会安排人回去处理，留下家庭成员代表继续帮忙。

综上所述，同一个村组的乡亲，把本组人家的丧事当作自家的事，即使不沾亲带故，没有血缘关系，抬丧、打井、厨房杂务等过硬的活，也几乎全是本组人承担，孝家亲属一般不具体担任。亲属们只在管事人的安排下，履行丧仪方面的程序和在礼节方面支应张罗。出嫁在外的女儿和女婿家人，还有侄女、侄女婿以及住在外乡的侄子等亲戚，也基本上如远到的客人一般，不承担杂务活。用道子坪村4组张柳翠的话说：“帮硬忙的还是本组的人，亲戚还没得本组的人做事多。只要晓得哪家有事，本组的人都会去帮忙，顶多在帮忙后晚上回去一个人‘瞧屋’（按，看门、料理家务）。有的是看事情来，需要几个人就去几个，一家两个、三个的不等。像我们有时候转工在坡里做活路（按，指农活等各种活计），一得到信，说是本组的哪家有事，全部甩下手里的活路，都赶起去帮忙，弄的弄饭，筛的筛茶，闹的闹夜，抬的抬丧。等自己屋里有事时，别人也会来帮忙。本组的人真是比亲戚还顶用，亲戚隔远哒，等人去‘把信’，再赶起过来，丧事已经安排得差不多哒，所以横直是说‘远亲不如近邻’哩。”

亡人落气前后，孝家要打发人往亲戚家“把信”。

亲戚又分“族间”和“后家”。“族间”一词在巴东野三关、清太坪、杨柳池等地常能听到，使用频率很高，它不是指一个家族与另一个家族之间，也不是指一个民族与另一个民族之间，而是指父系祖辈的血缘亲族。每当家族中有重大事情都要“团族”，即“把族间都请拢来一起商量”，红白喜事由父系亲族如叔、伯、祖父、曾祖父等共同商议。“后家”指孝家成员中女性的亲戚，即“娘家”。对于媳妇来说，是“后家”人到婆家“看信”；对于出嫁的女儿来说，则是婆家的亲属往自己的“后家”去“看信”。亲戚之外的乡邻统称为“白客”。亲戚都要“把信”，即使住得不远并且知道亡者此前已病入膏肓，仍然要专程去人告知，不然就得罪了亲戚。比如姑娘“放”（按，出嫁）在近处不远的村组，对亲家家里也得专门去“把信”。亲戚中女性亡者的“后家”，尤其要去“把信”，以示对亡者娘家人的尊重。“族间”若住得近，或者在一个屋场里的，就不需要“把信”，远处的得去人告知。兄弟、叔伯、子侄等男性亲族间，“把信”的目的主要是共同商议办理丧事；婆婆、儿媳等家庭女性主人“后家”的相关亲戚和出嫁的女儿婆家的相关亲戚，则主要是在得信后赶去奔丧，同时，要“约伴”去“看信”、跳丧。至于亲戚之外同村的乡邻即“白客”，则不需要“把信”，听到响动后会迅速赶去。即使感情不好，也会不计前嫌，主动上门去关心、帮忙。这样一来，同组、同村的人，哪怕平时有矛盾甚至有仇，在遇到对方家里有白事时，通过这种主动去孝家帮忙的行为，一来二往，冤结就会自然解除。待下次自家有事，对方也会上门相助。从这个意义上讲，就不会有愈结愈深、永不化解的仇家。这与山地民族族群的生存环境及所形成的性格有关。

二是虽不同村，但与孝家是两村、两乡镇甚或两县域之间交界地带的邻居，平时彼此往来多，交情厚，甚至种田等各种农活也相互在一起“转工”，遇有“看信”、跳丧和打杂帮忙等事宜，也与上述同村组的乡亲一样，会即刻去孝家“看信”，全力以赴相助，而不是以行政区划来界定亲疏。这充分表现出大山深处的土家乡亲们生存过程中，近邻之间的和谐融洽和互帮互助。

三是既不同村组，也不同乡镇，又不是交界地带的邻居，居住地域相距较远的老乡，也可能去闹夜帮忙。这些乡亲中，有与孝家人相识的，比如他们或许在多年前，参加了送亲或接亲的队伍到过此地，又如他们或许在乡镇或区县上的某地就已与孝家人彼此认识，以及以其他方式相识等等；也有与孝家不相识的人前往。无论相识与不相识，因距离较远，不可能像“千里眼”“顺风耳”，一有丧鼓响就跑去跳“撒叶儿嗬”。隔着一座又一座的绵延大山，是无法听到报丧的鞭炮、火铳和丧鼓的响声的，那么，其联系的纽带即孝家亲戚，主要包括：女性亡者的娘家人或后辈，男性亡者居于远处的叔伯、兄弟、侄男侄女等晚辈们，孝家成员中的儿媳妇、孙媳妇等因婚嫁来到此地的女眷们的娘家人，孝家出嫁在外的女性亲属的婆家人及亲友，等等。这些亲戚们在得到孝家差专人来把的信后，会约上所在地的亲朋好友和响器班子同去“看信”、跳丧，如前述，老乡们称之为“约伴”或“相伴”。约伴时都兴约上响匠锣鼓，讲究的会约上两班锣鼓，即俗称的“双吹双打”，同时还会特别邀上会跳丧的男子。约的伴越多越热闹越好，或说明家族发达兴旺，或说明“后家”亲戚人众势大。这些被约的伴中，就有只与孝家亲戚们认识，而与孝家成员并不认识的人，这类人即通常所指的虽不相识也跑去跳丧的乡亲。但既是亲戚们约来的伴，都被视为孝家的客人，以上宾相待。其中路途远的、不曾到过的称为远客，一般不做杂事，只跳“撒叶儿嗬”、烤火“吩白”（按，聊天）、坐席、打牌、玩耍。因来得远，夜间步行辛苦，又有很多是媳妇们“后家”里来的客（按，红喜事中，土家人将“后家”来的客称作“高亲客”；白事时对“后家”人约来的伴同样视为贵客），在夜间人多床铺紧张的情况下，会优先考虑安排这类客人适当就寝。农忙时或天气适宜的情况下，远客们抵达孝家，在丧堂前跳“撒叶儿嗬”，玩上一会儿，坐席之后，可能会与同来的亲戚们一道，连夜返回。除亡者的近亲外，其他亲戚“看信”，到场后就可以回家，不一定参加送亡人上山时的抬丧、下葬。此等事宜如前述，理所当然地由乡亲们担任，即丧事中担纲挑大梁的，是同村组的乡邻。

从在丧事现场了解的情况得知：“看信”、跳丧，虽然村里各户人家大都会去，加上外村外乡的，多则好几百人众，尤其在“正夜”里9点多钟以后到半夜时分的这一阶段，乡亲们纷纷到达，时间较为集中，但这并不等于“万人空寨”。通常情况下，视距离远近和感情深浅而有所不同。

同村中稍远些的，一户去一两个人，去多个的较少，全去的绝少，因家中的事务需要人料理，有代表去就行了；而交情深厚的、愿去看热闹的除外，一家也可能去好几个。

同村中较近处的，即同组或邻组的则不同，一家人里去好几个的为多，不少的家庭甚至会全去，不过不一定是同时，多为陆续前往。这些全家都去孝家帮忙的人户中，后半夜也会有人“回去瞧屋”，在乡下，每家每户都喂养着猪、牛、鸡、狗等牲畜，总得有人在家照料。

而外村外乡的，即便知道了相识的人家有“老人”的白事，未必一定去“看信”、跳丧，可能去，也可能不去，自己酌情而定。外村外乡的人中，除非家里兄弟几个都会跳丧又跳得好，且此人也喜爱跳，那么在孝家亲戚的邀约下，兄弟几个可能同去孝家帮忙闹夜，此外，一家去几个的不多，全去的几乎没有。

各路“看信”的乡亲们到达孝家后可留可走，视孝家现场的需求情形或自身具体情况而定。如果半夜里人已不多，这时人若都走了，孝家丧事无人帮忙，丧堂也显得冷清，就会留下来，叫歌、跳“撒叶儿嗬”，陪伴亡人；如果来的人多，地方窄狭安置不下，加之自己住得近便，则可以离开或暂时离开。

至于不相识的人去“看信”，并不仅仅由于此人会跳丧、爱跳丧、想跳丧，于是“听到丧鼓响，脚板就发

图11 掌鼓师击鼓领唱，舞者边跳边接歌合唱。

痒”，便自己跑去，而是因为有孝家亲戚“相伴”。不相识的人若没被人“相伴”，就不会去。当然，会跳丧、爱跳丧以及掌鼓叫歌的艺人高手，是被“相”为“伴”的一个重要因素，这也是促使“撒叶儿嗬”流传以及切磋技艺的一个重要时机和方式。

又到了凌晨三四点钟最难挨的时段，人特别困倦，气温骤然降低。阳历七八月间的天气，在城里，夜晚睡觉得开空调，而在道子坪村的高山上，晚间却凉气袭人。虽然做了准备，带着御寒的夹衣，但倘若没有一蓬大火取暖，怕也难敌寒意。难怪坐着的人要不断地站起跑向灵堂前，感受这里热烈的气氛；难怪后半夜歌师傅会唱数不清的五句子情歌，以提起精神，赶走困倦；难怪乡亲们将载歌载舞的跳丧叫作“混夜”，它是“混”过漫漫长夜的最佳方式。堂前的歌者舞者和观者相互簇拥，用身体筑成的人墙抵挡着屋外的风寒，以歌和舞营造出令人陶醉的愉悦情景，借此消磨暗夜，陪伴亡人，以待天明。

忙进忙出的管事人家国，终于在安置完清太坪水井过来的最后一班客人坐席后，稍稍有了点喘息的时机。他没有忘记大方哥半夜里临行时的拜托和自己的承诺，在堂前的人堆里找到了我。我问他当晚共有多少人来“看信”，他告诉我：“有三四百人，一共坐哒16排席。”边说边伸出手指计算：“每排席2桌，就是32桌；一桌10个，有时坐12个，这就有300多；还有大支坪来的一部分人没有坐席，他们怕赶不上搭汽车，饭都没吃，就跑到公路上跟车回去哒。”

家国说给我安置了“铺睡”（按，床铺），他说天亮还得一阵，让我跟着他上楼去休息会儿。待了大半夜，还不曾上楼去看看，于是我跟着家国从堂前停着的棺材左侧，绕进堂屋板壁后的夹层楼道间，爬上木梯，踩着有些缝隙的地板，轰哧轰哧地走到了二楼。经过二楼中间的储藏室即堂屋的楼顶间时，见楼板上用长条凳支着一个铺。家国叫醒床上熟睡的人，原来是孝家请来为亡人做法事的土老师。同杨柳池一样，这里的土老师为亡人操办丧事时又称作道士。土老师名叫谭文彩，是相邻的野三关镇堰塘湾村7组人，已85岁高龄，人长得特别瘦弱，眼窝下陷，戴着一顶褪色的无沿毡帽。突然间被家国叫醒，他的眼光中不禁有些张皇无措。这时我才明白家国给我安置的“铺睡”即此处，他是要叫谭师傅起床后，让我接着睡一会儿。人多，能有地方打个盹，已是优待了，也难为了家国。可我精力尚能支撑，根本也没打算睡觉，赶紧对他们说：“莫要为我安排，请老人家赶快躺下，不用马上起床。”谭师傅莫名其妙地看着我，仍抖瑟着双手，不停地抓摸着衣裳的纽扣，一路路慢慢地扣着。那是两件齐脚的长衫，里面一件是棉袍，外层是长罩衫，都是传统大开襟，一排排布结式纽扣一直延伸到膝下。看来虽在盛夏，老人家却做了充分的防寒准备。见谭师傅打整完毕，家国站在一边催促我说：“您家莫讲客气，多少还是睡会儿，要熬整夜那人蛮吃亏的，您家不比我们，莫熬病哒。”

谭师傅说要做法事前的准备，摸索着下了楼，“铺睡”一时空着。我坐在二楼左侧的房屋里，这是亡者侯远仁的孙子侯群策和孙媳妇夏清玉的卧室。群策和先前掌鼓的歌师傅田恒松、副村长谭平安等几个人在打扑克牌玩，带点小彩，输赢一角钱。群策33岁，他告诉我说：“听老辈子讲，我们祖上是荆州府公安县迁来的，在这儿已住哒两百年，十代人哒。其实我们也应该算是土家族，我们村里不管姓田姓谭还是我们姓侯的，风俗习惯都一样，您家看嘛，我们姓侯的人家‘老人’哒，还不是兴跳‘撒叶儿嗬’；过喜事‘团族’，生儿‘打喜’，也都是一样的。报民族的时候，上面来人调查，我们报的是土家族，后来说我们只两百年，不够，还差点儿，说是要十二代人才行，就没批，最后还是写的汉族。”

据我所知，巴东县民族成分的确定，基本上是按姓氏和居住时间长短来划分的。恩施土家族苗族自治州成立前，巴东县于1980年至1982年恢复民族成分的调查，确定了全县土家族的分布地段大体上以绿葱坡区（按，现撤区后为乡镇）的三尖观为界，南多北少。具体分为三种类型地段：第一类为土家族聚居区，主要是县域南部清江两岸的乡村，即当时的杨柳池区全部乡村，清太坪和野三关两个区的大部分乡村；第二类为土汉杂居区，即当时绿葱坡区的三尖观以南、野三关区以北的部分乡村；除上述两类区域外为第三类地区，即土家族散居区。认定土家族的历史时间界限，是以“改土归流”为限，或已在巴东定居有十二代人以上者。根据有关部门划定的具体标准，确定了土家族的几个主要姓氏。全县定为土家族的姓氏，早在1958年是35个，1980年定为27个，通过进一步地全面调查和核实，1981年定为16个，报经当时的恩施地委统战部审定，只批了8个土家族姓氏，即谭、田、邓、向、郑、柳、陈、覃八大姓。第三次全国人口普查时，巴东县将土家族的人限定在这八个姓氏范围内。[2]群策家族的侯姓不在八姓之列，同时居住时间不足十二代，因此他家申报土家族没获核准。但从他的言谈看，成为土家族的一分子，是他所企盼和为之自豪的。

在道子坪村，土家族人口占多数，另有部分外来的汉族。土、汉之间，在生活习惯和风俗人情方面已经趋同，几乎没有什么区别。如所见的侯姓孝家本是汉族，其丧事的办理过程和方式全部是土家族的，或者说与当地土家族家庭相比，没有任何不一样。

恒松玩牌时连连说着要回去割牛草，却被几个牌友拉着不让走。群策和在旁看牌、先前一起打丧鼓的谭平安等几个年轻人也再三挽留，要恒松等早晨打完丧鼓的最后一套程序——送了“五巾”才能走。

一只公鸡啼鸣了，不一会儿，满笼的公鸡都叫唤开来。毕竟是夏季夜短，天色很快明亮起来。我整个夜晚没有合眼，为了看到在天明时“看信”、跳丧的情景，我在楼上小坐后便下到丧堂前。走过“铺睡”边时，见方才空着的床上已横躺着挤着好几个人，睡得正香。堂前的歌舞通宵达旦，始终不曾停歇，天明时，人已经明显减少了。土老师谭文彩手拿罗盘家什和两个男人一起，绕过屋外的火堆，从阳沟旁穿过，上山去测量墓葬方位，提前为亡人下葬挖墓井去了。火堆旁仍围满了取暖的人，有的坐着，有的蹲着，有的还不断翻烤着火堆周围烘烤的土豆，没睡的和醒过来的小孩子在津津有味地剥土豆吃。厨房帮忙的人已开始忙碌着准备早饭；打杂的青年男女提着灌满冷水的炊壶，放在火堆上，一会儿又将烧开的水提走，再打来冷水继续烧热。

一直嚷着要回去割牛草的恒松，最终也没有在夜里返回。清晨5点多钟天大亮前，他与谭平安等几个人已来到场院里，环视了一下屋场的方位，就让侯群策准备“五巾”和鞭炮、香、纸，然后走进堂屋，接过站在棺材左侧歌师傅手中的鼓槌，打起了“送神”“送五巾”。他们说，送神，就是要把鬼神送出门。按村人的理解，家里“老人”后，先前已故的老祖宗们的魂灵，都会在夜里回家看看，接新魂上路；另有一些孤魂野鬼，也想得点香火钱，会趁机到家里来。因此在天亮前要把它们都送出去，还要给它们烧香送纸钱，否则，鬼魂待在家里，会冲撞了家神，又会搅扰孝家后人的生活。

还有人说，“送五巾”与前面跳“撒叶儿嗬”套路中的《耍五巾》有关，二者是一个整体，前后是相照应的。《耍五巾》又叫“打五巾”，有的认为是“打五精”，“精”就是鬼魂，“送五精”就是要把各种鬼魂精怪都送出去。而要送走的“五精”是先前跳过的“打五精”，所以通常跳了“打五精”的人，都要参加第二天早晨的“送五精”，原因是跳“打五精”时有哪些人在场，鬼魂在堂前都知道，所以“送神”时这些人也应在场，否则鬼魂会找着跳“打五精”的人。这种说法显然是鬼神信仰的表现，除此之外，它也是出于现实的需要，最先可能是为了让客人们留下来守夜陪伴亡人，久而久之，成为人们共同认可的习俗的一部分。

“送五巾”要在天大亮前进行，原因是天明后鬼魂就回不去了。它看起来有点做法事的味道，但又不是由土老师做的，而是由跳丧的人来完成。群策找来昨晚跳《燕儿衔泥》和《耍五巾》时用的那块白色棉布递给恒松，恒松将布撕成五长条，其一端连着没有撕断，即成为“五巾”。群策和几个帮忙的人已拿好了香和黄色的纸钱，又将包着的鞭封拆开。一切准备就绪，恒松击鼓唱了起来：

孝家屋大好停丧，孝家门大好出丧。
千年死一个，万年死一双，
代代不死少年亡。

唱毕收槌，恒松与平安两人抬起棺材旁的大鼓，径直朝门外走去。走过门口的场坝，便将鼓放在了场坝边缘的田坎上。他们对我说，此时此刻，鼓出门后不能往回移，只能往离大门更远的地方移，这样才便于把鬼魂送出去，使它们不至于又跑回家里。马上天大亮了，只要这时候把它们送出门，它们一时就不会再回来了。说罢，在“五巾”中夹裹一些木屑刨花，用火柴点燃，到田坎边烧尽。接着，又焚了三炷香，烧了几沓打过钱凿印的纸钱，最后点燃了挂在田坎边树丫上的长条鞭炮。

天明了，堂前的丧鼓和歌声歇了，炸响的鞭炮歇了，一时间，灵堂里没有了人，孝家屋场安静下来。县上的邮政局和镇上的邮政所为亡人送来的几个花圈，先前为使跳丧位置宽敞一些，一直都搁在棺盖上方，此时准备出丧了，已拿下来放在了灵柩两旁的空地上。黑黢黢的棺材不声不响地停在那里，只有大门上的红色挽联在白日里更加清晰可见，更显得亮丽夺目。我赶紧打开相机，拍下了这难得一见的白事丧堂前红艳喜庆的现场场景。

逐渐有人来到院子里，有的在打水洗脸。本组一些在夜里回家了的乡邻们，此时已陆陆续续来到孝家，自觉地做些出丧前的准备工作。7点多钟，家国又开始张罗起来：“帮忙送亡人上山的，先坐席吃早饭！”一些将要抬丧下力的男人迅速吃罢早饭，有的拿起弯刀，到房屋右侧的竹园里砍来竹子，几个人开始修裁备料，准备着出丧时捆绑棺材用；有的将一沓沓白色的皮纸分别展开，用竹编撮箕撮来备好的石灰，分放在皮纸上，然后包成一个个小包袱，以备封殓时塞紧遗体，避免晃动。

上午8时许，家国高喊着让孝家后人们来到堂前，土老师谭文彩站在棺材旁做了一套法事，孝子们按辈分长幼和男

图12 巴东野三关石马管理区道子坪村1组侯家灵堂布置

大门上的红色挽联和门里棺材上方垂挂的大红横幅，将灵堂烘托成难得一见的喜庆场景，倘若不看挽联上“气化清风归地府，身随明月赴极乐”的内容，甚至难以置信这里是在办丧事。

女排行依次给亡人烧纸、焚香、奠酒、叩头。家国让人将灵柩两旁的花圈拿到门外，然后叫道：“各位孝子们都拢来哒噢，现在开棺，孝子都来最后看一眼老人家。”说罢，已站在棺材两头的四个男人，一同抬起搁在棺材上并未盖严实的棺材盖子，放到一边的长凳上。孝子们纷纷拥到棺材四周，看着喊着，女眷们哭着。不一会儿，家国又大声说：“老人家是顺头路，孝子们看一眼就行哒，莫把眼泪水掉到棺材里头，那明儿就梦不到老人家哒。现在封殓！”

大家将桌上的升子、香烛等物收拾掉，帮忙的男人们一齐动手，将备好的石灰包袱沿棺材内壁四周筑紧，又在亡者头上加撑了几截木头块儿，以免抬上山时石灰包袱滑动滚到面颊上，脚下的内空也加垫了木块以固定遗体。一切完毕，帮忙的人拿来用石灰和桐油调制好的油膏，用手抓起，沿棺体边口的榫缝四周抹了过去。四人抬起棺盖，将其严丝合缝地扣在了棺体上。几个人将修光了竹节的竹子纵向剖开，一头用力挽成一个环，另一头从棺材下穿过，缠绕两圈后插进环里，将棺材捆绑起来，如此给棺材做了两道竹箍。为了避免竹子锋利的边缘割伤了棺材和油漆，凡轮廓处又加塞了用黄火纸包裹的木块。

一切按部就班地进行，其间伴着家国的吆喝以及男人们忙碌着和相互配合的声音。“现在准备出丧哒——孝子打头抱灵牌子，妇女们帮忙拿花圈！”两条长凳已支在门口的院坝里，在场的男人们全力以赴，围在棺材四周，抬起棺材，慢慢地移出大门，在一片紧张有序的叫喊声中，棺材被搁在了长凳上。一个男人拿起停丧几天来一直掩盖在堂屋正中神龛上的圆竹簸箕，走出门外，朝院坝边的田坎处用力甩过去。孝家后人给各位乡邻装上香烟。不一会儿，有人拿来专为抬丧用的粗大的麻绳，老乡们叫作“宏绳”，在拉拽棺材上山时又叫“拉纤”的“纤绳”，将两根抬丧的主杠用“宏绳”绑紧，再在主杠上分别用麻绳穿上四根稍细些的短（子）杠。“好，起丧——”又一阵鞭炮响起，这一次叫“起身炮”，孝子朝着屋场右侧的小路上走去，妇女们紧跟在后，八个壮汉抬起棺材，其余的男人纷纷找棺材四周的空处帮忙搭扶一把，没有搭上手的，就跟着抬丧的队伍朝前跑，以便随时替换。

墓地选在孝家屋场右侧后方的半山上，坡度很陡，抬丧的队伍经过一片玉米地，径直登向高处。爬坡艰难时，几个“拉纤”的人抓住粗大“宏绳”的一头跑向高坎，拼命朝上拉，在紧张的气氛中终于到达墓地旁。歇杠之前，抬丧的人将棺材前后调了个头。出丧时小头在前，大头在后，即亡人的脚在前，据说这样就好似亡人是脚在下走上去的，否则是头在下，那就不合情理了；到了山上再掉过头来，即大头在坟堆后靠山，小头在坟堆前的墓碑一端，这是因为想象着亡人坐起来时，是面朝家的方向，好似在看着家中，仍关注着后辈们。

我国古代葬俗历来都讲究墓葬的方位朝向。在土家地区，从前墓葬朝向有头朝西边的。记得20世纪70年代初，我祖母在野三关石马枫木村死后下葬，当时已禁止土老师活动，没有看地测方位，乡亲们埋人时就是依照着面向太阳（即头朝西）的原则。头的朝向其实跟祖先的方位有关，认为人死后其魂魄要回归到祖先的处所，头冲西边，正是向着祖先巴人的老家；头冲西边即脚朝东边，则表示着巴蛮祖辈们向东迁徙的走向。头朝祖先方位的墓葬，是一种古老葬俗的遗存。相比之下，上述面向自家方位的朝向，要晚起得多。现今土家地区的墓葬朝向，多是由土老师根据山势测定，对祖宗的来路方位，似乎已不大讲究了。

土老师谭文彩穿着长衫，提着一个木制方形大斗，里面装着好些大米。他站在打好的约一尺多深的矩形土井里，依次做各种法仪：先用火点燃纸钱为亡人“暖井”，接着做“窖契”（按，将安葬亡人的阴地契约焚烧并埋在墓井里），然后抓起一把把大米，在井底边画符，边说些祝福亡者及其后人的话。后人们几排跪在墓井前挖起的土堆上，不时地往井里丢些烟和零钱，谭师傅捡起后都放进提着的大斗内。送亡人上山的乡亲们围在山坡上的墓井旁，一些妇女在跟男人们开玩笑，大家撩拨着其中一个30多岁的少妇，她于是大笑着跑到跪在墓井边的孝子跟前，朝孝子背颈上一阵猛按，要他给亡人叩头。孝子躲闪着，两人推来搡去，把孝家后人们和满坡的乡亲都引得大笑不止。站在我身旁的老乡说，这叫“整孝子”，是好玩的。现场全然没有城里人送葬时的悲伤、沉痛和肃穆气氛。

待谭师傅在井坑里做完法事，帮忙的人解开“宏绳”，抽出抬丧的两根主杠和四根子杠，又以稍细的麻绳系在棺材的竹箍上，将两根子杠穿入麻绳的环套，准备“下肂”——将棺材置入墓井里。墓井的两边站满了人，大家用力抬起两根短木杠，同时两旁的人用另两根短杠拗住棺材两侧，将棺材慢慢地放了下去。“下肂”后，棺材约有三分之二在井坑内，三分之一露在地面上。将下到坑底的棺材扶正后抽出短杠，这时有人用刀砍断了棺材上的两根宽大的竹箍。按土老师所讲，人有三魂七魄，当地老乡们认为，人死后入土，一个魂魄要先回到祖先那里去报到，另一个魂魄留下守墓，还有一个魂魄将时常飘游于阴阳之间，遇到家中有事，会经常回去看看。总之，不管到哪里，魂魄都要出入于墓茔。倘若棺材埋入地下后仍被紧紧地捆绑着，亡魂将不能动弹，因此，必须砍断竹箍。

汉族地区的很多有钱人用水泥甚至瓷砖砌成坟墓，糊得密不透风。土家不会这样做，在他们看来，亡魂是要经常出入的，每逢年节都要回家，得留下缝隙。清江土家乃至峡江地区在给打制的棺材“飨堂”（按，对棺材内壁进行装饰处理）时，会在贴底板的绸布上距离头部或脚边（按，脚边更靠近墓门）七寸半处，剪（挖）出口子，便于亡魂由此进出。土家观念与道家颇有相同之处，认为人是一股气，人死后不投胎、不转世，所以期盼的是光荣地走完人生之路，注重的是家族、民族一代接一代地薪火传递。比如上坟时不忘祭祀祖先，意在对后辈的示范作用；日常生活中频繁地“献祖”祭祀，是为了祈求祖宗保佑后代兴旺。既然亡魂不转世而在阴间生活，就要不断地给已故的祖先寄奉纸钱，这样才能让他们在阴世过得安宁幸福。灵魂不转世观念还表现在，认为人若丢了魂，可由土老师通过巫法招魂，把魂魄找回来。祖灵崇拜和祈祷祖先保佑，在土家生活中比比皆是，这与汉族以及其他一些民族具有相同之处，其不同已在第一章讲到过，在于汉族祭得远，而土家祭得勤。后世的清江土家也有相信灵魂可以投胎转世的，是受佛教观念和汉族习俗影响所致。佛教的转世观念也传入了土家地区，但道教影响更大。

一切就绪，帮忙的人开始往墓井里的棺材上盖土。黄土渐渐掩盖住黑棺，不大一会儿，已形成一个土堆。那个几十年奔波于山山岭岭、为乡亲们所熟悉的老人家，结束了他平凡的一生。老邮差的故事从此存入道子坪村人的记忆中……

太阳已升得很高，来接我的大方哥早已站在了田塍上。待我跟着他爬山回到家里，却没见到他的儿子——昨晚与我们同去1组侯家“看信”的田世宇。嫂子告诉我：世宇当天又被乡邻约到清太坪“看信”去了。孝家在清太坪镇核桃坪村，亡人是道子坪村4组向正平妻谭万英娘家的爷爷，一大早清太坪已来人“把信”，万英在村里约了16人的“看信”队伍，一行人等徒步30多公里的山路赶往孝家。因路途远，山道难行不通车，世宇他们当晚未归。

注释

1 巴东县民族事务委员会编印《巴东县民族志》，1997，第123、124页；巴东县民族事务局编印《巴东土家族》，1985，第55页。

2 巴东县民族事务局编印《巴东土家族》，第40—48页。

第五章

“打丧鼓是陪亡人玩”

——巴东野三关跳丧实录之三

图1 巴东野三关谭家坪的架子屋

转眼到了2001年初冬，11月12日，我在驻地的道子坪村4组田大方家里，得知3组向圣林的母亲黄明翠去世。向圣林的妻子叫黄志菊，两人都是第二次婚姻“合家”的。圣林原是大支坪镇白杨坪村人，合家前丧妻，因原居住地土地贫脊，生活艰难，经上门到道子坪村4组的兄弟向圣元介绍，圣林便带着老母和儿子向永华，到该村3组已丧夫的黄志菊家上门合家。志菊前夫去世后，带有一女田海兵，与圣林合家后，一家五口共同生活。在道子坪村，志菊和圣林二人被称为“好人”“老实人”，该称谓特指生存、生活能力欠缺的人，是村里的赤贫户。

早在30多年前的20世纪70年代初，我就认识志菊。那时我还是个孩子，志菊的娘家就在我父亲下放劳动的野三关石马公社全心一队，现为石马管区枫木村，与道子坪村相邻，小地名叫三斗山。当年父亲在三斗山时，曾借住在志菊叔父的家里，与志菊同一个屋场。志菊的小名叫菊娃，至今村里人都不大记得她的大名。菊娃从没有读过书，她父亲很早就去世了。在我少年时代的印象中，菊娃和她守寡的母亲及兄弟三人，不论春夏与秋冬，常待在床铺的凉席上，以破旧的棉絮遮体。几十年后我来到道子坪村做田野调查工作，当听说菊娃就嫁在该村时，曾专程去她家里看望了她。现在菊娃的婆婆病故，我理所当然要去“看信”。

3组地处道子坪村最好的区段，地势平坦，土壤肥沃，交通较为便利，又是村委会所在地，村级小公路能通到村委会院子里。菊娃家门前是一条相对开阔的山冲，冲里有潺潺的小溪和平整的良田。这里就是村人们引以为自豪的武秀才田光甲等有志青年们当年习演武功、骑马射箭的所在。

菊娃的前夫姓田，听村里人说也是个“老实人”。他们住的房子早年由集体分得，据说原是生产队准备搭建用来圈牛的牲口屋。屋内用土墙隔成两间，一间做堂屋，一间做灶屋，厕所偏屋是后来在边上就着外墙加盖的。菊娃的婆母在世时睡在灶屋里，夫妻俩和两个孩子则搭木梯上阁楼就寝。

秋冬之际，山上已经很冷了，天色也早早地黑了下来。我准备好拄路棍和手电筒，与大方哥和世宇一道出了门。

住户田大方家不通公路，无论是到集镇上还是到村子里，都得绕小路穿过一片片杉树林。走在林子里，看到一座坟墓上搁着两根大碗口粗的杉树，笔直的树干上包裹着土黄色褶皱的树皮，经风吹日晒，显得有些褪色了。我问大方哥：这砍下的树木为何不派用场，就这样丢在地里浪费掉了？他告诉我：它已经派下用场了，是去年为这墓主人出丧上山时用过的抬丧杠。我想起前次在1组送葬所见的情形，抬丧的主杠和子杠果然都还包着树皮，没有仔细修剪打磨过，当时倒没有深究这个细节，难道因为它只需要一次性使用？大方哥回答说：这是当地的一种风俗，抬丧杠确实只用一次。

在道子坪村，遇家有亲亡，孝家便砍两根自留山上的杉树做抬丧杠。亡人上山后，这木杠就丢弃在坟堆上，孝家不再作他用。如果乡邻要讨去派用场，只能有两个用途：一是拿去做养蜜蜂的蜂桶，因抬丧时人们蜂拥而至，由此希望将来蜜蜂成群飞舞，多多酿蜜；二是拿去做蒸饭的甑子，因抬丧时来的人多，人气旺，认为此木做的甑子势必好用，易来汽。两种用途都是模拟巫术的再现。

图2 巴东野三关石马管理区道子坪村3组带晒楼的土墙瓦房

道子坪村属高山地区，适宜于椿、松、柏、杉树的生长，尤其以杉树居多。杉树与椿树一样，发得快，长得直而高大，是村人生活中所用最多的木材之一。从前这里建房都是木结构，需要大量木材，从现今残存的一些老房子看，可以想见当年这里树木的茂密。无论是纯木构还是土墙屋，上梁的梁树、门窗的用料以及室内家什的选材和尺寸等，都特别讲究，俗有“头不顶柏，脚不踩核，身不困苦，床不离半，门不立刺……”等禁忌。村人们看来，柏、白同音，房梁的梁树不能用柏树，以椿树、杉树为最佳。椿树是取其枝丫繁茂意；而杉树做梁，须用一窝发出两根并且没被砍过枝杈的，也为取其吉兆，祈求人丁兴旺。脚不踩核，是缘于方言中“核”“黑”谐音，所以做地板不用核桃树。同理，身不困苦，指做床铺不用苦栗树；床不离半，指打床时的尺寸后面一律要带上半寸的尾数，如四尺二寸半等，寓意床上的夫妻相随相伴走完人生；门不立刺，指做门的木材不用刺楸树，以求与邻里的亲善和睦，原因是，倘若门上立着刺，谁也不会上门与之交往了。这些禁忌巫术，除了反映出当年对木材用料的讲究，也融入了村人们对美好生活的企盼和处理人际关系的态度。

如今林子都已分到了户，谁家的自留山，就由谁家看护。原来户主用材，可以随便伐木，高山上冬天取暖靠烤火，除了柴山上烧柴用的杂木林，可用木材也被砍伐了不少。现在村人们渐渐有了保护意识，认为得蓄留一些，否则子孙后代什么也没有了。政府也对用材实行了管制，哪怕是砍伐自留山上的木材，也得批条子（按，即经过审批）。因房屋逐步改为砖混预制结构，梁树的选取变得不像从前那么重要，也讲究不起那么多了。只有人死后的棺

图3 巴东野三关石马管理区道子坪村6组的土墙瓦屋

材用料似乎是不可或缺的。

“周岁制板，百岁作用。”这是道子坪村有关制作棺材的一种说法，意为满了周岁的孩子，就可以备制棺材板料，以待百年之后派用。且不论是否每个人一满周岁就开始准备“制板”，单是这一说法就足以说明清江土家人对生死的开明态度，这在其他地方恐怕定会被认为是不吉的诅咒，是绝对忌讳的。对棺材用料的选择，这里讲究的是“千楸万榔八百杉”，忌用松树做大料（按，棺材料），一来因为松树的材质轻泡不实，易腐；二来其深层的原因，是由于松树是孤树，按照“子孙出坟墓”（见第一章清江土家丧俗综览“下葬”）的观念，松树做棺会影响后嗣的繁衍。所以，对打制好的棺材，在进行“飨堂”处理时，有“不飨满堂”之忌，即不能将红绸布贴满整个内壁板，必须留出一两寸宽的木头边缘来，意为给儿孙们留下旺发的空间。尽管有如此多的禁忌和愿望，但而今的楸树和椰树都已难找到宏材大木了，原有的以杉树圆木组成棺木底板的做法，现在也因大圆木的短缺而无可奈何地放松了尺度。按目前的生态环境，若不实施管制，将来恐怕连薄板材都难以为继。排除道子坪村对抬丧杠用途中的巫术因素不谈，其浪费树木之举，显然是不宜提倡的。

北风呼啸开来，是一种平日在城里不曾听到过的声音，有点鬼哭狼嚎的味道，不知不觉地心里有些发怵。听大方哥说这是树林里树木被风吹动发出的声响，于是似乎有了一分安然，心想，但愿这声音能永久不息地吹动在山间。

快走到菊娃家时，隔着山冲，远远地就看见了她屋前的灯光和攒动的人影。村里人大多已认识我了，走到近前时，

图4 堂屋内的日常陈设

有乡亲站起来跟我打招呼说："您家又来'看信'哒呀！"

我们照例在门外放了鞭炮，菊娃和圣林都迎出来装烟、筛茶。菊娃抓着我的手说："这硬是横直在把您家费心哪，老人家（按，此处指她已亡故的婆母）要晓得您家来，那不是几多欢喜哟！"

菊娃和村长侯仁国是邻居，同一个屋场，仁国及妻田春燕已将堂屋、灶屋都腾出来，安置来"看信"的客人，又在屋旁的烟棚里打了一个大灶台，地上还烧了一堆煤炭火供客人夜间取暖。

丧堂已布置好，看起来也有不少的花被面祭幛，已故老人家的兄弟家里还从野三关集镇上送来了花圈。据春燕说："老人家'过身'哒，来'看信'的人还不少。圣林的兄弟就在4组的谭美菊家上门，早就去人'把信'哒，他们都来了人帮忙安置。我们这跟前的人，晓得菊娃他们两个都是'好人'，他们屋里有事，大家还不是都要来帮忙啊。"

丧鼓早已打了起来，跳"撒叶儿嗬"的是村里的一帮小青年，他们豪情满怀，说笑唱跳，所表演的套路与前次在1组所见大致相同。

堂屋虽窄小，一旁观看的田世宇、田代伟等小伙子们都跃跃欲试，他们见机而行，随时准备跳上场，挤下舞者，取而代之。掌鼓师是3组的年轻人郝诗忠，他唱道：

姐儿住在对门岩，天阴下雨你莫来。
打湿衣裳犹似可，踩出脚迹有人猜，
无印儿说出有印儿（样儿）来。

姐儿住在对门岩，天阴下雨我要来。
雨水打湿我不怕，翻穿衣裳倒趿鞋，

神仙下凡也难猜。

郝诗忠随着鼓点和唱腔变换着节奏和套路，歌声此起彼伏，跳者如醉如狂。道子坪村的老乡们告诉我：“堂屋大、场子宽的话可以四个人对跳，遇到有跳得好的人拢堆（按，聚拢），都争到上场，堂屋里实在站不下，可以到其他屋里跳，不过要把棺材前的灵牌子抱过去摆起，表示是给亡人跳的，灵牌子是个依据。人多的时候，有的还一对对排到大门外的场坝里跳。”

“撒叶儿嗬”在热烈的气氛中进行着，一茬接一茬的小伙子们争相上场。掌鼓师唱了一组被称为“相思歌”的五句子套曲，共有二十多首，内容是讲一对恋人的故事，包括男的临终前与情人的诀别，以及男的死后，女人为他送葬，回忆着他们曾经的爱恋和悲欢离合，非常感人。其中有这样的段落：

叫声情姐我的人，说你聪明又不聪明。
阎王制下三更死，谁人能留到五更，
阎王不得错拿人。

郎在说来姐在哭，你条条说的死人路。
你要死我替你死，你要生我替你生，
替死还生替情人。

初一早晨去瞧郎，郎儿病在象牙床。

图5 巴东野三关石马管理区道子坪村3组跳丧，掌鼓师郝诗忠边叫歌边舞蹈。

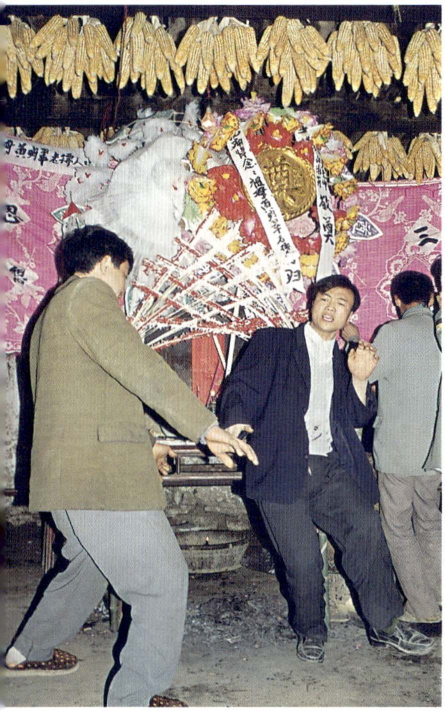

图6 《待师》

抬左腿，扬左手，是否可找到藏族锅庄的影子？

铜盆打水来洗脸，头发梳得放毫光，
打发小郎见阎王。

初二早晨去上榻，择块门板高放下。
三张烧纸塌郎脸，三根丝线缠了脚，
情哥好像已睡着。

初三早晨去打井，八把挖锄九个人。
打井的哥哥浅些打，埋人的哥哥浅些埋，
他摊到地气好转来。

初四早晨去出丧，三十二人排成行。
抬丧的哥哥慢些走，奴家脚小路难行，
一声情郎一声人。

初五早晨去看坟，出门看到放牛人。
放牛的哥哥好些走，莫等牛踩奴的新坟，
踩了新坟奴心疼。

掌鼓的歌师一连串地唱下去，可谓催人泪下，回肠荡气。

在村里老乡们看来，跳丧是为了陪伴亡人。深居高山老林里的土家，遇到家里“过事”，客人来得多，夜里没有地方睡，就聚在一起“混夜”。红事“混夜”的方式是“打香桌陪姊妹”（按，欢聚一堂唱陪姊妹歌），白事“混夜”的方式则是跳“撒叶儿嗬”。

“撒叶儿嗬”是道子坪村人生命历程中不

可或缺的内容，村里男子大都会跳。这种大众参与的土家传统丧俗仪式歌舞，虽然无须有严格的师承关系，但在千年流传中形成了诸多约定俗成的套路和规则。年长一些的舞者，比较讲究从老辈子手里传下的要领，而年轻些的小伙子们，有的也不管那么些规矩，只顾随着音乐节拍，即兴加些花样：要么觉得双手在胸前挽着不过瘾，就将两臂举过头去挽一把；要么觉得双脚在地上踏着不过瘾，就提起一只脚单腿跳一下；要么两手干脆懒得动，只叫腿脚左右上下地迈步穿插……任凭那些老辈子说他们像“狗子弹蛇蚤”，却仍是一副洋洋自得的神情。

图7 古树盘根

我站在门口欣赏了一阵，拍下几张照片，就跑到外面观察动静，想和老乡们聊聊天，看看当晚有什么新鲜事。

管事知客的人仍然是张家国，这次因在村委会的场院旁，他动用了高音喇叭，时不时地通过麦克风传达各种安排。不播音时，就播放各种音乐磁带，有邓丽君演唱的情歌《何日君再来》《相思河畔》《月亮代表我的心》，有20世纪80年代城市里流行的歌曲《我们的生活比蜜甜》《年轻的朋友来相会》，还有那首用管弦乐演奏的著名的《哀乐》。各种音乐通过高音喇叭和丧堂前的歌舞混在一起，有点不伦不类，但老乡们仍然像过节一样穿梭于场院之间，并不觉得有什么不妥。

尽管道子坪村人有引以为自豪的历史传

图8 《摇丧》

统，但当下的生活仍处于欠发达水平。据野三关镇政府经管站统计，道子坪村人均年收入2001年为1436元、2002年为1339元、2003年为1342元。按照2000年国家公布的人均年收入625元的绝对贫困线和825元的相对贫困线数据，这里的部分农户尚处在贫困生活线附近。道子坪村人以小农经济自给自足式的粮食种植为主，机械化程度低，主产玉米、土豆，经济作物主要有白肋烟，外加牲猪及田间作物大蒜、辣椒等，多因交通不便无法变卖成现金，农户的人均可支配年收入不过三四百元。村人饮山泉和井水，现半数以上用橡胶管或竹管将山泉接到水缸里，少半人户还要就近到水井里挑水食用。就生活中各种耐用品的占有率看，有彩电的人户仅占15%；没有家用电话；屈指可数的靠公路边做生意的村民，2003年才有了手机。极少数农户尚未用上电灯。家用品中只有打粮食、打猪草的干湿磨基本普及，然而某些地方又因电力不足只能适时使用。

虽然如此，村民们少有怨天尤人，他们照样以开朗的态度生活着。没有电视电话，这或许才更要跳“撒叶儿嗬”。老乡们对文化娱乐的巨大热情和强烈愿望，在情理之中。

我问家国：“这儿是什么时候兴放《哀乐》的？”他兴致高昂地回答说：“现在条件好些哒，有录音机哒，就放点音乐。说是巴东县城里‘老人’哒，兴放这个《哀乐》，后来野三关镇上‘老人’哒也有人放。我们这儿原来不兴，现在也不是都兴，有条件、有录音机和喇叭的，就放一会儿。我们这山区，条件差，赶不到城镇上，有录音机和电视的人户虽然不说是稀奇，也不顶多，老百姓都欢喜听录音机和喇叭里放的音乐，有的人一辈子没出过门，没听见过。这后乡里的农民不大开眼界，风俗习惯又落后，原来只晓得跳‘撒叶儿嗬’，不像城里人，把录音机一放，那几多好听呢！我们是这么想的，论道理嘛，这人死哒毕竟是个悲事，放点《哀乐》也可以。不过，‘撒叶儿嗬’是老辈子手里就兴的，打丧鼓是陪亡人玩，光放喇叭‘混夜’还是不行。”

家国的话似乎有些矛盾，却也道出了老乡们的矛盾心态：一方面，从老辈子手里就时兴的“撒叶儿嗬”，无疑是“混夜”的最佳方式；另一方面，按道理讲，死人毕竟是悲伤的事，现在既然有了录音机，是否也应赶上城镇上人生活的步伐？这大约就是播放《哀乐》的心态，也从一个侧面反映了后乡土家人顺应时代潮流、善于吸纳新生事物的秉性，村人常言“矫汉不蔑世，犟汉不蔑族”，告诫后辈顺时应势，正是此理。

图9 虎抱头

据我所知，巴东后乡土家族聚居区死人后播放《哀乐》的现象，除野三关镇外，其他乡镇也有，在集镇上以及在职职工中间略多一点，但并未形成习俗；在乡下，虽然也有，但很少，更说不上普遍。可以说，在更多的情况下，它是以一种新奇事物的形象出现的，甚至不乏赶时髦的因素。

巴东后乡在白喜事场合放《哀乐》，

是近些年的事。从这首著名的《哀乐》在中国大地上流行的历史看，不过才20多年的时间。录音机为家庭拥有，是在改革开放以后的20世纪80年代；而乡下农民拥有，又稍晚些年；贫困山区的少数民族农民拥有，就更晚一些。改善了生活的人们，能够随心所欲地在开放的文化市场内，买到所需的音乐磁带，因此，有寻常百姓去世，大家也各自播放《哀乐》，以寄托对亲人的哀思。

与后乡农村出现《哀乐》同时，前乡县城一带的丧俗发生了逆向的变化。当城区有人亡故时，出现了孝家请在城关打工的后乡农民到灵堂前跳“撒叶儿嗬”的现象，并用酬金表达谢忱。由此，后乡在外做工的农民也有了商品意识和文化意识，他们有的组成一个民俗传统仪式歌舞班子，白天里打工，晚上遇有丧事就去孝家帮忙跳“撒叶儿嗬”，据说他们的歌舞和踏实肯干的办事作风，常常深得孝家的喜爱，有好的口碑，因此流传开去，“业务”还颇为红火，有时甚至应接不暇，成为县城里一个新的值得关注的丧俗现象。

菊娃家请来做法事的土老师是同一管理区相邻的冉家村1组70岁的黄大林，帮手是本村2组64岁的田大鸾。打了一阵“撒叶儿嗬”后，黄师傅叫人到楼上去，通知放音乐磁带的先停下来，随后与田大鸾一道来到丧堂前，为亡人做打享荐、奠酒的小法事。事后我问黄师傅刚才为何要关掉《哀乐》，他说：“太闹人哒。那是城镇上兴的，真正我们这儿不大兴，老辈子都不兴，是现在开放哒，年轻娃儿们好玩，欢喜放哒听。”

做法事时，跳“撒叶儿嗬”的暂时停了下来，几个土老师从放在棺材旁的背篓里拿出自己的锣鼓家什，敲敲打打地唱起了《招魂》《安魂》等曲子，边拿起引魂幡在棺材上方左右拂动。跳丧的小伙子和堂前的观众觉得又神秘又好玩，都在棺材旁围观。一套法仪完毕后，跳“撒叶儿嗬”的继续进行，两者按秩序接替，互不矛盾。

不久前在1组的侯家“看信”时曾遇见的一些人，晚上也都相继来到了菊娃家“看信”，我见到了前次去过的侯家的女主人——已60岁的谭元菊。元菊告诉我，她的儿子侯群策和媳妇夏清玉也都来“看信”了。我想起了老乡们所说的“帮忙”的涵义：上次在侯家，菊娃现丈夫向圣林未成年的儿子向永华和菊娃15岁的女儿田海兵都曾帮忙打杂，虽说两个孩子都未成年，却并未闲着，忙进忙出地端茶递水，做些力所能及的事，这或许是父母对他们的要求，或许是村里长辈们给他们的指点，也或许是孩子们在成长过程中，自己对生活的一种感悟。总之，“帮忙”的风尚就这样在村落社区间，经口传身授，潜移默化，从老人到孩子，一代代沿袭着。

晚上9点多钟，一阵隆隆的马达声由远而近，一辆双排座的客货两用汽车驶进了村委会院子里，驾驶室和货厢上满满当当挤了一车人，足有好几十个，他们是从邻近的枫木村来“看信”的，是菊娃后家里来的人。我认出了菊娃的兄弟，从前不曾知道他的大名，只记得他的小名叫老羊。我一叫“老羊”，村里人都乐开了。老羊开始愣了一下，后来也认出了我，只有他的妻子有些莫名其妙。经老羊一介绍，她笑呵呵地说要接我去枫木村三斗山他们家里玩。老羊还告诉我，已把原来的老屋拆了，盖起了新房子。

张家国把高音喇叭的麦克风吹打了几下，清清嗓子，然后一遍又一遍地通知：“请刚才到的、三斗山菊娃后家里来‘看信’的客们，到旁边村长屋里去坐席！都帮忙喊一下，莫卯下（按，漏掉）客人哒！”

又是依次的流水席。坐完席，老羊约来的一班客们坐车回去了。晚上11点半，山冲尽头有星星点点的火把移动，渐渐地有锣鼓声传来，老乡们翘首远望着、议论着：“是清太坪来的，老人家（按，此处指亡者）后家屋里人！”

鞭炮在门外响了好半天，菊娃、圣林和两个孩子都在门口下跪行礼。来人进屋后在堂前叩头、烧纸，最后点燃了留在手中的一封鞭丢出门去。客人是亡者娘家的侄子、侄女等亲属，约了一班响匠来“看信”送锣鼓，一行32人，从清太坪白沙管理区的青果山村步行到此，天黑时启程，路途30多公里。

村长侯仁国和妻子田春燕都在帮忙招呼客人。厨房也是借用春燕家的，各种蒸菜扣碗分别用大小箩筛、簸箕装着，客人坐席前只要在灶门内加上木柴燃起大火，将菜碗摆进蒸笼里放在大铁锅中蒸上大汽，就可以端上桌食用了。一班接一班的客人抵达，厨房帮忙的人忙得不可开交，流水席坐了好几个小时才结束。据春燕说，为办丧事，菊娃家里也将准备喂着杀年猪的一头半大的猪给宰了。

因菊娃家窄狭，半夜过后，清太坪青果山村的客人坐完席就连夜启程返回了，留下本村组的人继续打“撒叶儿嗬”闹丧守夜。本组的村民说：“我们不光是来‘看信’的，还要‘帮忙’，要到明天天亮送亡人上山，打井、拢坟哒才得回去。”

说起“看信”与“帮忙”两者的不同，村人认为：广而言之，到孝家去，对丧事表示关心，做各种大大小小或力所能及的事，都可统称为“看信”。“看信”也是帮

图10 《哑谜子》

忙，包括步行前往奔丧、跳“撒叶儿嗬”、上人情、守夜，等等。但在丧事现场常说的“帮忙”，又主要是指出大力气干的一些过硬、扎实的活，包括厨房做饭、杂务、打井、出丧、抬丧、拢坟、砌坟等。两者相比较而言，“看信”更多是指对孝家丧事的一种关切态度，一种关心；“帮忙”却指的是在孝家所做的各种力气活。“看信”的人坐席后不等丧事办完就可以走；“帮忙”的人则要把亡人送上山后，埋葬、砌坟，直至丧事结束。亲戚们主要是“看信”，本村组的人除了“看信”之外，主要还得“帮忙”。

后半夜坐席结束了，打杂帮忙的本村组的乡邻们，有的又挤在堂前唱跳、围观，有的在灶屋和烟棚的火炉旁烤火聊天。几个中青年人开始“抬杠”（按，为某一事情争论，各自发表意见），一个说：“跳‘撒叶儿嗬’是陪亡人玩的。从前有个人，他的妇人死哒，他就在棺材旁边敲盆子，一边敲一边唱，‘清叫唤’（按，指高声叫唱）。他蛮忧伤，舍不得他的‘伙计’（按，指配偶）。不是（按，不然）现在打丧鼓怎会把鼓放到盆子里，还唱‘撒那忧子嗬’呢？”这是在讲庄子“鼓盆而歌”的故事，清江土家人爱把跳丧同这个典故联系在一起。

另一个（6组的黄治新）却大声说：“你瞎扯！是他‘伙计’偷人，他才不得伤心哩，你讲都讲不来！我听老辈子说的，最后说是把棺材都劈哒。”这显然是在东扯西拉，把曾在戏剧中表现的《大劈棺》的情节也扯了进来。

后半夜，管事的张家国略为闲了些，他关掉扩音喇叭，也来到烟棚里烤火。家国接过几个人的争论说：“打‘撒叶儿嗬’啊，要说是从古到今前传后教传下来的，我们也说不清白哒。和歌子里唱的一样，‘山中难长千年树，世上难活百岁人’，这死个人哒，横直从老辈子手里开始，就兴跳‘撒叶儿嗬’！”

说起干管事人这个行当的辛苦，家国说：“都是帮忙。我们这个山旮旯里，有事好歹是靠互相帮忙，不然光自己屋里几个人，那才叫没得法哩。”他还告诉我：“帮忙知客管事的人，在红事时有女知客，白事时只能有男知客。白事场合，妇女做事主要是在厨房里掌厨和打杂，再就是看热闹，看男人家跳‘撒叶儿嗬’，还有拉家常、玩。其他的活路（按，活计），像出丧啊、拢坟哪，那都是男人家的事，知客管事的也只能是男的。”

土老师黄大林、田大鸾得等天明后亡人下葬了才能回去，也坐在火炉旁聊天。问及他们做一场法事的收入，他们说：“现在一般‘老人’哒，我们也没像从前师傅们手里那么做。真正说像从前那时间，一做就是好几天的法事，我们现在还做不拢哒，没得人手。‘文化大革命’那些年，我们这儿也不准做，说是‘四旧’，都打灭哒。现在‘老人’哒都兴做，不过只兴招魂、安魂、奠酒、打享荐这些小法事，小打小闹的。孝家合共把个四五十块钱，有的把点烟和酒，由掌坛的人分给一起做事的帮手。不过我们都是跟前的人（按，乡邻），人家既然来接你，我们也多半是帮忙。你帮哒忙，孝家也不得忘记，横直到哒逢年过节的，杀年猪哒，就给你送只蹄子啊、打酒啊，好歹一年上头有酒喝、有猪蹄子吃就是。”

在并不富足的武陵山区，猪蹄子仍是招待上宾或有红白喜事时答谢月老娘娘、接生婆婆和土老师派用场的。有学生读书的农家，将腊猪蹄背到市镇上卖了，换来的钱交学费。轮到老乡们自己，却很少享用，它显然是乡亲们敬待贵客的美味佳肴。

丧堂门前的地上铺满了红色的鞭屑，有人说：“今天这个老人家还是得哒蛮多鞭哩，只怕要好几百块钱才买得到噢！”我注意到，凡来人都放了鞭，哪怕是本组里一个两个人来，也如此。家国解释说：“那是嘛！‘看信’要有鞭才热闹，一放鞭，管事的才晓得来人哒，就会出来迎客。‘看信’的报个人数，管事人登记下来，好安排坐席。不放鞭的，我就不晓得有客到，就会卯掉桌席。”

从现场放鞭的情况看，亲戚中，后家来人一般是放鞭最多的，主要以表示本家姑娘的后家屋里有人。出嫁的姑娘和女婿约伴往姑娘后家去奔丧“看信”，也会放很多鞭炮。据老乡们介绍，孝家各路“看信”的亲戚，平时也不得拢堆（按，聚拢），只有这时候在孝家屋场相遇，因此总有些互相比的心理，看哪个约的伴多，看哪个放的鞭多，看哪家人气最旺。

已近凌晨5点，大方哥和世宇来叫我同他们一道回去。我住的4组与3组虽是近邻，只有几里路，一路上狗却不少，我独自回去实在是有麻烦，于是打着手电，跟着他们往回赶。

第二天听说亡故的老人家出丧、下葬都安置得很好，菊娃共收了700多元的人情钱，这对于菊娃和道子坪村的老乡来说，都是一笔可观的金额。菊娃的妯娌、同住在4组的谭美菊特意带信到我住户家来对我说：“您家横直在把钱帮他们，菊娃说她总也为不到您家的情。她听到说您家要往三斗山去给老人家拢坟（按，此处指为多年前葬在枫木村的我的祖母扫墓和修缮墓茔墓碑），菊娃说，您家去的时候好歹给她把个信，好让圣林、永华他们两爷子（按，父子）去端土、砌石头，也好给您家帮点儿忙噢。”

第六章

“在我们资丘，女人也可以跳丧”

——长阳资丘跳丧实录

图1 长阳资丘的响器班子（田玉成 摄）

在1998年长阳县城龙舟坪的跳丧现场，资丘文化站站长田玉成曾以“不看太遗憾”评价过资丘、渔峡口一带的跳丧，那次我们约定，请他及时告诉我有关的信息。转眼几年过去，其间玉成曾给过我信，因在巴东的田野调查尚未结束以及其他工作的原因，均未成行。

2002年12月9日下午，我又接到了玉成的电话，得知资丘镇上有办丧事的，第二日晚是正夜。向他打听好乘车坐船的路线后，我几乎是跑步上商场，购置胶卷、电池、录音带等必需品，整装待发。

12月10日上午，我乘上了开往长阳县城的班车。到县城后转乘小“面的”到清江隔河岩坝上码头，等候开往资丘的班船。下午1点半左右，“伴峡”一号客轮启航，三个小时后始达资丘桃山码头。玉成在码头上接我，我随他到资丘文化站旁的长安旅馆落脚。

冬天昼短夜长，下午5点多钟，天已麻黑了。玉成叫来文化站搞舞蹈的辅导干部刘光菊陪我，她说晚上要看看我跳丧的舞姿，好向我学一学。我听了一愣，她却笑着说：“我知道您原来是当演员的，您莫谦虚，我真心向您学的。”我说：“不是女人不能跳丧吗？”她和玉成几乎异口同声地说：“在我们资丘，女人也可以跳丧。您等会儿看，有好多女的跳。”光菊还告诉我，她认识的几个女性朋友说好晚上都要去跳的。

我们围着火炉聊天时，听见门外不远处一阵接一阵的鞭炮轰响，我问：“这是去‘看信’的人吧？”玉成见我心急，赶紧说：“我们一吃完饭就走，蛮近，跳丧要晚上七八点钟的时候才有个看头，那一跳就是好几个小时，包你看得到。”

7点过，玉成抱起圈筒式一万响的鞭和花炮，我们三人穿过几条小巷，去孝家“看信”。临近孝家的路上，一队“看信”的人正往回走，说是人太多了，院子里挤不开，坐席的人又排着队，一时半会儿还轮不到自己名下，干脆先回去吃饱了肚子再来跳。

踩着小道上满地的鞭炮屑，已看到用红蓝相间的塑料布临时搭成的棚子，棚内喧哗的人声托起歌师的鼓点与高腔。一个专管放鞭炮的小伙子接过玉成手中的鞭和花炮放开了。听见鞭炮响，已候在棚边的孝家后人上前来落礼叩头。

孝女刘玉兰、孝婿田开金都是镇上的机关工作人员，本地人，按当地丧俗，每有客人抵达，不论来者是大人还是小孩，他们都得一一下跪叩头行礼。管事人见到来客忙吆喝着上烟、筛茶。玉成将我引见给管事人，说明了来意。资丘镇上常有县、市、省甚至中央的客人光临，镇上的人见的世面多，对我这个外来客一点也不大惊小怪，表现得大方而热情。与主人打过招呼后，我随玉成挤进了围成圈的跳丧现场。

我头一次看见十几个人同在现场跳丧。因为跳的人太多，加上孝家堂屋里地上铺着光滑的瓷砖，跳时容易打滑，所以跳丧在堂前的院子里进行，大牛皮鼓支在一个小木盆里，也移在大门外左侧的阶沿上。场坝正中有八个人成四组对舞，两旁果然有几个中青年女子跟着男子汉一起跳着。观众沿着院子边坐的坐，站的站，欣赏着歌舞。大门口及门外的阶沿上也全都站满了人，以至于堂屋内亡人的灵柩和丧堂布置被人墙遮得严严实实，站在院子里一点也看不见，若不是高悬在门楣上的黑色横幅祭幛上写着“沉痛悼念刘兴约老大人逝世”的字样，简直叫人以为是到了某个欢乐的舞会现场。

孝家所处的地点属资丘镇资丘村3组，房屋是新修的钢筋水泥结构，明四暗八的开间，两边的厢房伸出约1米多，使大门形成传统建筑撮箕形（按，俗称吞口屋）的格局，门前的台阶有二楼的预制板遮雨，外墙贴着白色的条形瓷砖。大门上是一副挽联，白纸黑字，上联为“生侍之以礼老翁含笑归紫府”，下联为“死葬之以礼哲嗣忍悲在灵堂”，横额是“孝堂祭奠”。书写挽联的是镇上颇有名气的年轻小伙子覃远新，他对我说，孝女刘玉兰不是刘兴约老人亲生的女儿，这副挽联用“哲嗣”一词，是为了赞扬孝女、孝婿等后人们的孝行。玉兰告诉我：老人本是她的姑父，因姑姑、姑父无生养，她7岁时被过继给二老，已共同生活了几十年。老人今年73岁，是顺头路，生养死葬是应尽的职责。

我挤过人墙来到灵堂前，地板砖上铺着一大块棕垫。棺材垂直于大门停放在堂屋正中，与先前所见停丧基本相同。也有与巴东杨柳池柳家村和野三关道子坪村所见的丧堂布置明显的不同处：堂屋中央墙壁上是一幅大型风景画，没有神龛位，因此没有以簸箕掩盖。棺材的大小两头都用桌子支着，大头靠风景画的一边，是一个矩形桌面的书桌，并不是用两条长凳叠架的，棺材大头也没有紧靠墙壁，而是留出可供人走的过道。这一来因为房屋宽敞，能够支下宽大的书桌；二来长条凳可腾出给众多的客人们就座；更主要的是，留出的过道是为了来客们给亡人“送锣鼓”时，响器班子的师傅们要绕棺转上一圈，得由此走过，当敲敲打打的鼓乐和长喇叭队环绕于此，书桌就显得比两条相叠的长凳要牢实得多，不至于绊倒架起的棺材。棺材的小头依然是用方桌

图2　长阳资丘跳丧“送锣鼓”

响匠师傅们先依次绕棺一周，最后两支长喇叭朝灵柩齐鸣。

您汁意到了这里灵堂布置的细微变化吗——“岁竹”苗和灵牌全为白色，门外挽联是黑白两色。

支起，方桌两旁的桌腿上绑着两根竹筒，里面按亡者的寿数共插了73根“岁竹”签。不一样的是，“岁竹”签上缠绕的纸花全用白色，而不是像此前所见的“岁竹”都是红白相间的彩色。桌前的升子里插着亡者的灵位，也是用白色皮纸做成的，与前所见过的一律用大红色做的灵牌全然不同。在巴东，即使亡者尚有父母健在，也用红色做灵牌，只不过在红色牌位上沿或中间要留出一道白边，以示为健在的父母戴孝。这里的白色灵位上写着“三魂渺渺归紫府，七魄悠悠入莲邦。堂上西逝恩深岳考刘兴约老大人之灵位”。灵位左侧供着老人的彩色遗像，黑色的棺材上罩有红丝绒的棺罩，这在巴东后乡农家都是稀罕的。堂屋顶上悬挂着来客们奉送的棉被、床罩等床上用品，写着“奠”字，都连同包装袋挂着，没有展开。桌子下面放着一沓沓黄火纸，但没有像巴东后乡那样打钱凿印。桌子一角放着一打新毛巾，是随时准备打发（按，奉送）帮忙的人包括跳丧的人擦汗用的。桌子下

图3 因来客多，跳丧延至大门外的场院里。场子虽大，仍是每两人一组对舞。

图4 “隔河啊望见，幺啊幺姑姐呀喂……”

摆放着一口给亡人烧纸用的大铁锅，而不是直接在地上烧，这比在巴东后乡的农家显得文明而讲究。桌上和棺材下依然点着长明灯。紧挨灵堂右侧的屋子里和场院外，并排摆放着花圈。凡孝家后人，手臂上都戴着祭奠亡人的黑袖圈。

从丧堂的布置和陈设看，与清江中游的巴东后乡相比，已有明显的文化差异。资丘镇所在地是集镇的政治文化中心，与乡下地道的农家相比，生活水准和城镇化程度高一些，接受外来文化也多一些。现资丘镇是清江隔河岩工程蓄水淹没后移民重建的，既有原住民，也有迁入户，地理位置比中游的巴东后乡更靠近清江下游，丧俗细节的各个方面自然就有所不同。比如土家把家神神位看得很重，每有亲亡，停丧时必须将神位以簸箕掩盖，即使有些农家并没有设置或供奉神位，只在神位处贴着招贴画或领袖人物像，但就在这设置神龛的位置，也必须盖上簸箕，并且出丧时要将簸箕拿下扔向院外，以免亡魂冲撞了家神。然而上述丧堂布置中，已没有了这个环节。再从丧堂的色调来看，红色淡出，以黑白为基调。如：同是灵牌和岁竹，巴东后乡的灵牌全用红色，甚至连挽联都是大红，岁竹为红、白彩色；资丘的灵牌和岁竹全用白色，挽联、横幅为黑白两色。另外，我在巴东后乡农家曾亲历的丧事现场中，没见孝子们披长麻戴白色长孝巾，有的只在衣服纽扣处系着几条不怎么显眼的细短白线，那是从捆着亡人双脚的“绊脚索”上剪下来的线头，意味着亡故的先辈与后人的上下传承。除此之外，在乡间农家，孝子的服饰没有什么明显特征，外观上甚至看不出谁是孝子，仅在野三关集镇上的电站里见过孝子戴黑袖圈和丧堂门外黑白基调的挽联。而这里的孝家后人一律戴着黑袖圈。相比之下，资丘的丧事气氛显得浓厚一些，汉族文化色彩渐重。还有，“送锣鼓”本是土家地区乡亲们往孝家“看信”时的特色礼节，而资丘的鼓乐队“送锣鼓”时，进得灵堂后依次绕棺转上一圈，停丧也因此在棺材大头边留出过道，这已多少有了一点附近汉区转丧和“打绕棺”的味道。给亡人奉寄的纸钱，也不像在巴东后乡见到的那样繁琐，一定要用特制的铁凿子打成钱印才认为有效。在这里，黄火纸的纸钱都是平面的，据说每一沓只用人民币在上面按一下，就表示是可在阴间有效使用的冥钱了。至于巴东后乡农家跳丧现场未曾见过的丝绒棺罩、彩色遗像等，则说明资丘集镇上的生活水平高于乡下，因此送给帮忙者的毛巾也多，甚至上人情钱的额度也远远大于巴东杨柳池柳家村和野三关乡下的道子坪村，以50元、100元为多。用铁锅装着焚烧纸钱的灰烬，说明在环境卫生方面也显得较乡下进步。门口的棕垫子，既防滑，又能保护地面瓷砖，还能供焚香、烧纸的人下跪叩头，这些在之前的跳丧现场都是没有见过的。

灵堂内四周没有围着坐人，一侧的门通往左厢房，房里堆着办丧事所需的各种用品，有人在此负责写人情账；

另一侧的门通右厢房，房屋内除四周摆着花圈外，还有一些客人坐在中间守丧聊天；绝大多数人此时都集中在院子里看跳丧。

场坝里的跳丧者多在八人以上，有时达到十几人共舞。虽是两人一组，但组与组又不是全然不相干的，会交替穿插，使得队形忽而两纵队，忽而变为横列，忽而又站成圆圈。对舞的一组两人，成一个整体，或面对，或背靠，或侧插，聚散得当，开合相宜。

资丘跳丧以《四大步》为主。《四大步》即巴东野三关所说的《待师》和杨柳池所说的《打架子》，这是跳丧舞的基本套路，为6/8拍子带切分音的节奏。所谓《四大步》，并非简单的一拍一步，四拍跳四步，而是每一步用三拍，或每三拍走一步。三拍的具体分配，即前所述的“一拍两颤”，走一步颤两下。在一个六拍子中，可分为两个三拍，即可走两大步，这样两个六拍子则可走完四个大步，那么四个大步实际共用了十二个节拍，占两个6/8拍。换句话说，《四大步》是在两个6/8拍子当中，走四个“一步两颤”的舞步。再来看看歌师的演唱：每一个七言的句子恰恰需要用两个6/8拍，那么一句歌词或一个乐句唱完，正好是四大步。（见曲谱十四）

图5 《四大步》

《四大步》无疑是“撒叶儿嗬”的核心和精彩舞段。6/8拍子带切分音的节奏在民间歌舞音乐中之罕见，正是“撒叶儿嗬”独特律动的魅力所在，它不同于一般的群众歌舞，其节拍的强弱打破了常人行进和跃动的惯性，使之与祖先巴人的歌舞有着深刻渊源，由男子跳唱的歌舞（按，女子跳丧是新近的变异，详见后文）并不是在简单的、如进行曲速度的音乐节奏中踏步，而是选用独特的节奏型，使歌舞刚柔相济，让人觉得看似简单，却又并不容易掌握。

跳《四大步》时，歌师击鼓领唱，舞者齐声高歌以和。所唱歌词为七言句式，但中间随意加入了许多衬词。声腔分为高腔和平腔，音乐是在当地山、民歌基础上形成的，演唱时歌师根据各自嗓音条件依字行腔，主旋律大同小异，装饰音各自发挥，使演唱多样化。

身为文化站长的田玉成，是个擅长歌舞的土家汉，他接过鼓槌叫起歌来：

五句子歌我起头，撞杠（按，榨油坊里用来打榨的木杠）不响不流油。

芝麻打油换菜籽，菜籽打油姐梳头，

不风流来也风流。

（曲谱十四：《四大步·五句子歌我起头》）

长阳资丘的歌师叫歌，与巴东后乡的叫法在声腔、节奏方面都大体相同，又同中见异。同者叫歌主腔都是6/8拍子带切分音节奏，声腔高亢；异者演唱方式有差别：巴东的叫唱，歌师擅长以小嗓运腔，轻巧灵活，其弱拍上的颤音很有特色，而长阳资丘歌师不强调颤音，或不明显。另外，《四大步》叫歌与舞者的接歌合唱，其交替方式与巴东《待师》也略有不同，巴东叫歌为隔句交替滚动（见第四章巴东野三关道子坪村五句子歌“板栗开花一条线”），长阳资丘则是每隔两句交替滚动，即领单（奇）

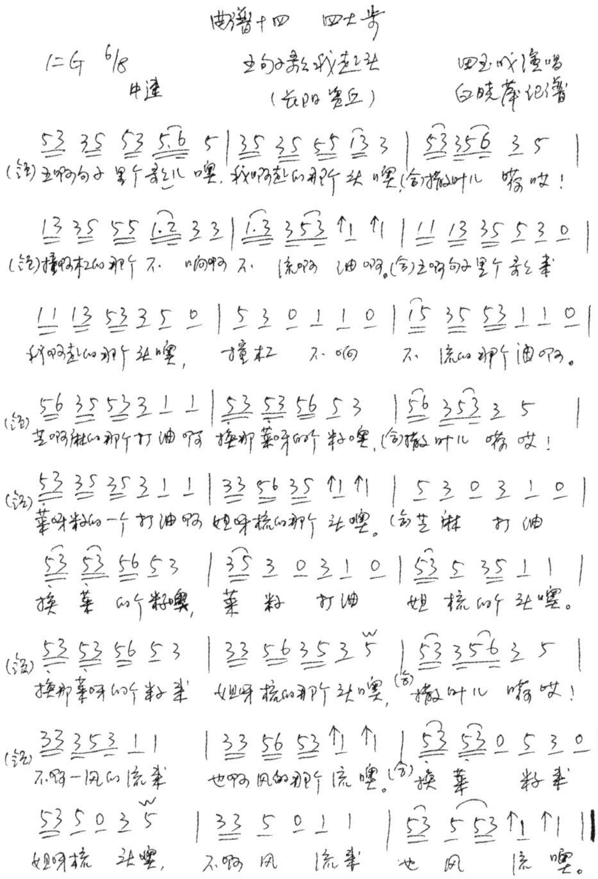

句时，合“撒叶儿嗬”，领双（偶）句时，合前两句，依次类推。以上一首歌词为例，领唱与合唱的顺序为：

（领）五句子歌我起头，

（合）撒叶儿嗬哎，撒叶儿嗬啊，

（领）撞杠不响不流油。

（合）五句子歌我起头，撞杠不响不流油。

（领）芝麻打油换菜籽，

（合）撒叶儿嗬哎，撒叶儿嗬啊，
（领）菜籽打油姐梳头。
（合）芝麻打油换菜籽，菜籽打油姐梳头。
（领）换菜籽来姐梳头，
（合）撒叶儿嗬哎，撒叶儿嗬啊，
（领）不风流来也风流。
（合）换菜籽来姐梳头，不风流来也风流。

玉成一口气唱了好多歌，都是五句子情歌。其中有——

好花开在高山冲，好姐站在人当中。
看到好花捞不到，看到好姐拢不得身，
把郎羡成相思病。

图6 凤凰闪翅

昨夜与姐同过桥，伸手捡个纸核桃（按，不是纸做的核桃，而是壳如纸薄，容易剥开的核桃）。

剥开核桃四瓣米，壳壳儿落地两把瓢，

情哥哥说话不牢靠。

大麦黄来小麦青，如今的姐儿无良心。

白日唬（按，哄骗）起我沿山跑，黑哒唬起我阳沟里蹲（按，方言念作zhuāi），

夜蚊子咬起疙瘩来。

高山高岭搭个棚，打把剪子学裁缝。

青蓝白布拿来剪，绫罗绸缎拿来裁，

裁个弯弯儿姐做鞋（按，方言念作hái）。

远望姐儿一脸白，眉毛弯弯眼睛黑（按，方言念作hé）。

眉毛弯弯好饮酒，眼睛黑来好贪色，

夜哒无郎睡不得。

53岁的覃好群嗓音明亮，乐感特别好，他接过玉成手中的鼓槌唱道：

师傅打鼓我来接，一人难挑这一歇（按，一歇，指时间较长，相当于好一阵子）。

两句连接转换之后，他也唱起了五句子歌——

五句子歌才起头，堂屋里灯盏干了油。

郎有意来添一根草，姐有心来上一灯油，

免得一心挂两头。

图7 您可否听见了猛虎下山的虎啸？

图8 《滚身子》

图9 “趴脚软手难爬坡”

昨夜与姐同过坪，风又吹来雨又淋。
风又吹来撑不起伞，雨又淋来交不得情，
人不坑人天坑人。

挨姐儿坐来对姐儿说，问姐许我不许我？
许配我来早点儿许，许不得我来早点儿说，
我在别处好落脚。

停当些打来好生些跳，莫把脚步儿走错了。
走错哒脚步有人吼，叫错哒号儿有人说，
好汉落得人指戳。

这后一首的意思说明，跳丧是有个高下之分的，丧鼓场上可以比试舞艺歌才，所以还得讲究个跳得好、唱得好的好名声。

覃好群才唱了几首，鼓槌就被年轻的覃远新接了过去。远新34岁，不但写一手好字卖得成钱，琴棋书画样样精通，是资丘一带难得的优秀青年民间艺人。镇上无论谁家遇有红白喜事，都少不得要请他，从场所布置到挽联撰写，以及鼓乐演奏等等，都由他负责包揽。当晚，远新又带了16人的鼓乐班子来为孝家张罗丧事，在本职工作之外，他也即兴叫起歌来：

这个号儿要改节，改节要跳风夹雪。
风夹雪，雪夹风，跳丧来个虎抱头……

远新一叫“虎抱头”，跳的人双双举起手臂，与对舞者侧身相靠，作老虎抱头嬉戏的动态；又叫唱一声“凤凰展翅”，舞者立即伸展双臂，作展翅欲飞状。这个段落可任由掌鼓者即兴叫唱，舞者随之做出相应的动作，主要是模仿动物的各种姿态。因现场人太多，跳不开，只玩了两种姿势就作罢了。

远新唱“虎抱头”时，改六拍子节奏为二拍子，旋律也由《四大步》变化为《幺女儿嗬》，唱为“虎抱哎头噢，和一个幺女儿嗬也”，接下去又穿插《幺姑姐》。远新告诉我，这三个曲牌套路通常是连起来唱的。（见曲谱十五）

唱《幺姑姐》时，每两个人一组站成许多组，两人面对面，双手朝外绕圈挽花下蹲，动作跳跃、活泼，口唱“幺啊幺姑姐哟喂”，反复多次。观众中没能上场的人，

曲谱十五 风夹雪 幺妹嗬 幺姑姐

1=♭B 中速

（长阳 资丘）

覃远新 演唱
向晓萍 记谱

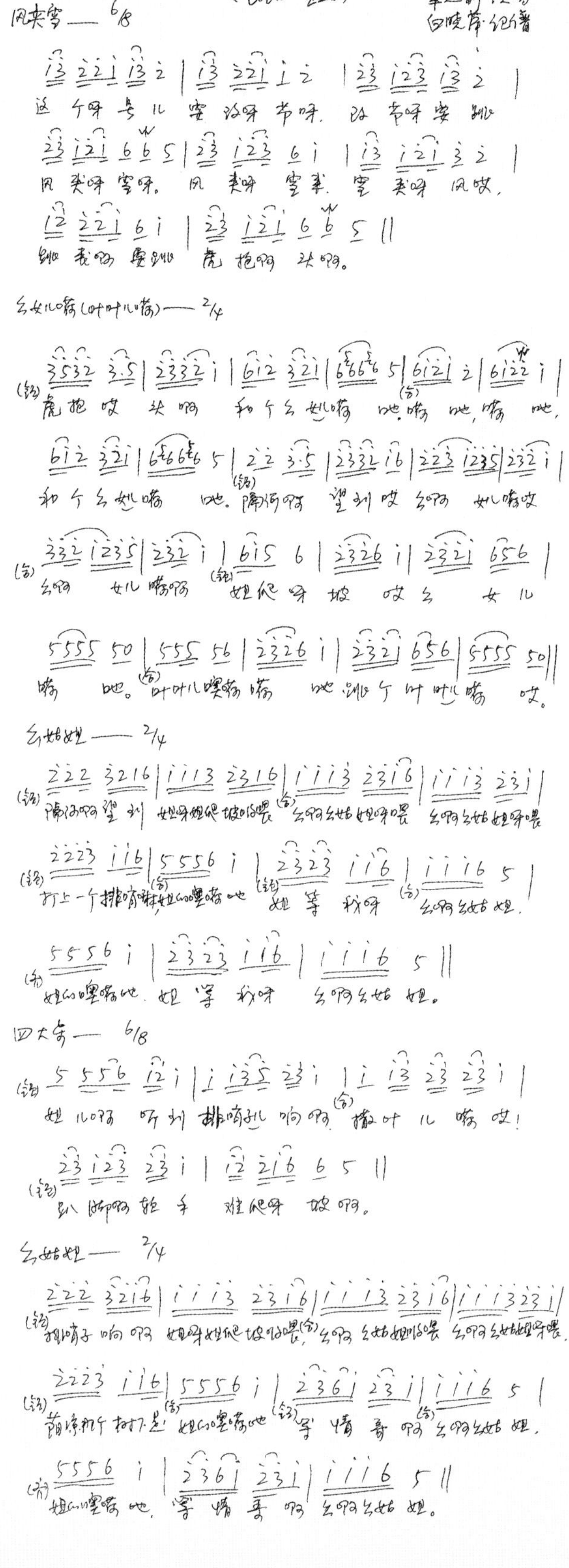

也禁不住高声参与合唱。长阳的《幺女儿嗬》曲谱演唱和舞蹈跳法与巴东大为不同（见第三章野三关跳丧曲谱六）：巴东《幺女儿嗬》节奏舒缓，曲调抒情而动听；长阳《幺女儿嗬》与《幺姑姐》两曲相连，富有变化，中速稍快，节奏跳跃分明。

在小快板的《幺姑姐》中，远新又自然地闪回到六拍子的《四大步》，最后再跃至轻巧的《幺姑姐》（见曲谱十五），融入五句子歌词：

隔河望到姐爬坡，打个排哨姐等我。

姐儿听到排哨响，趴脚软手难爬坡（按，“趴”属方言，与“软”同义，“趴脚软手”指四肢酥软无力），

荫凉树下等情哥。

图10 《风夹雪》

接着远新叫歌的是50岁的田开胜，他声音厚实宏亮，唱道：

把人换来把人换，一人难挑千斤担。

昨日与姐同过河，郎骑马儿姐骑骡。
郎在马上喊情姐，姐在骡上喊情哥，
相思树下情意合。

田开胜还没过足瘾，鼓槌又被张言科接了过去。场上掌鼓叫歌的歌师替换得非常频繁，大家争先恐后地一展歌喉，推动了院子里舞蹈者高涨的情绪。张言科55岁，是镇上农业银行的主任，也是个爱掌鼓叫歌的热心人。他先来了两句承上启下的开场白：

图11 《四大步》

改节改节要改节，改节再把五句子接。

昨日与姐同过街，郎卖簸箕姐卖筛。
郎卖簸箕簸两簸，姐卖筛子筛两筛，
二人姻缘团拢来。

高山顶上一树花，花树脚下好人家。
哥哥出门骑白马，嫂嫂出门戴鲜花，
那是天下头一家。

这个号儿我丢开去，再把个日古子歌带起（按，日古子，方言指不登大雅之堂的内容，在跳丧唱词里，主要指带姐带郎的情歌和与性相关的歌）。

…………

竹叶青，高粱红，刘备做官家里穷。
千里做官只为张嘴，万里做官不为财，
山伯只为祝英台。

郎害相思要吃药，要奴的头发冲酒喝。
你要头发我给你剪，你要心肝我给你割，
只要你病好记得我。

隔壁的大姐会做鞋，勾针针去哒煞针针来。
勾针针勾哒郎的心，煞针针扎哒郎的人，
把人羡哒心里疼。

接替张言科的是30多岁的刘光泉，他是从后山的乡下来“看信”的，他演唱用的是平腔，音乐旋律与镇上前几

图12 在资丘，女人既可以在一旁观看，还可以上场跳丧。她们跳丧时不仅可以穿戴红艳，笑得也是那样开心。

位歌师有所不同，表现为叫的成分轻，唱的成分重，旋律跨度较大（见曲谱十六）。

不同的演唱曲调丰富了资丘跳丧的样式，但并不影响舞者的步伐，因为其歌调的节奏仍是那不变而迷人的6/8拍子，这就使得跳丧既保持一脉相承的传统，又允许地域差别的存在，演唱中可充分发挥歌师的个性，不至于机械呆板。来自十里八乡不同地点的乡亲，也不会为音乐上的差异所限制或走乱了舞步，他们只管跟随歌师的领唱而和之，不同的旋律更能刺激新鲜的感受，带来亢奋和激情。从这个意义上讲，丧鼓场不但是个比舞赛歌的竞技场，也是人们培养民间文学才能和习得人生礼仪的学堂。

音乐不同，唱法不同，但所唱内容却仍是五句子歌。五句子歌是土家的情歌，在丧鼓场上通宵达旦地唱情歌，清江土家是唯一的。这似乎不合常理，但土家汉子就这么古往今来地唱着——“丧鼓场上有些窍，不带姐郎不热闹”“这个号儿丢开去，再把日古子歌带起”。

接槌领鼓的刘光泉一下唱了十几首五句子情歌，跳舞的人听见歌词内容时，常大笑不止，有的甚至笑得捧腹而无法迈动舞步，不得不被其他舞者挤下场去。这里将歌师所唱歌词摘录部分于此，对未到现场的人了解跳丧之夜活动的大致内容和情形，进而探析土家人豁达的生死观念，或许会有些帮助。

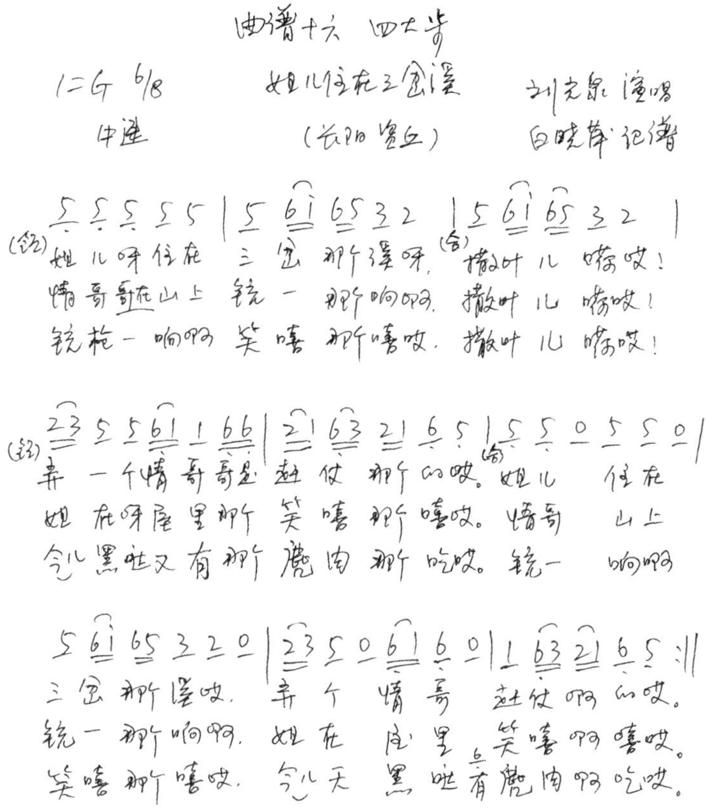

姐儿住在三岔溪，弄一个情哥哥是赶仗的。
情哥哥山上铳一响，姐儿在屋里笑嘻嘻，
今黑哒又有麂肉吃（按，吃，方言念作qí）。

（曲谱十六：《四大步·姐儿住在三岔溪》）

姐儿住在三岔溪，弄一个情哥哥是劁猪的。
情哥哥山上牛角喊，姐儿在屋里笑嘻嘻，
今黑哒又有猪尾巴吃。

图13 边跳边切磋技艺

高山顶上一树棕，棕树底下望野老公。
娘问女娃你望什么，我看棕树有几匹棕，
差点说成望野老公。

老鸦子哇来阳雀喊，玩姐儿就是头一回难。
心里好像打战鼓，脸上好像火烧炭，
好像坐船下陡坎。

想起来，想起来，想起情姐做的鞋。
前后扎的是芝麻底儿，中间绘的是万字伞，
真正醉在郎的心肝。

这山望见那山高，望见姐儿薅茅草。
割草还要刀儿快，玩姐儿还要嘴巴乖，
站到要说哒睡下来。

田家佑是个62岁的老人，一直被一群男女青年围在院子中间，边跳边作现场指导。他满脸汗水，早已脱下了棉衣，此时他站在门前的阶沿上，接着刘光泉唱了几段五句子歌：

情哥哥他说今黑哒来，我把挂起的腊肉煨一块。
他吃不得肥的吃精的，吃不得精的喝一点儿汤，
免得玩耍时心里慌。

昨夜与姐同过峡，一对公鸭赶母鸭。
公鸭赶哒喳起个嘴，母鸭赶哒嘴喳喳，
八十岁的老头也贪花。

田老满嘴已没有几颗牙齿，他一开口唱五句子情歌，把在场的年轻人都笑弯了腰，他却一脸的认真劲儿，时而敲鼓面，时而击鼓边，一首接一首，毫不含糊。

当晚还有田玉柱、田开振、田林山等先后掌鼓叫歌。玉成对我说：“今儿黑哒叫歌的，那都是些师傅呢，是资丘一带唱得好的人，他们看见你在录音，那唱不好的都没敢上场。”这十几位歌师轮流替换，各显其能，扬己所长，把个丧鼓场变成了赛歌的擂台、欢乐的歌舞场。

从歌师傅们所唱歌曲的内容来看，几乎全是五句子情歌。丧鼓场上唱五句子情歌，本是土家跳丧的一大特色，在清江土家的其他地方也不鲜见，但此前一般的说法是：丧鼓打到半夜过，才开始唱“带姐带郎”的五句子歌。没想到当晚资丘的跳丧，从天黑唱到天明，都是五句子情歌。那么五句子情歌在丧鼓场上具有怎样的功能呢？对孝家有着什么样的作用呢？

清江土家人对生死的通达态度是于世罕见的，在他们看来，老人辞世，是“顺头路”，是“白喜事”，因而有“高高兴兴办丧事，欢欢喜喜送亡人”之说。不但要“高高兴兴”，而且要“欢欢喜喜”“热热闹闹”。越是热闹，孝家后人才越是感到对得起亡人；来客越是跳唱得尽兴，才越是感到能安慰孝家。如何才能达到丧事“喜”办的效果呢？最好的办法当然是唱情歌。只有情歌是最让人快乐的，想到美好的情感，想到不易的生命，想到火热而幸福的生活，就会将

图14 满嘴已没有了牙齿的田家佑老汉在跳丧现场放声高歌，瞧他唱得多有激情、多陶醉！

图15 《幺姑姐》

悲伤抛却脑后，就会乐起来！

通过唱情歌来打破悲切的气氛，安慰孝家，鼓舞起生活的信心，这是一种独到的风俗观念，它反映的是土家人强烈的生命愿望。

藏缅语族中的其他一些民族，也有在人死后跳丧的，但都不同于清江土家跳丧，多为土老师担任，或跳的目的是为了赶鬼，气氛肃穆阴沉。土家族跳丧与之相比，既不赶鬼，又不媚神，而重在娱人，因而有广泛的群众参与。

清江土家跳丧所涉及男女情事的“风流”歌，有一点需要说明的是：它是在丧鼓场上的大庭广众之前公开演唱的，其目的是为了使孝家高兴，使大家愉快，并不是偷偷摸摸或私底下的所为，不是只为了男女二人自己的欢悦，这样，制造欢乐的气氛就成为顺理成章、自然而然的了。

同时，唱情歌还能对跳丧者起到调节情绪的作用。通宵达旦地舞蹈，人的体力消耗是很大的。到后半夜，人已精疲力竭，神情困乏，体力不支，因此到孝家跳丧也被视为“帮忙”，指的就是体力的资助，它可以等同于上人情、送物品，所以才有那一句著名的俗话——“打不起豆腐送不起情，跳一夜丧鼓送人情”。人困倦时唱情歌，用老乡们的话说，叫作“风流歌可以赶瞌睡”。再者，在山大路险的土家地区，乡亲们大老远地跑来“看信”，“铺睡”（按，床铺）不够，必须有颇具吸引力的方式留住客人，这也是一种实际的需要。话说回来，有这种实际需要的山地民族何止土家一个，但唯有清江土家采取如此奇特的方式，只能证明清江土家人风俗观念有别于他人的不同之处了。

由此可见，跳丧时唱情歌，首先是对孝家的安慰，同时是对跳丧者情绪的调节，又能起到挽留客人的作用。简言之，以通脱的观念，营造欢乐的气氛，体现真正的人性，张扬生活的信心，这应是其功能所在。

为了达到欢欢喜喜陪亡人的目的，资丘的跳丧甚至还打破千年禁忌，允许女人在堂前共舞。此外，对作为丧事主题的《哭丧》，巴东后乡把握的原则是：一夜最多唱两次，而且是以诙谐乃至滑稽的方式唱《哭丧》调，一旦

图16 “隔河望见姐爬坡，打个排哨姐等我”

调动起孝家的悲伤情绪时，领鼓者又要掌握尺度，赶紧调转歌头，以伶俐的口齿、风趣的说唱，设法让孝家破涕为笑。其原因无非是，一旦真正哭起来，就不欢乐了。而在资丘，甚至已没有正经在场上唱《哭丧》，以下将讲到，只有一人在凌晨4时许，为减少体力消耗，提起想跳慢一点，请掌鼓师来一段《哭丧》，但最终也没跳拢。当晚的

图17 “脚下踩的升子底”

跳丧，已基本上省略了《哭丧》这个环节。

资丘的跳丧，从以上所述大量的五句子歌中，已能看到其演唱内容和形式方面的特点。

在舞蹈动作方面的特点，则主要是跳《四大步》。长阳资丘的《四大步》，巴东叫《待师》，五峰叫《升子底》，说法有异，但实质相同，都是指跳丧的基本套路或核心舞段，它是整个清江土家跳丧舞异中有同的所在。只不过在资丘，《四大步》跳得更多。据玉成讲：这是因为现场想学跳丧的人多，一跳花样，学的人就跳不好了，为了让大家都能上场尽兴，掌鼓的师傅多是叫唱《四大步》的节奏。如果到了资丘以上的黄柏山和渔峡口，情况就不一样了，各种风格样式要丰富得多。

资丘跳丧的《四大步》，其特点在于步伐的内在韵律和力度强，身体的含胸、摆胯、曲膝、下蹲，各个动作都讲究到位。比较而言，巴东野三关及后乡的“撒叶儿嗬”，舞蹈动作“颤膝”的特色浓重，表现为摆中有颤、颤中有摆。摆时的颤膝动作，使舞态显出飘忽、秀气、逍遥的感觉。资丘跳丧则更注重“摆胯”。摆胯时，强调腰部支撑点的内在控制力，腰、胯、臀不是松弛的三道弯，而是腰、臀到肩背整体地左右摆动，并且摆时手脚顺边，与迪斯科舞臀部和腰部的左右扭动不一样。因此，从舞蹈的风格看，如果巴东野三关的《待师》用柔美优雅来形容，那么长阳资丘的《四大步》就更讲求男子舞蹈的力量美，处处透出阳刚气，舞姿表现得坚实稳健，尽显雄浑威武之风。

除了《四大步》之外，资丘跳丧还有《滚身子》、《风夹雪》、《幺女儿嗬》（又叫《叶叶儿嗬》）、《幺姑姐》等各种。

图18 犀牛望月

《滚身子》的节奏与《四大步》相同，按玉成的解释："跳的时候按《四大步》的舞蹈步伐，跳一半，滚一半"，即跳《四大步》时，舞蹈者要车身（按，转动身体）转一圈；而《滚身子》则不车身，跳两步时就二人以背相靠，滚动一下身子再倒退回来，所以通常又叫作"倒叉子带滚身子"。其领唱与接歌的交替方式也与《四大步》略有不同，不是前述的隔两句交替，而是同第四章所记巴东野三关道子坪村一样，每隔一句即交替叫、接滚动。

《风夹雪》的跳法已在上文覃远新叫歌时提到，通常是《四大步》连《幺女儿嗬》再连《幺姑姐》，有点三合一的味道。其特点一是6/8拍子与2/4拍子交叉混合，歌者与舞者的唱和配合默契，表现为节奏圆润过渡，绝不乱套；二是在《幺女儿嗬》中，舞者在领鼓人歌唱的提示要求下，做各种逗趣的动作，以模仿动物为多，形象生动活泼，模拟性强，但节奏不要求规整，只要在一个乐句中完成所做动作即可。模仿动物的动作通常有：虎抱头、狗连裆、凤凰展翅、犀牛望月、猴儿扒岩、蛤蟆晒肚等等。

从参加跳丧者的身份特点看，此前所见跳丧的人，都是土家村寨里的农民老乡，少有公职人员参加，干部跳丧的更是鲜见。而在资丘，不但有山里来"看信"的农民老乡和镇上的居民跳，各企事业单位的工作人员、机关里的公务员以及乡镇上的干部们，都会跳丧或愿意参加跳丧，且兴趣特浓。其中，若论掌鼓、跳丧的技能，不乏佼佼者。比如前面写到的掌鼓师田玉成、覃好群、张言科、田开胜等，还有跳得好的如田弟成、向宗铸、田继乔、吕正禄等，他们都是公职人员，还分别担任着移民局长、移民办主任、经贸办主任、农行主任、商场经理等职，他们在跳丧歌舞中都有出色的表现。

我此前到过的巴东野三关，在清江流域的地理位置居于资丘上游，按理说，它离下游较发达地区的位置更远一些，传统文化生态应该更原始一些；同时，野三关集镇也比资丘要大得多，镇上的企事业单位相应也就多一些，工作人员也大多为当地人，若按比例算，会跳丧者应该不在少数。但那里在企事业单位里工作的人员都不大跳丧，镇上干部更不大跳，多是农民和集镇居民参加跳丧。这恐怕与几十年前认为跳丧是“封建陋习”而予以禁止的那段历史有关。资丘本来也有类似情况或相同的历史阶段，但改革开放以后，尤其是近些年清江旅游开发以来，去资丘的旅游者多，乡镇干部的观念转变得快。另外，据玉成说，常有各级各地的人士和电视台记者到此采访录像，需要演示跳丧，而往往一时又叫不上那么多的人，到乡下找农民既费时间又不容易，这种实际需要也激发了镇上干部们学跳丧的热情，这大概也是资丘镇上一有跳丧的机会，跳者就特别踊跃的原因吧。

从伴奏乐器的特点看，置于木盆里的大牛皮鼓，是资丘跳丧唯一的伴奏乐器。巴东野三关流行的《燕儿衔泥》《耍五巾》《长声号子》这一套组合，资丘跳丧中都不兴，因此就不用锣，也不用别的道具。据说唱《哑谜子》时，兴用竹棍敲击节奏助兴，属资丘《哑谜子》有别于巴东的特色。击打竹节伴奏，这令人想起巴人齐唱《竹枝

图19 红白喜事“上人情”，有专人“写账”，体现邻里间的礼尚往来和互帮互助。

歌》的场面。但当晚资丘的歌师只试着唱了两句，因舞者没有准备好竹棍，就作罢了。

资丘跳丧还有一个最大的特点，那就是女人跳丧。土家族自古有女人不跳丧的禁忌，俗称：“男人跳丧，越跳越旺；女人跳丧，家破人亡。”对于这种说法，很多人按照封建社会歧视女人的理论，简单地加以解释，认为女人到孝家堂前跳丧，会带来晦气，不吉利，要走背时运，等等。在我看来，这些说法是想当然的、武断的。女人不跳丧与土家历史有关。然而上述“歧视女人”的观点很容易蒙蔽人，常成为通行的说法而流传。现今这些习俗和说法仍存在于清江土家地区，以我个人的愚见，尽管土家族文化受到汉族文化很深的影响，有些甚至于难以分辨你我，但这并不能掩盖土家人生命意识中的独到之处，因而不能简单地加以界定。

我以为，资丘的女人跳丧现象，显然是近些年出现的。原因是到目前为止，资丘附近的乡下，仍然恪守着传统的“女人不跳丧”的禁忌。在所调查的其他兴跳丧的地区，也是如此。这说明了女人跳丧是跳丧习俗在历史进程中的变异。至于女子不跳丧的习俗何以与土家历史有关联，而不能简单地以“封建”等观点论之，这将在本书最后的部分“感悟”之四“跳丧的源流”中细论。

在调查访问中，也听说在“几十年前就有女人跳丧”，但“不多”，这说明女人跳丧几十年前有可能出现过，然而仍不是普遍性的。我在巴东野三关考察时，听石马会喊山歌的民间女艺人田丛花说，她曾应孝家之邀打过丧鼓，这仍属于特例。另外，还有一种说法：若女儿在婆家不明不白地死了，娘家屋里人要上门去讨个说法，为了报复婆家可能对女儿的虐待，娘家人会带女人上门去为女儿跳丧，“好把婆家屋里跳垮”。这同样说明，女人跳丧是不多见的。

那么，资丘的女子跳丧，说明了资丘镇跳丧观念的开放，孝家思想的开明。因为，按现时的观点，女人是半边天，女子跳舞有美感，有男有女又能增加现场的热闹气氛。再者，如果按前述较为流行的“歧视论”的解释，女子跳丧是不吉利的，那么，孝家能做到不在乎传统的禁忌，一任女子们在堂前跳唱欢悦，由此向千年的伦理观念挑战，这本身也是难能可贵的。

资丘跳丧中，孝子不跳，这在多数跳丧的土家地区都是如此，我只曾在巴东杨柳池柳家村见到过孝子跳丧的例外。资丘的跳丧现场，孝子不上场，孝子似乎专事“落礼叩头”的差事，而且跪地叩头行礼的礼节特别大。每有“看信”的客人到场，孝子都要落礼下跪，跪地后要等来客扶一把才站起身。“孝子落礼”，在当晚“打排子家业”时达到极致。

“看信”时“送锣鼓”，是土家丧事中的礼仪，资丘也是如此。亡者刘兴约老人本是资丘天堰管理区凉水寺村人，老人亡故后，孝家后人已差人去老家把了信。亲戚们得信后，要邀约锣鼓班子来“看信”，这一点相当于巴东后乡“看信”中所说的“约伴”或“相伴”。在巴东后乡农家，约伴往孝家“看信”、跳丧的人，包括响器班子的师傅，都不用付酬金，只以烟酒款待即可，属于纯粹的帮忙。按照资丘的礼节，跳丧的客人除外，对于请来的锣鼓班子，则需要付酬金。付酬的方式是，老家主事者付了多少，到孝家后孝子就要加付多少。这表明巴东后乡相对更偏僻，市场经济的意识更淡薄一些。据说因亡者老家的亲戚多，一请就是好几班锣鼓，负担重，浪费大，来人多了夜里也无法安置，就回了（按，婉拒）几班“家业”（按，锣鼓），但老家的亲戚还是不少人来“看信”。

老乡们将打锣鼓叫作“打家业”。资丘镇上办丧事，时兴请专事鼓乐的响匠们“打家业”。镇上有个常合作的响匠班子，松散型的，平时各自务农，有事即召集起来，召集人就是前面提到过的覃远新。远新因多才多艺而远近闻名，当晚孝家自然也是请他负责鼓乐。或许是市场需求的原因，资丘的响匠比巴东杨柳池和野三关的要讲究得多。远新率领的响匠班子坐在院子边上（按，因院子中间要腾出给跳丧的人舞蹈），正对大门。他们围坐在一张方桌搭成的台子旁，桌子的一方，绑着一个自制铝合金的可拆卸、便于携带的方形架子，架子上搭着一块孝家送的白布（按，若是红事就搭由东家送的红布），看上去有点像玩皮影戏或木偶戏的。响匠们沿着另外三方围坐着，各自操持着自己的“家业”。吹唢呐的两人面对大门坐在中间，他们一人要吹两支喇叭，一支是平常多见的唢呐，另一支是1米多长的自制“土喇叭”，即一支短管高音唢呐、一支长管低音喇叭，管子上也都系着孝家打发的白布方巾。吹短管的高音唢呐时，将喇叭边缘搁在桌面上；吹低音长喇叭时，则将大喇叭高高地搁在铝合金架子的上沿，人坐在板凳上，两支喇叭口朝着孝家大门灵堂上方齐鸣。老乡们根据低音喇叭又大又长的模样，把它叫作“大号”或“长号”，它吹出的声音雄浑厚实，每当长喇叭呜呜一响，无论红事白事，总是很吸引人，很能出彩，现场效果特别好。在跳丧叫歌合唱的同时，响匠班子也偶尔吹奏一段，烘托气氛，虽然其音调与掌鼓师以及舞蹈者所唱曲式毫不相干，但跳丧现场似乎从不拒绝喧嚣声，在场的人谁也不会因受干扰而串调、跑调，依然跳唱自如。

响匠班子的人数根据主人的需要来确定，但都少不得长喇叭和唢呐，另有鼓、大锣、武锣、钹、镲、马锣，还有两个土家打击乐器中特制的金色小锣，名叫云锣。据说这锣是熟铜制成的，直径只有约10厘米，无提环，放在桌面上，分别用两个略大于锣身的圆形篾箍箍着，以防止在桌面上滑动而掉到地上。击打云锣时有点像和尚敲木鱼的样子，所发出的声音却高亮清丽，似弦外有音，绘声绘色，非常动听。响匠师傅们一般都有一专多能的本领，几种打击乐器都拿得上手，有的也能兼吹唢呐，红事时还兼有三弦弹唱《长阳南曲》。在红白喜事中，响匠班子最少有4人，也是最基本的班底，多则为“打排子家业”，需要16人。这一个班底的4人有：覃远新，34岁；覃好松，53岁；田科广，55岁；田德鹏，63岁。前两人吹喇叭，后两人在打击乐器之外，红事还兼弹拨。需要打16人的“排子家业”时，就再请其他人合作。响匠班子中有一二十岁的小伙子参加，一看就知道是跟着学艺的学把手。

"排子家业"在响匠班子"送锣鼓"中是很隆重的礼仪，首先是人数多，上述乐器都是双吹双打，浩浩荡荡；其次是演奏的曲目多，一打起来就讲究个九曲一组，十曲一套，悲欢离合，轻重缓急，既热烈，又大气，欢快愉悦的氛围油然而生。

送"排子家业"是在当晚9点多钟开始的。响匠班子的师傅们离开围坐着的台子，两支长喇叭打头阵，其他人一个接一个尾随。他们先从院子里上得门前的阶沿，依次进入堂屋大门，吹吹打打，从棺材左侧沿着灵柩绕行一周。响匠"送锣鼓"时，院子里跳丧的歌舞者暂时停了下来。鼓乐队伍出得大门后，在院子里站成一个大圆圈，开始了

图20 长阳资丘跳丧，"打排子家业"

在"打排子家业"的吹奏声中，孝子们跪成一地，响匠一共吹奏了九个曲子，孝子们共落礼九次，他们一起一落，跪个不停。

“打排子家业”。

“打排子家业”时，30多个孝家后人在圆圈中间站成四排，在第一曲鼓乐中，先向灵堂里的亡人下跪叩头，直跪至该曲终止。这时，帮忙管事的人都拿着香烟，给响匠师傅们装烟，继而抱着一沓沓毛巾，挨个儿给师傅们奉送。第二曲鼓乐持续不断地进行着，送完毛巾后，30多个孝子挨个儿逆时针方向给16个响匠师傅一一跪地叩头，他们跪在谁的跟前，就由谁伸手将其扶起。鼓乐曲十分吸引人，吹唢呐的两个师傅各执长短两支喇叭，嘴里吹一支，腋下夹一支，根据乐曲的需要轮换着。前来“看信”、跳丧的客人们，也都纷纷夹杂在响匠师傅们之间看热闹。晚上人多，光线不够，孝子们只管一个劲儿转转地落礼，也不管是响匠师傅，还是看热闹的客们，见人就下跪，常常刚被人扶起来，尚未看清下一个对象，就又跪了下去。在“排子家业”的吹奏声中，只看见他们一起一落，此起彼落，跪个不停。

第三曲鼓乐开始时，孝子们又站回到圆圈中间，再原地落礼叩头一次。响匠一共吹奏了九个曲子，孝子们在鼓乐声中共落礼九次，其中有两次团转挨个落礼。在场的人都熟悉这一套曲子，第九曲是小快板的速度，站在一旁的人听后说：“这下快哒！”果然，待欢快的压轴曲达到高潮时收尾，才全部结束了“排子家业”的程序，用了将近40分钟。

打完“排子家业”，掌鼓的张言科开槌击鼓叫起歌来：

打起来，跳起来，莫等丧鼓冷了台……

先前跳丧的一群人经过刚才的休息后，又争相上场，院子中间即刻站满了跳“撒叶儿嗬”的人，歌舞继续着。

我忙不迭地抓拍着各个环节的镜头，忽见一个背背篓的人从镜头的画面中穿过，我抬头一看，见他的背篓里垛着个特别大的甑子，甑子里堆起满满的一甑白米饭，正冒着热气。背饭的人朝着孝家隔壁的房子里走去，原来那里是在坐席。

到底是在资丘集镇上，坐席的规模比在乡下的农家要大得多。有两户邻居腾出了房子给孝家办丧事招待客人，一户坐5桌，另一户坐3桌，8桌同时开席，称为一发席。每桌席上有一个酒精炉子，烧着一个鸡子火锅，另有10个盘子的热菜，是传统的十碗八扣。坐席仍是流水席，一发接一发地进行，从下午开始，吃到后半夜才结束。毕席时同样进行了为亡人献饭和“叫亡”的仪式，奠酒、烧纸、焚香后，才结束了整个坐席程序。厨房里帮忙的人最后吃工作餐，之后又为第二天的餐食做准备。孝家主人告诉我，这一顿饭共开了92桌，还有一部分客人是没有吃饭就走了的。

桌席是圆桌，每桌10人，也就是说，从下午到半夜，先后至少有920人次以上参加坐席。另外，上情的人光落了名字的就有530多个。可见当晚跳丧现场的热烈程度。

如此多的客人，如此大的场面，一切环节都在有条不紊中进行，这有赖于办理丧事的组织机构。在大门左侧的外墙上，贴着一张执事名单，白纸黑字，用毛笔密压压写满了24个项目共100多个名字，每个人各自负责的事项一清二楚，大家各司其职，分工协作，互帮互助，使得整个活动井然有序。有感于此，我在凌晨稍闲的时候将这份名单抄在了小本本上，转录如下：

悼念刘兴约老大人逝世治丧执事名单

总管事：田科振　皮康恒　皮国恒

内　管：向宗铸　田开祥

厨　师：覃守海　赵李勇　闻振枚　赵李军　陈月洲
　　　　葛兰英　田裴珍

灵　堂：覃好伦　田家佑

迎　台：覃远新等4人

鞭　炮：覃月洲　刘宗桂

做　饭：田文春　王菊英　林开菊　田太秀

背　饭：刘德银

添　饭：李作钰　田科桃　吕海兰　刘道芬　魏荣兰
　　　　田荣香　田爱玲

调　席：董昌苹　方志强　向宗安　刘宗鼎　胡方勇
　　　　覃道元　崔守本　田建华

大　盘：崔守生　田太康　杨永茂　田弟军　田德秀
　　　　田林山　刘宗钰　王定和　刘东明

小　盘：田春亚　谭海霞　杜金艳　周远香　汪开菊
　　　　田　零

管　酒：田克立　覃好群

管　火：李福林　曲开和　朝韩新

清　洁：郑祥菊　郑祥珍

管　水：沈玉山

管　电：田亚权

管鞭炮安全：雷起源　田科松　吴　能

书　写：覃守现　覃远新

白　鹤：田德玉

做　茔：田世明　田世桐　田世庆　刘胜道　田金平
　　　　刘国华　王定和　刘德渊

接　礼：覃世海　徐泽坤　田德科　覃世保　田超波

借物购物：张白华　杨文学　晏远政　谭明福

田西林　邹正军

勤　务：张言科　覃好西　田太珍　田昌柱　田开珍

刘光菊　李玉枚　田会琴　屈定禄　田开胜

刘志刚　李世海　刘宗彦　刘宗玉　刘玉宗

欧阳祖清

孝　家：田开金　刘玉兰　奠请

二〇〇二年冬月初七

总管事人之一的皮康恒告诉我：在资丘，无论红白喜事，都有一张类似的名册，只不过红喜事用红纸书写，项目也根据婚配嫁娶和生儿打喜的内容有所不同，用大字书写后贴于外墙上，便于大家各行其事，各负其责。他说，生生死死，都是大事，乡下有句俗话，叫作“家家有事，事不同期”。不管哪家遇到“过事”，都得靠各家各户大家帮忙。来这么多客人要安置，椅子板凳不够坐，得靠邻居支援，包括厨房用具、锅瓢碗盏等，都是从四方乡邻家中借来的，谁帮忙借的到时还由谁负责还，若有损坏，也一并负责接洽理赔事宜。除了借物品，还得借地方煮饭，几百人的饭食，煮米蒸饭是有专人料理的，米饭蒸熟后由专人背到坐席的地方，所以才有刚刚见到的背饭一幕。

当晚到孝家“看信”的人，多是集镇上的居民和附近村组的乡邻，远处来的较少，主要是亡者老家的亲戚。从客人到达和跳丧的高峰时段来看，比在巴东的乡下要早一些，集镇附近的老乡住得相对集中，来的时间也相对集中，散去也就早一些。半夜过后，“看信”、跳丧的人也稀疏多了。玉成的文化站明天还有公干，光菊也有任务，家中还有小孩需要看护，二人给孝家和管事人交待好，让他们别忘了安排我坐席宵夜等等，就离开了。

我所住的长安旅店的老板王定永有一辆小“面的”，平时除了接送住店的客人，也跑营运。晚上7点钟我们去孝家“看信”时，有客人找他跑一趟长阳县城，他半夜时从县城里返回，也来到孝家“看信”，还特意带着一个手提应急灯，准备晚上接我回去。他在人群里找到我说：“我等你一起回去，你想走的时候就喊我一声，你是生人不认得路，晚上没得路灯哒，怕看不见。”我正担心身上的胶卷不够，就说想回去拿胶卷来。他立即送我回旅店去拿，又将我护送回现场。已是凌晨两点多钟，跳丧的场上没有像先前那样十几个人同跳，只有二人或四人对舞。王定永陪我拿来胶卷后，也上场跳了一阵，3时许，他提着应急灯对我说：“跳丧到这时候已差不多哒，你回去休息吧，不然人遭不住的，已经睡不到几个钟头天就要亮哒。”我想了解丧事的全过程，没有打算回去，就对他说：“你先回吧，我再待会儿。”他见我态度坚决，只好说：“那我先走哒，你等会儿回来的时候，要使点劲敲门，怕我们睡着哒听不见。”我说：“我晚上不会回去，等你们明天早晨开门以后再回去。”送走王定永，我继续留在了跳丧现场。

还是张言科掌鼓。跳丧的人少了，气氛虽不如先前，但场子宽敞，不像开始时人挨人、腿碰腿，一招一式倒显得更加讲究。张言科在常跳的《四大步》之外，还变换花样，唱了《叶叶儿嗬》《幺姑姐》。来自资丘村陈家坡2组60岁的闻伦骏和6组62岁的韩国新两人搭档，在张言科领鼓的叫歌声中，表演了“双拜堂”，又将各种动物逗趣的动作都进行了演示；县移民局的田弟成局长是资丘人，是从县里赶来

"看信"的，他跳丧的动作古朴而充满了韵味，与场上的田继义合作，表演了《滚身子》；资丘移民办的向宗铸主任、经贸办的田继乔主任和商场的吕正禄经理与来自资丘村3组的村民组长刘宗桂一起，表演了"虎抱头"等。30来岁的小伙子田林山，开始一直在厨房里忙乎，毕席后也跑到堂前来过了一把瘾，他又唱又跳，嗓子都嘶哑了。在和田继义对舞时，一时没有人上场接替，他于是请求掌鼓的师傅来一段《哭丧》，边跳边说："叫一段《哭丧》嘛，《哭丧》动作慢些，光跳快的人吃亏，这硬是遭不住哒。"说着田林山自作主张，将接歌的速度放慢了一半，把声音憋成哭泣的腔调。谁知才唱了两句，大家都觉得好笑，说那不是真正的《哭丧》调，他只得作罢。

张言科还唱了那一组我曾在野三关道子坪村听过的《相思歌》套曲，看来这是一套在清江土家广为流行的爱情组曲五句子歌。因后半夜人不多，张言科的演唱显得十分清晰。围坐在火堆旁的观众听得聚精会神，陶醉不已。

来自资丘白沙坪5组48岁的沈纯全，个子高大，身体结实，在张言科激情的叫歌声中，他跳丧的舞姿雄健帅气，在舞者中显得很出众。先前他一直被几个学跳丧的女子围着传授技艺，自己似乎还没展示够，此时也没有回去，继续和剩下的人一起再显身手。他告诉我说，他家和孝家的关系很好，晚上也不打算回去了，待天明了送亡人上山。

为了犒劳留下来的歌舞者，凌晨3点多钟，孝家又开了两席，为大家补充能量。热情的主人和跳丧的师傅们一定要请我同坐，虽然不饿，但盛情难却。坐在席间，他们向我介绍乡间的风俗和跳丧的套路，村民组长刘宗桂还就近期资丘镇上对农民屠宰生猪要求交500元钱办理屠宰证一事，与在坐的几个县、镇干部们展开讨论。他说这里的农家养猪，并不是成规模地专事宰杀，供应市场销售，而多是供自家一年的肉食所用，剩余的才拿去卖。一些有孩子读书的农户，全靠杀几个猪卖钱，给学生交学费，他们是把自己杀了吃的猪肉拿到市场去卖，还多半是把好卖钱的猪蹄子拿去卖，自己舍不得吃。这样的农户在宰杀生猪时，已经交了规定的屠宰税，若再交钱办屠宰证，哪里交得起，恐怕一年卖的猪肉钱还不够交办屠宰证的钱。他认为应从减轻农民负担考虑，分别不同情况，酌情减免。经贸办主任田继乔向他解释有关政策和行业管理的规定，大家也就他们争论的主题发表意见，谈话直截了当，不需要行文请示、打报告汇报等繁琐的程序，意见提得尖锐，问题反映及时，争论中激情洋溢，嗓门虽粗大，但情绪并不敌对，真正是直抒胸臆、畅所欲言。我想，这大概也是干部们参加跳丧的好处吧。

吃完夜宵后，大家又继续跳唱了一阵，凌晨5时许收槌息鼓。结束跳丧时，没有做什么特别的仪式。此前因没有在灵堂神龛处盖簸箕和像巴东野三关那样跳《耍五巾》《打五巾（精）》，也就没有甩簸箕、送五巾之类的程序（见第四章巴东野三关跳丧实录之二道子坪村1组“打五巾”和第一章清江土家丧俗综览“停丧”盖簸箕以掩蔽家神神位），收槌后大鼓仍然放在大门左侧。

院子边上有一个就地燃烧着的火堆，约有百余个蜂窝煤堆在一起，孝女刘玉兰告诉说，这足有500多斤煤，天一黑就生好了火，烧到天亮没问题。晚上没回去的人，先前是边烤火边欣赏跳丧，现在都围着火堆聊天。玉兰为父亲的丧事已几个夜晚没合眼了，此时仍和大家一起坐在火堆旁守夜。我问这个跳丧的大鼓是从何处借来的，她说是从上一个办丧事的人家里背来的，一般方圆两公里内就有这么一个鼓，用完后暂放在自己家，等下一个人家办丧事时，再到这里来背去，依次轮流。这也是本地的一种风俗。

与烤火的老乡们聊天得知，资丘镇上将看阴地和主持奠酒、叫亡、献祖等仪式的土老师称作“白鹤”。贴在孝家外墙上的执事名单中，还有一项叫“做茔”，就是为亡人下葬打墓井。据说这八个做茔的人，是精心挑选出来的，条件要求很苛刻：一要夫妻双全，并且必须是结发的配偶，一方丧偶或离异后二婚合家的都不行；二要有儿有女，在土家少数民族聚居区允许生二胎，一般家庭都有两个孩子，但要挑选有一儿一女的男子；三要身体强健，做茔是个力气活，除挖地打井之外，还负责下葬，老弱病残的人显然吃不消。管事人皮康恒说：做茔的人都是帮忙的，不另付酬金，由孝家送一双解放鞋。

清晨6点过，天还没有亮，“白鹤”田德玉来了。孝女刘玉兰赶紧从火堆旁站起身，对田德玉说：“我给您落个礼！”说罢就跪了下去。田德玉将她扶起，说“恭喜您尽孝哒”，就手持罗盘，与几个扛起工具的人往后山去打墓井。

负责鞭炮的人到了，他点燃一筒冲天炮轰轰地放响开来。坐在我旁边的人说，这是“放醒铳”，是要叫醒帮忙的人。白事放三响，红事放四响，有规矩的。冬季的山乡里，天开得迟，“醒铳”放了好一会儿后，天才见亮，我看看表，天明时已是7点20分。陆陆续续地有人到来，厨房里也已忙乎开了。早饭准备了四发桌席，32桌。上午8点半，响匠班子的覃远新和其他几个师傅也分别就位，他们整理好演奏的台子，从行李包中拿出乐器，进入待命状态。第一发桌席的8张桌子已就绪，总管事朝远新挥了挥手，响匠们鼓乐齐鸣，吹起了《菜调子》。第一曲为《开台》调，厨房里已张罗着入席；接下来的10道菜，响匠们吹了10个不同的乐曲。负责上菜的人，一次两人，用一个矩形的大木盘子端着，一人端4盘菜，边吆喝着报上菜名，边挨桌奉上热腾腾的菜肴。因早饭之后还要出丧，四发桌席得依次坐完，为了抓紧时间，一发桌席约在20分钟时，响匠们便吹起了一首《长调子》，意在催客人下席，显得文雅而有礼节。四发桌席中响匠们都是如此吹奏，热闹有序。

9点多钟，头一发桌席已吃过早饭的人，开始做出丧准备。两个负责勤务的人，找来小凳坐在棺材旁，将几沓黄火纸解开，各拿了一张红色的100元人民币，在每一沓纸上照人民币大小尺寸按上几下，说这样就表示火纸已印成可在冥间使用的钱币了。这看上去似乎有些荒唐，不过比巴东须用特制的铁凿子打成钱凿的印记来看，要稍显轻巧一些。但他们在每一沓火纸上都用人民币仔细地比照度量，又是那样地不厌其烦。

早饭席毕已是上午10点半，“白鹤”田德玉来到灵堂前献饭“叫亡人”。总管事张罗着叫孝子们都到堂前，进行奠酒、与亡人告别仪式。孝子们轮流为亡人焚纸叩头，开始了真正的哭丧。大门里，帮忙的人将花圈从门口递出。大门外，大家有的拆棚，有的收拾，不大工夫，搭起的灵堂包括门口的横幅、挽联、执事名单等与丧事有关的布置，全都被拆得一干二净。这一点土家与汉族也显得大不一样，汉族地区在人死后处理完丧事，还会给遗像披挂黑纱及白花，有的还连同死者的骨灰盒一起，在家中放置一段时间以纪念。按上述土家的处理方式，在出殡时就拆除了丧堂内外的一切布置，原因是寿终正寝的人入土为安，活着的人已尽孝了，一切都是极为正常的，不必长时

图21 鸣号出丧

此时，临时搭起的塑料布棚、挽联以及一切灵堂布置已全部拆除干净。

间地忧伤沉痛，这与土家通达的生死观念是非常一致的。但送走亲人以后，土家并不是把一切都忘掉，他们也有像汉族地区一样的“复三”“五七”以及土家自有的“送亮”等习俗。门外的拆卸很快就告一段落，屋内孝子们告别亡人时，响匠们吹了一首《茶调子》，远新对我说，《茶调子》又叫《惨调》，相当于我们土家的《哀乐》。告别亡人后，帮忙的人用白色乳胶糊上棺盖的“子口”，封殓后又重新罩上棺罩。

屋外院子里早已支起了两条长木凳，管事一声喊“出柩——”，鞭炮噼噼啪啪地响了起来。孝婿田开金抱起插在桌上升子里的灵牌，管事人递给他一把撑开的黑伞，意为亡人不能见天，灵牌代表亡人的魂，因此在亡人上山下葬之前，得用伞遮住。帮忙的人一个站在棺材小头前面，背靠着棺材抬起小头边，一旁的人抽出搁在棺材下的方桌，左右两边的人一齐抬起灵柩，在紧张的吆喝声中出得大门，将灵柩搁在了长凳上。由总管事之一的田科振指挥，先揭开棺罩，用一条细棕绳将棺材拦腰系上几道，以绑紧固定，这道工序在巴东野三关道子坪村是用竹篾捆绑的（见第四章巴东野三关跳丧实录之二）；盖上棺罩后，又用粗棕绳绑上两根主杠，再用细棕绳固定，绑上子杠。

上午11点，“起身炮”放响，远新他们也举起长长的土喇叭，朝着孝家堂屋吹起来，又环绕一周，在大门前转动身子呜呜地齐鸣，有人说这是响匠们在向孝家“叫多谢”。孝子抱灵牌在前，花圈跟随，接着是灵柩，响匠在最后。八个壮汉抬起灵柩，二三十个人在前后左右扶拥着，喊着号子向前移动。走不多远，前排的几个壮汉故意将灵柩用力抵挡住，不让抬丧队伍前行，几十号人抬着灵柩作蛇形摆动。站在前排抬丧的壮汉们负重站住不走，嘻嘻哈哈地朝天喊：“要孝子见礼呀！不见礼我们抬不动啊！”看热闹的人也跟着队伍笑个不停。孝家后人知道有这一手，他们没敢走快走远，边走边往后看，一听到喊见礼，就回过身来面向抬丧的人，30多个孝子纷纷下跪。在不宽的土路上，两大堆人就这么走走停停，前后跪了十几次，总算到达了目的地。

响匠师傅一直跟在队伍的后面，他们一路上吹吹打

图22 送亡人上山时，孝子须打伞遮盖怀抱的灵牌，以避免亡灵见天。为感谢抬丧帮忙的众乡亲，走在灵柩前的孝子们还得时不时地回头下跪，沿途落礼。

图中送葬人群的衣着和神情，能否让人感到他们是真正做到了丧事喜办？

打，灵柩到达墓地时，他们站在田头再次吹起了《茶调子》。吹完《茶调子》，最后又吹奏了一首《收台》曲，就结束了全部丧事的吹奏，开始收拾行头，准备回家。远新告诉我，他们帮孝家吹奏两天，包括昨晚16人的“排子家业”，另外他还负责布置灵堂时的书写等，孝家共付给酬金360元，由他按各位师傅的劳动强度予以分配。在资丘一带，他们这个班子很受欢迎，收入也还不错，难怪他们要向孝家“叫多谢”。

墓地选在一片柑橘林旁。天气很好，冬阳照得人暖融融的。送葬的人们都说亡者生前人好，侄子侄孙多，孝女孝婿人缘又好，不仅丧事办得热闹，连出丧时的天气都异常地好。墓井已挖成一个长方形的坑道，约有一米多深，灵柩先放在井坑上高地的一侧。做茔的人协助“白鹤”，按亡者岁数折叠好73张纸钱，一人跳下井坑里，将73张纸钱铺成三行，然后点燃焚烧，为亡人“暖井”。“白鹤”田德玉拿出事先为亡人写好的“地契”诵读了一遍，随即在井坑内焚烧，为亡者“买阴地”窖契。

一切停当后，大家揭开地面上棺材的外丝绒罩，做茔的人分别站在墓坑两旁，扯起专事抬丧的粗大“宏绳”，将灵柩慢慢放入墓井内，之后砍断了捆在棺材中间的细棕绳，有如巴东野三关道子坪村的砍断竹篾箍，意思也一样，表示灵柩入土不能被捆绑着，否则亡魂将不能动弹。给棺材“松绑”后复又盖上棺罩，田德玉拿出罗盘，对照方位，将棺材扶正，然后牵上一根细线索作为准绳。在场的人都分别站在墓井两头帮忙审视，并提出偏左或偏右等具体意见，田德玉再指挥做茔的汉子挪动棺材，使其中脊线、罗盘指针和准绳重叠一致。他们仔仔细细地反复调整，直到大家认为三者所指方位完全吻合为止。据说这关系到后代的发展兴盛，所以谁也不敢含糊。“白鹤”田德玉在出丧到下葬的整个过程中，都是穿着自己平常穿的普通蓝色中山装，并没有着土老师们常穿的“道袍”或长衫，但所司之职却与此前在巴东见过的土老师相同。据说资丘镇上行土老师奠酒、下葬等职的“白鹤”，现今都只穿普通的服装，这种改变是从“文革”中“破四旧”以来就形成了的，以后也没再恢复旧礼。从上述大家共同参与田德玉审视罗盘方位等细节来看，资丘的“白鹤”已淡化了土家族巫师的色彩，他只是一个介于普通民众与土老师之间、擅长为乡邻间的白事帮忙并受到尊敬的长者，而不是职业性的土老师。因此“白鹤”不需要做法事，哪怕是像巴东野三关石马管理区的土老师们所做的打享荐等小法事的职能，也因为有响匠班子“打排子家业”的担纲而被剥离出去，仅保留了奠酒、叫亡、献饭以及关系到后辈们发达的墓葬方位等现代人仍然接受和关心的环节。所以“白鹤”也不拿酬金，孝家以烟酒等物品答谢而已。

对准了罗盘，田德玉拿来一瓶酒，洒在棺盖上。孝子们各自用衣角兜起一抔黄土，按亲疏长幼，依次撒在棺盖上。凡男性后人都要下到墓井内，站在棺盖上撒土，然后跪在棺盖上叩头，起身后从棺盖小头边一直走到大头处，意思是人的一生要走出头，不能半途而废。孝子走到大头处以后，由地面上的人伸手将他从井坑里拉上来。女性后人不用下井内叩头，站在地上撒土即可。撒土之后孝子们离开返回，最后由做茔的人帮忙垒土砌坟。

总管事吩咐帮忙的人收拾好抬丧杠和绳子，以便带回。这使我想起巴东野三关的风俗与此地的区别：在野三关道子坪村，为亡者办丧事时，孝家临时从山林里锯下两根杉树做抬丧杠，送亡人上山后，杠子不再拿回去，就丢在山上的墓地里，要么烂掉，要么由乡邻拿去做蜂桶或甑子，这是一种模拟巫术的表现。在资丘，或许是树木不如从前繁茂，已变得稀少珍贵，丢不起了，这一巫术也随之而消失，于是从实用、节省出发，抬丧杠还得拿回去，待下一个孝家办丧事时再继续派用场。由于需要反复使用，抬丧杠的外观也不像道子坪村那样粗糙，而是削去了树皮，打磨得非常光滑。在巴东，虽然也少有参天古树了，但这古老的巫风尚存。

从山上回转时已是第二天的下午两点多。上午在孝家坐席早餐时，曾接到五峰土家族自治县文化局王华武副局长打来的电话，他说当晚五峰县城有“老人”的，那边要跳丧，如果想看的话，就赶紧去，争取在天黑前赶到。我告诉他我此时正在资丘，这边的一场事还没结束；但由于跳丧之事可遇不可求，我当时又不想轻易放弃，就立即打听从资丘去五峰的交通路线。老乡们告诉我，资丘没有直达五峰的车，须在中途转车。他们都劝我最好别走这条路线，因为乡镇公路很差，发班也不是正点的，如果人多，车不到点就开走了，等你到那里，兴许已没有车了，前不巴村，后不着店的。老乡们的好意我当然得考虑，同时我考虑的是，昨夜已一宿没合眼，今天再翻山越岭地赶到五峰，即便顺利抵达，但又来一个连续工作一夜，恐怕会体力不支，也将无法通宵观察跳丧了。我不得不选择暂时放弃，就给王局长回话说，待下次有机会再去五峰。

同桌坐席的老乡当时还告诉我，这天资丘镇上另有一场红事，是资丘村5组的田首昌家要为生儿打喜“过家家客”。热情的田家主人对我说：“您今天莫走哒，到我们屋里去玩！”我想此次来资丘看跳丧，又能看到“过家家客”的生育习俗，也算是个机会。为保证晚上有充沛的精力，从山上返回时，我谢绝了孝家吃午饭的一再邀请，赶紧跑回旅馆。一觉睡到6点过，起床后即与店主王定永一道，去红事现场看热闹。在那里，我又看到了远新他们几个响匠师傅，不同的是，他们围坐的台子边铝合金的架子上，头天搭着的白布已换成了红彤彤的绸布，上面还有一个闪闪发亮的“喜”字。在贺喜的人群中，我也见到了上午送亡人上山的孝家主人——孝女刘玉兰和孝婿田开金，他们已换了衣服，来为田家贺喜。看到他们，我自然联想到，若在汉民族聚集的都市或其他地方，尚在服孝期间的人，是不好到别人家的喜事场合去的，一是要恪守服丧的孝道，二是怕给别人带来晦气和不吉，由此对方一般也自然不会发出邀请。但在资丘的土家村落间，似乎没有这些禁忌和戒律，生生死死，在这里都变得十分正常。有生即有死，有死更有生，这正是族群得以延续的自然规律，资丘的土家人看得很通脱，无论是从村落的制度上，还是在民众的心理上，都是如此。

长喇叭又呜呜地吹响了，远新的响匠班子奏出了一曲曲动听的《菜调子》，几个端盘子的人拖着长音高喊“大炮手——”，然后纷纷报出菜名。上午还在孝家帮忙的乡亲们，此时差不多都来到了这里。坐席又开始了，席间洋溢着浓浓的山乡邻里情。

第七章

“打不起豆腐送不起情，跳一夜丧鼓送人情”

——五峰跳丧实录

图1 五峰跳丧现场布置
灵堂里挂满了神图，正面看不见灵柩。

从资丘一回到宜昌，我就赶紧给五峰文化局的王华武副局长电话致谢。五峰土家族自治县是宜昌市所辖各县市中，距宜昌城区最远的。几年前去五峰，坐车还差不多要一整天的时间，近年公路经扩修改善，仍需要约5小时方能到达县城。若到县城后再下到乡村里去看跳丧，能得到可靠人士提供的准确信息，是非常重要的，否则就会跑空路。因此我在感谢王局长的同时，再次拜托他，请他待以后有机会时，再给我个信儿。电话中我顺便向王局长打听，从县城去采花、傅家堰等跳丧有代表性的几个乡镇，该怎样乘车。他回答说：“现在这个季节，山上已经有雪凌哒。如果大雪封山，你上去恐怕不方便，路上也不安全。其实你想看跳丧，不一定非得上山不可，在城关就能看到。我们县里民政部门在附近山上修了个殡仪馆，殡仪馆里经常有跳丧的。”

“在殡仪馆里跳丧？”这实在是个新鲜事，大出我的意料，它绝对是土家跳丧在新条件下产生的一种新形式。它会是怎样的情形呢？这倒引发了我的兴趣。

五峰地处武陵山余脉，在改土归流前久隶容美土司。县境内大部为土家聚居区，历史上曾有大大小小的土司居于此地，现今仍保留着“水浕司”“长茂司”“石梁司”等地名。这样一个比较闭塞的土家地区，在跳丧习俗方面的表现是怎样的呢？就地域而言，五峰西部更靠近南边澧水流域土家地区，县域虽然属于清江流域，但不在清江岸边，这里的土家跳丧又有什么样的特征呢？看过了巴东、长阳等地的跳丧，我更想早一点看到五峰的跳丧，想知道其间的异同。现在，又冒出个在殡仪馆跳丧的新花样，这愈发有些刺激我探奇的欲望了。我在强烈的期待中静等着来自五峰的消息。

2003年3月初，趁着全市群众文化工作会在宜昌召开的机会，我又拜托了五峰文化馆的龚德俊馆长，请他也帮我留意相关的信息。

3月24日上午，我终于接到了五峰的电话，是王局长打来的，他告诉我，当晚在县城五峰镇有场跳丧。

我立即拨通长途车站问事处，询问当日发往五峰的班车，电话里回答中午12点、下午1点左右都有班次。我一看时间，已是上午10点多钟，乘中午12点的显然太紧，我决定乘下午1点钟的。于是赶紧安排好手头上的工作，向领导请假。然后风驰电掣般地冲向照相器材门市部，照例备足所需的胶卷和电池，又冲进音响制品店购买录音带，再火速跑回家，取相机、录音机等用品。虽然已是春季，我仍带上了通宵熬夜所必备的棉大衣。一切妥当后，打“的士”往长途车站飞奔。

所乘坐的开往五峰的班车是一辆中巴，25座，民营。我从来没有坐过座位如此狭窄拥挤的汽车，主要是前后排坐椅间的距离明显窄于通常的汽车座位，坐着时膝盖正好卡在前排靠背后面，几乎剩不下缝隙，跷二郎腿暂时成了一种奢望。若想趴在前排靠背上睡觉，可绝对伸不开手臂。我跟司机开玩笑说：“你怎么花钱买这种毫无人性设计的汽车？是个短途嘛克服一下算了，五峰这么远的山路，老是练这正襟危坐的功夫，还不要把人憋死啊？”小伙子笑笑：“这车是有点窄。”我说：“你赶紧多挣点钱，换个宽敞的车。”小伙子直摇头：“我们五峰遭孽（按，方言为‘可怜’意），穷啊！就这个车，170多公里，全程票才38元一张，坐的人就在喊贵哒呀！再换好车，我们哪跑得起哟！”

车内座无虚席。乘车人里有几个外地口音，像是跑业务、做生意的模样，其他多是当地人。车内弥漫着抽烟的烟雾，走道里堆满了货物。除我之外，没有人对座位设计的不合理发表任何意见。我后来回宜昌了听说一般中巴车最多是19座的，有人问我“是不是坐上了那种经过‘改良’而增加了一排座位的车”，我说我也不懂这一行，又没调查过，闹不明白。然而当时的心情似乎并没有因为紧逼着的座位而受到挤压，为了赶时间不错过看跳丧的机会，容不得有别的选择。

下午5点多，王局长打电话问我到哪里了，我说就要进城了。不大会儿，他已在车门口等着接我。他说我们先去吃饭，然后找个距孝家近点的旅馆住下来。我问孝家是不是在殡仪馆附近，他告诉我："今天的跳丧不在殡仪馆，因为孝家住的地方属城郊蔬菜队，家里有蛮宽敞的老房子，灵堂就设在自家屋里，不用去殡仪馆。亡人是个老中医，生前做了蛮多好事，今天的丧事一定热闹。你等会儿到孝家屋里去看跳丧，比到殡仪馆里看还方便些，在家里条件几好咧。"他边走边说，又指着远处山坡上新修的殡仪馆所在位置给我看。

我们到了县文化馆，龚德俊馆长和张桂英副馆长招待我吃五峰腊肉小火锅。一边吃他们一边给我介绍五峰跳丧的大致情况。聊起在殡仪馆里的跳丧，他们说：五峰城关地方小，原来死个人闹夜跳丧，只要谁家一打丧鼓，全城几乎家家户户都能听见，有点影响别人休息。这些年改革开放了，到五峰来投资、经商的人多起来，县城里人口也增多了，老式的做法影响到上班人的正常作息，也是个问题。加上后来各机关单位陆续做了单元式的房子，多数人都住进了公寓楼，遇有死人需要办丧事，一般在家里都无法安置，民政局就建了个殡仪馆。葬俗还是沿习土葬，不过是把棺材支在殡仪

图2 执事的土老师双手捧握朝笏，身披法袍，头戴法冠，正在作法诵经。他们的冠饰由两部分构成，内层是黑色的道帽，外面加系着漂亮的五佛冠，颇具道、巫复合的特点。

馆的灵堂里；跳丧也还是照样地跳，不过是在殡仪馆的灵堂里跳。现在有公职的人家办丧事，多是在殡仪馆进行。殡仪馆专门开设了这项业务，在通常的追悼会之外，还负责组织附近村里的农民来跳丧。凡请来的跳丧者，所需的工钱也由殡仪馆代支，直到送亡人上山，抬丧、打井、下肂、掩埋等一切环节，殡仪馆都实行一条龙服务。

吃完饭，按照王局长的安排，他们领着我在城南一个距离孝家很近的旅馆登记，然后我们四人一起去孝家“看信”。

五峰县城所在的五峰镇，就坐落在五峰山的山脚下，一条唤作天池河的溪流自南向北穿过县城，河的东西两岸分段以几座铁桥相通。我们要去的孝家位置，就在城南河西岸的长坪村。

我虽然知道土家人在白事场合不忌讳穿红色，但在出门时我还是征求了一下他们的意见，问我穿的红棉袄有没有什么不妥。王局长说：“那没得问题，我们这儿没得这些忌讳。”他说他的夫人与今天的孝子、孝媳都是县防疫站里的同事，他们思想都很开通。我问是否要买些鞭炮，王局长说：“你不用管，孝家那边我都已经打过招呼哒。”张桂英副馆长也指着河对岸给我说：“一过这铁桥，向前走几十米就到哒，你晚上从这儿回来休息都方便。”正说着，桥头上几个老太婆身着花色鲜艳的流行唐装，分别给他们打招呼。王局长喊住她们：“你们怎么往回走呢？我们正去看你们跳丧的哩。”老婆婆们说：“这会儿场子不空，还在做法事，跳丧的要等到半夜12点，我们先回去，等会儿还来的。”

穿进街旁的一个巷子口朝里走，就到了孝家。这里是五峰镇长坪村2组，孝家姓杨。临街是杨氏姊妹兄弟几人各自修建的几栋新式楼房，钢筋水泥预制结构。靠山的一侧是一栋土墙老房屋，两层三开间。老房屋右侧是后来又添加的一间，拐角的一边还有延伸出的厢房。新旧房屋之间正好围成一个小院子。入院子口的墙角处置有一个用来放鞭的黑色大铁桶，城镇已禁放鞭炮，因长坪村属农业蔬菜基地，政策适当放宽，但为防止火烛和响声太大，放鞭炮有专人看管，如果客人带了鞭来“看信”，就丢在空铁桶里燃放。

院子里摆放着一些连背长条椅和独立的矮靠背椅，上面都已坐满了人，有的还站着。拐角厢房的一面墙壁上重叠靠着一些花圈。我们一进院子，照例是听见管事人的高喊：“给客人筛茶呀——”披戴着长长白孝帕的孝子杨正明、孝媳沈文菊立即上前，见人依次下跪落礼。好在我已不是头一回见到这礼节，不会像初次遇见时那样不知所措，赶紧伸手将他们一一扶起。

灵堂设在老房子的堂屋里，门口围着好多人，堂前有几个土老师正在做法事，他们身着漂亮的法袍，头戴黑色道冠，主事的两个土老师在黑色的道冠外还加系着彩色的五佛冠，上面点缀着闪闪发亮的彩珠。他们边敲边打，边口唱文辞，时不时挥动手臂。土老师们看上去都很年轻，红绿相间绣有云龙彩绘的法袍和道、巫复合的冠饰，使他们在神秘的气息之外，还透出几分英俊。这是我头一次看到这么多青年男子组成的土老师班子，穿戴也最讲究。他们手持朝笏面对灵位，按部就班地唱着。

堂前的布置与我先前见过的灵堂都不一样，看上去很特别，整个就是一个神灵的世界。没有陈列客人送的各色祭幛礼品，而是高悬着一排排土老师作法所用的神图。神图土黄色的底面绘着各种神仙，有张真人像，有八仙，有天罡、七煞、南北二斗，有观世音，有驾着祥云的龙，有展开彩羽的凤，有骑在大象背上横吹短笛的菩萨，有美丽的山鬼形象，还有一些看不出明显特征的神，天上的、地下的，几乎应有尽有。神图差不多形成了一面墙，人站在大门口看不见棺材。因为我此前尚未见过这样的丧堂布置，就问站在身边的王局长："亡人的棺材摆在哪里？"他引我走进神图隔着的"墙"内，我看到棺材垂直于大门放置，与先前所见的一样，大头靠墙用两条相叠支起的长木凳架着，小头搁在靠门的小方桌上，紧挨着神图的背面。不同的是：棺材大头紧靠的墙壁上，没有如巴东后乡那样挂簸箕掩护家神神位，而是贴着土老师书写并加盖了大红四方印章的文牒，意思跟掩盖簸箕一样，是用以镇邪护家神的。棺材上没有置放棺盖，而是搭着一条床单。我乍一见时没闹明白，王局长介绍说这叫掩棺布，是本地的习俗，从停丧一直到出柩、上山、下肂，都只以布掩棺，不闭殓，待灵柩置入墓井之后，由孝子们给亡人整理被

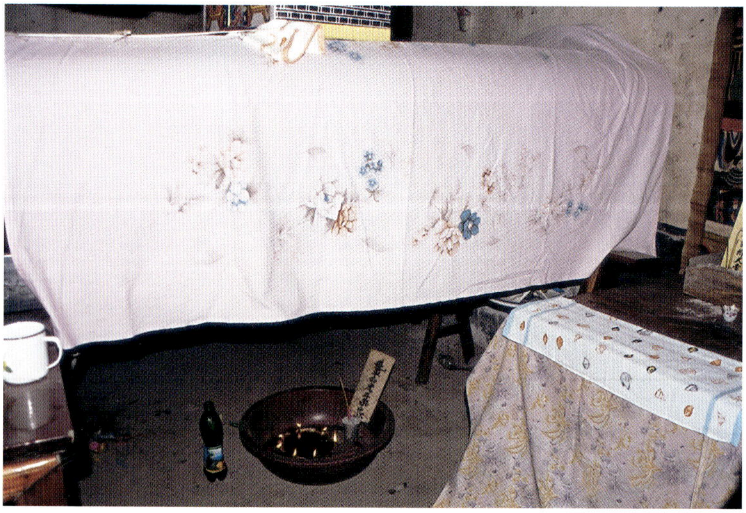

图3 神图后面停着灵柩，上面搭着床单，称为"掩棺布"。

服，作最后告别，才盖棺封殓。棺材下方的塑料盆里，放着一个家用的瓷菜盘，瓷盘（按，从前是用铁匠打制的灯盏）内的桐油中浸泡着七根灯芯捻，芯捻的一头分别点燃着，这就是七星灯。土家生活习俗中很多场合都会用到七星灯，如婚娶、生养等，但停丧时点七星灯我还是首次看到，此前的各次跳丧现场所见，停丧时的长明灯都是点的家用煤油灯。七星灯的旁边，一只盛满香灰的塑料口杯里插着白纸做的长形牌子，上面写有一纵行黑色毛笔字：“丧车白虎斗架凶神”。显然，七星灯除了是为亡魂照亮的长明灯，也有镇邪的功用。土家视白虎为家神，这是以家神斗凶神来保护亡魂上路。在棺材的左右两旁，分别悬挂着上五殿、下五殿十大冥王的神图，设有神位，点着香烛，土老师在作法时也会进到这里，站在神位前说唱。

从堂前神图的正面看，上沿固定在屋楼的天花板上，下沿一直垂向两张并排摆放着的小方桌桌面。桌子两旁的木腿上各绑有一根很粗大的竹筒，里面插着与亡人寿数相等的79根篾签，篾签上缠着彩纸，这里叫“寿签筒子”，巴东叫“岁竹”，意思一样。不同在于，这里更讲究竹筒的高大，即挑选自家竹林里的最大者，约有10厘米多的直径，高度直顶二楼楼板。缠着彩纸的篾签则与此前在巴东所见相同。

两张小方桌在灵堂内并成一个长条形几案，案上供着红纸做的灵牌，上面写着“古耄医尊显考杨学官老大人真性之位”，有相框装着的黑白遗像。案桌上还放有铝制小壶，上面插着黄色小旗帜，壶里装的是经土老师“请”来的清净之水，这些“净水”专供做法事时用。在亡人的灵牌之外，还供有许许多多写着神仙名称的牌位。在上方的楼顶处，悬挂着用细麻绳牵起来的红红绿绿的纸条，彩纸上写着内容丰富的毛笔字，如条幅一般点缀着灵堂上空，取代了此前在巴东、长阳等所有丧堂见过的悬挂祭幛、礼品的陈设。实际上，这里是在亡人的灵前设置了一个供土老师们做法事的神坛，土老师也称之为道坛。所以，当他们诵经时，常会将亡者遗像挪到旁边，正中则摆的是神灵的牌位。与以前所见的丧堂布置相比，这里的巫文化色彩显得更浓。

土老师们在神坛前交替穿花，变化着队形，吸引着门外客众观赏，门口被拥堵着。我随王局长从侧面退到门外，在院子里长椅上坐下。坐在我身旁的一位老人，身着黑红相间花纹亮丽的崭新唐装，头上还戴着同样崭新的礼帽，王局长介绍说，这位是老年艺术团的团员。在他的身后，坐着七八个与他同样着装的老人，他们手上都分别持有各种打击乐器和唢呐，是方才来给孝家“送锣鼓”的。他们告诉我：现在退休了没事，一班人常在一起活动，图个快活好玩。凡街坊邻居家有红白喜事，他们都会去凑个

图4 灵柩下的盆里有点燃的七星灯，插在香灰里的白纸牌子上写着“丧车白虎斗架凶神”。

热闹。老人们兴致很高，这从他们的统一服饰上也能看出来。坐在一旁的龚德俊馆长指着他们的盛装对我说：“现在我们五峰镇上的老年艺术团，男的女的都穿这种流行款式，所以你不用担心服饰的忌讳，你看他们都是穿最漂亮的衣服来的。他们蛮活跃啊，连渔关[1]那边有过事的，都会来接他们去帮忙，这些爷爷婆婆跳起‘撒叶儿嗬’来，那还是蛮潇洒哩！”

不时有鞭炮炸响，院子里客人们川流不息。杨老医生生前从事中医几十年，救治过不少病人。他谢世后，登门来祭奠的人特别多。房屋二楼阳台的木栏杆上，是五峰镇中学全体师生敬献的挽联，上面写着“沉痛悼念杨学官老大人仙逝”。大门口的一副门联，听说也是邻里送来的，上面这样写着：“六十一年杏林春秋悬壶济世且念柳暗花明功德无量，七十九载险桥风雨淡泊名利直述悲天悯人襟怀谁比。”横批是“名医风范”。

老人只有杨正明一个嫡子，另有几个女儿。按俗，嫡孝子、孝媳和女儿披长孝巾，其他亲属后辈包括侄子、侄孙和旁系血亲后辈则戴白布孝帽。披麻戴孝，这在我此前亲历的丧事现场也是不曾见过的，是较为典型的汉族丧俗礼仪。前面在长阳资丘跳丧一章中曾讲到，在巴东后乡农家，孝子没有明显特征。在巴东野三关电站和长阳资丘集镇上，孝子戴有黑袖圈，这说明集镇上和公家单位里，较之乡下接受外来汉文化相对多一些。而五峰丧事现场的孝巾、孝帽，一来因为是在县城里，外来文化的流传和影响绝不会亚于乡镇；二来自改土归流以来，土家习俗接受汉族礼教而有所变化，作为县城所在地的五峰镇自然也要多于巴东后乡农村。在当晚的丧事中，除了嫡孝子、孝媳和孝女披着长长的白孝巾，戴孝帽的人也特别多，他们都进进出出地迎来送往，帮忙招呼着热闹的场面。门外的阶沿上，挂着一横排白色的纸帘，上面写满了亡人后辈的名字，他们把它叫作“孝名帘子”。从场面和来客的情况可以看出，亡者不仅儿孙满堂，而且在当地名望高、人缘好，丧事办得很隆重。

张桂英副馆长站在大门口向我们招手，是跳丧开始了。我赶紧走过去，看见堂前几个小伙子正兴致勃勃地跳着唱着。看他们的步伐和舞姿，跳的是《四大步》，巴东叫《待师》，我问站在一旁的观众：场上跳的叫什么，回答说《跑场子》，意思是歌师傅们刚上场时所跳的基本舞步，这与我的判断和理解正好一致。掌鼓师叫歌用的是平腔真声，而不是花腔带颤音的高八度假嗓唱法，所唱曲调与巴东、长阳也各有不同，听起来似乎显得低沉厚重一些，但节奏却与巴东、长阳跳丧的核心舞段完全一致，是那催人跳、动人心、让歌者舞者和看客们都着迷的6/8拍子。

场上有三个小伙子舞姿非常抢眼，节奏把握得特别好，三人风格自成一体，不相默契的舞者只好暂时退下。他们舞蹈时形成一个三角形，临时打破了跳丧由两人一组或四人对舞的常规，交替错动，变换着花样和舞步。一旁有人议论说：“这几个青年是红渔坪的人，五峰跳丧数采花、红渔坪的好看。”他们才跳了一会儿，土老师又要开始做下一出法事，原来他们刚才是瞅着空档抢上场的，看来几个小伙子完全没有尽兴，但又不得不暂停下来。

我们跟着三个青年人走到院子里，两位文化馆长忙问他们是不是红渔坪来的，他们点头说是，还告诉说他们三人都在县城里打工做事，一个叫晏德宏，23岁；一个叫向长佑，20岁；还有一个稍矮些的叫李俊，只有16岁。三人的家都相隔不远，小地名叫白溢坪，原属红渔坪乡。他们相邀外出到县城来打工，三人在五峰镇上合租房子同住，晏德宏和向长佑都在夜市上摆摊卖烧烤，是做夜市餐食的小老板，李俊则在县城里跟师学艺修机动车。他们三人与孝家都不认识，只因昨夜听到丧鼓响，知道这里“老”了人，今天就专门跑来跳丧的。为了跳丧，两个夜市老板特意安排好摊子，花钱雇人帮忙照顾生意，每雇一个人得付10元工钱，为的是自己来过一把跳丧的瘾。两位馆长想到时下文化馆正在进行的民族民间文化抢救保护工作，认为将他们有关跳丧的情况作一番调查了解，倒是个好机会，于是连忙问他们现在租住的是哪里的房子，在什么地段。三个小伙子颇为不解，搞舞蹈的张桂英副馆长解释道：“我们想找个时间，等你们白天休息时，到住的地方去找你们，请你们介绍一下红渔坪的跳丧。”龚德俊馆长进一步说：“你们留个联系地址，我们到时候还想借设备去拍摄一点你们跳丧的素材作为资料。”听说要将他们跳唱的“撒叶儿嗬”录制下来，小伙子们都笑得很开心。

图5　来自红渔坪的三个小伙子自成一格，跳起了《跑场子》。

围在门口的观众闪开了一条道，口唱着文辞的土老师们依次从灵堂内出得门来，对直朝搭在大门外的一个“天台”上走去。“天台”是用建筑工地常用的竹跳板临时搭起的，上面放着一个方桌，桌上摆满了各种做法事所需的物品：两面三角形花边令旗，三个盛满白酒的

图6 舞者以背相靠，伸开双臂扇动起伏，表演的是凤凰展翅。

酒杯，装有玉米的升子里插着四个红纸做的牌位，上面分别写着“金阙玉皇天界高真”“金阙玉锁地界威灵”“金波玉浪水国晶仙”“金山玉洞阳沿祀典”。前排是十供，据站在一旁侍弄着的王武顺老人讲，十供即香、花、灯、水、果、茶、食、宝、珠、衣等十种供品，各取一丁点，是个象征意思，如一小块花布代表“衣”，一个硬币代表“宝”，十种物品分别放在十个小小的瓷碟里。我看王武顺没有穿法衣，问他怎么也懂得这些，他说是给土老师们帮忙的，他今天的职务叫作“随坛”。

几个土老师并排站在“天台”前，执事的土老师双手捧握朝笏——一块35厘米高、呈弧形的杨树木片，其旁的土老师手执锣鼓，除了常见的打击乐器外，还有做法事专用的“点子”——一个直径约10厘米的小小铜锣，边缘钻有小孔用细索固定在略大于铜锣的钢丝圆环上，有一个长长的手柄，另有一个比拇指指头还小的金属的“点子槌”。他们吟诵着，“点子”间或发出叮当的响声，显得斯文有加。我观察他们在做法事时并不赶鬼，所以现场没有那种阴森恐怖的氛围。他们唱诵，主要是为了告知阴世，此间有新亡，希望亡魂能顺利到达冥界，并在那里安宁幸福，等等。

看着多人组成的土老师班子，我问王武顺：“他们谁是负责的？”王武顺指着其中一个年轻小伙子：“田永锋，他是今天的掌坛。”我说：“这么年轻的掌坛？”王老笑笑：“今年27岁。”“那你们这些老人家都听他的？”王老点头说：“那是啊。”

田永锋告诉我，这一出法事叫“明路疏”。做完“明路疏”，紧接着是当晚最后一出法事“夕奠享亡”。土老师们唱毕，便收拾法器和道具，跳丧又开始了。

还是红渔坪的小伙子抢先上场，掌鼓师是长坪村2组45

图7 土老师们游龙般地交叉穿插，变换着队形。

岁的邓宏贵，他唱道：

走进门来打一望，撒叶儿嗬哎！
明灯挂在高堂上，两旁坐的是歌郎。
…………

小伙子们激情满怀，边舞边唱，开始仍是跳一段《跑场子》，接歌对舞者的合唱方式，与长阳资丘的接替方式一样，是每两句循环一次的错落交替式。在《跑场子》的基本步伐之外，舞者二人时而两背轻靠，做一个弧形滚动的姿态，变换的花样叫《跑场子》带《滚身子》。刚刚做完法事的掌坛师田永锋，此时已脱下法袍，换好平时穿的普通蓝色中山装，他站在大鼓旁欣赏了一会儿场上歌舞者的表演，就接过邓宏贵手中的鼓槌，唱起了大家都非常熟悉的五句子歌：

三个斑鸠飞过冲，两个母的一个公。
两个母的一架打，一个公的脸旋红，
扁毛畜牲也争风。

田永锋的歌唱引发了观众们会意的笑声，我看着眼前这位年轻的掌坛师，转瞬间又变成了跳丧的掌鼓师，觉得很有意思。这个有趣的现象令我想起了文字资料上有关“道坛不准跳丧”[2]的说法，既然道坛不能跳，那么站在道坛前的掌坛师就更不能跳了。这使我感到实地调查是多么地重要，它总会给人一些意外的收获，叫你看见一些意想不到的事实。当然，现在允许在道坛跳丧，并不等于历来如此，它完全可能是新近发生的变化，犹如而今的女子跳丧，不也是土家丧俗的一种变异吗？法则和禁忌都是可以改变的，这种开放、接纳和融合，在土家文化流变中是并不鲜见的事儿。话又说回来，根据我此前的田野调查经历，在土家跳丧过程中，凡遇有土老师做各种法事时，跳丧群众与土老师两者之间，是井然有序的交替连接关系，互相不干涉、不抵触、不影响。比如巴东野三关道子坪村的土老师在每做完一次奠酒或叫亡的法事后，通常是在一旁等候，待下一次法事时再出场。当然那里并没有如五峰长坪的现场设有像模像样的道坛，尽管如此，在等待的过程中，尚未见过土老师上场去掌鼓跳丧的，或许他们正是因循着古旧的法则。所以，像眼前这样脱下法袍又来掌鼓，在我所经历的跳丧现场，还是不曾见过的新奇事。我禁不住问田永锋：“你们掌坛的还可以参加跳丧吗？”他点头说：“那有什么不可以呢！穿上法袍是掌坛，脱下法袍就可以掌鼓，这不矛盾。”说罢他又领唱了一句，在舞者接歌合唱的间隙，他回过头来对我说：“只要体力来得及，精神撑得住，随你唱好多，孝家还欢喜些。”

他一连唱了半个多小时，全是“带姐带郎”的情歌五句子——

想郎想郎真想郎，把郎画在枕头上。
早晨起来亲个嘴，黑哒睡觉把郎摸，
要你翻身压到我。

（曲谱十七：《跑场子》）

图8 土老师口唱文辞在堂前诵祷

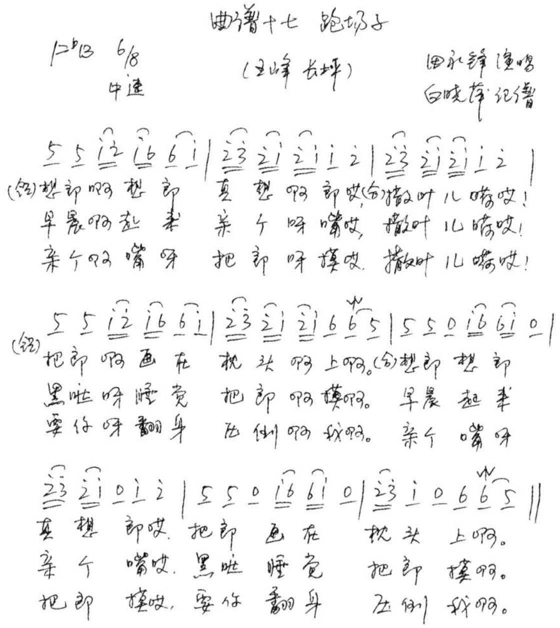

姐儿住在斜对门，望到望到长成人。
多年就想接近你，只因年小不忍心。
忍脚忍手到如今。

板栗开花一条索，小郎望到情姐说：
身上衣服对不住你，腰中无钱救不到急，
劝你找个发财的。

葛叶开花扯满蓬，我也没嫌小郎穷。
有钱的不见穿缎子，无钱也没见穿树皮，
二人相交是好玩的。
…………

田永锋叫歌时，跳者争相上场。先是红渔坪的晏德宏、向长佑、李俊等几个同伴们表演，他们舞步轻盈，尽情处常随意增加些踢腿旋转的花步子：在《跑场子》带《滚身子》的基本套路之外，会忽然抬腿回身，手臂扬过头顶，露一手“美女梳头”；忽儿又双手叉腰，半蹲转体，来一个“犀牛望月”。方才掌鼓的本组邓宏贵与太平庄村9组的万长明搭档，他们步态稳重，缓急适当，或立或蹲，表演了“浪里拾柴”。头戴礼帽、身着彩装来“送锣鼓”的老年艺术团团员，也上场跳起了《跑场子》。跳者踊跃地交替上下，常是四人以上挤在堂前共舞。在现场欣赏的众人，受到这歌舞的感染，情不自禁地亢奋起来。在漫长的守丧夜晚，只有“撒叶儿嗬”的歌声和舞步具有如此令人醒脑提神的功效。

已是半夜12点多钟，管事人到堂前叫了几遍，请还没吃饭的人赶紧去坐最后一发席。场上跳丧的人都争相表现，似乎谁也不愿去坐席而让出“舞台”；看跳丧的人也像被磁石吸住，不肯离开。王局长叫我先去吃点东西，莫着急拍照，并告诉我明晚还有一夜跳丧。红渔坪的几个年轻人一听说明天不出丧，他们看看时间还早，就拿起脱下的衣服走出院子，说此时回去还可以做一把夜市生意，明晚再来跳“撒叶儿嗬”，就告辞了。先前曾在桥头边碰到的几个老年艺术团的婆婆们，早已等候在门外，她们赶紧进到堂前，摆开阵势，其中一个执槌掌鼓，另外几个婆婆接着跳了起来。

坐席是在灵堂对面孝家新修楼房的一楼，一发席开4桌。坐在席间，我想起了在殡仪馆里的跳丧，就问：“如果在殡仪馆里跳丧，就不用坐席了吧？”没想到同桌的客人却告诉我“照样坐席”。尽是新奇事！乍一听实在叫人费解，殡仪馆里如何坐席呢？他们对我说，在殡仪馆灵堂里跳丧，为了招待客人，孝家同样要备置宴席。不同之处在于，不是由孝家自己张罗，而是由殡仪馆一方全面负责安排，孝家只要根据实际情况，估算一下来客人数的多少，然后订出宴席所需标准，坐席等事宜则由殡仪馆承办。显然，在殡仪馆里的跳丧，已引入了市场运作的机制。

坐席完毕，王局长和两位文化馆长因明天还有工作得先回去，行前他们一再叮嘱我不要守得太晚以及回旅馆的路线等。送走他们，我留下来继续观看跳丧。

老年艺术团的婆婆共来了八个，一人掌鼓，其他人则轮番上场，多为四人一起跳，有时全体同时出台，就站成圆圈。呈圆圈形时，并非连袂踏歌式的快速旋转跳动，而是按“升子底”的基本步伐，左右跨步或自转，相互间不穿插，各自都按逆时针方向舞动。她们全部穿着时尚的对襟唐装，黑底大红的花纹图案，显得很精神。她们的舞姿看上去远不如先前男子舞蹈时那样娴熟，有的还在边跳边

图9 五峰镇老年艺术团的婆婆们盛装出台，当她们一起上场时便站成圆圈，表演《跑场子》。

切磋。从前女子不能跳丧，近些年来，五峰县城与长阳资丘一样，也出现了女人跳丧的现象。从当晚的情况看，五峰女子跳丧的只是老年艺术团的婆婆们，堂前虽有不少年轻女性观看，但没见上场跳，不像资丘有很多中青年女子跳丧。相比之下，五峰女子跳丧的团队表演性强，而随意参与性不如资丘。我向现场观众了解乡下有关女人跳丧的情况，他们说，在农村，女人跳丧的还是少见。不过若有女人愿意跳，应该还是可以理解和受欢迎的，理由是：“反正是闹夜陪亡人玩，越热闹越好。”他们也自然而然地认为：从前的人是由于受封建传统影响，思想禁锢，观念陈旧，歧视女性，才不准女人在堂前跳丧；现在不同了，时代发展了，人们思想进步了，就不反对女人跳丧了。这其实是一种误说（按，详见本书“感悟”之四“跳丧的源流”）。由此看来，现在清江中游的土家人跳丧，已很少再去想它的起源以及禁忌的由来和祖先的历史，似乎那些已不重要，重要的是“要陪亡人到天明”。这确乎有点“数典忘祖”的意味，所幸的是，祭奠亡人时通达开明的观念和态度没有变，不管男人跳还是女人跳，只要是“热热闹闹陪亡人”就行。除了热闹之外，还要“欢欢喜喜”，这从她们歌舞时喜悦的神态上即能感受到。土家跳丧歌舞本身的娱乐性和艺术感染力，决定了它成为陪伴亡人的最佳形式，因而作为土家丧俗变异现象的女子跳丧，同样受到今天的土家民

图10 《滚身子》

“老人”的现场是操练技艺的好时机，艺术团的婆婆们边跳边琢磨，还时不时地相互提示。

众认可。连五峰东部原不跳丧的渔洋关镇，如今有孝家办丧事，也会来请老年艺术团的婆婆们去跳丧热闹一番。

老婆婆们跳“撒叶儿嗬”时，节奏要明显缓于男子，差不多是用慢一半的速度。除了不够娴熟的因素，主要是体力不如男子。在长阳资丘所见的女子跳丧，掌鼓师仍是男性，女子只管跳，因年轻精力充沛，能够与男子同舞。眼下这些婆婆们跳丧，由于常以团队形式活动，则推举其中的擅歌者掌鼓，叫歌的方式是用女声平腔真声演唱，其音高虽与男声高八度为同一音律，但听觉效果却大为逊色。掌鼓师“戏份”减轻了，不如男子掌鼓那样“出彩”，少了男子高腔的演唱风格以及诙谐、幽默和滑稽噱头，掌鼓师在歌场上的主要角色和中心位置减弱了，只起到一个伴唱的作用。所选唱的内容也受到局限，少有“带姐带郎”的“荤”段子，以文明素雅的歌段为多。从她们当场的表现来看，舞蹈动作是按跳丧基本步伐编排的，可是临场发挥的自由传神之态少了，古朴原始的风格也淡了许多，看上去更像是参加文艺演出的歌舞节目。跳时因注重舞步和招式，缺少了男子跳丧时那一份自如和潇洒。尽管如此，她们的情绪仍然亢奋饱满，学跳的人兴趣也极浓。她们跳了《跑场子》《滚身子》《幺女儿嗬》《幺姑姐》等。在跳《跑场子》的基本步伐中，她们也相互撞肘、推掌，还扬起手臂，融入“美女梳头”的优雅姿态。与红渔坪小伙子表演的“美女梳头”比，年轻人“梳”得轻巧洒脱，老婆婆们却“梳”得敦厚斯文。《跑场子》带《滚身子》作为跳丧的基本舞段，是她们当晚跳得最多的。《滚身子》为6/8拍子，唱腔的旋律和歌词内容都很简单，其接替方式为：

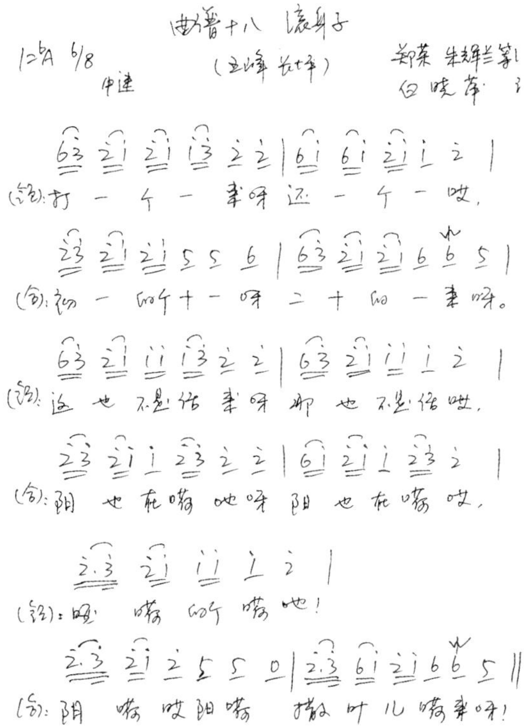

叫：打上一个一来呀还一个一哎，

接：初一哎十一呀二十个一呀，

叫：这也不是话来呀那也不是话哎，

接：阴也在嗬也，阳也在嗬也，

叫：跳得好嘞！

接：阴嗬那个阳嗬啊，撒叶儿嗬啊。

叫：打上一个二来呀还一个二哎，

接：初二哎十二呀二十个二呀，

…………

（曲谱十八：《滚身子》）

以此类推重复，直至冬、腊月，这是跳丧中常唱的《十二

图11 老婆婆们跳的“美女梳头”虽不如小伙子来得轻巧洒脱，却也“梳”得敦厚斯文，尤其是情绪显得亢奋而饱满。

月歌》，从正月唱到腊月。

来孝家“看信”的县城各单位里的上班族，坐席过后差不多都回去了，长坪村2组的乡邻们还有不少在堂前跳“撒叶儿嗬”，他们与老年艺术团的婆婆们轮换着掌鼓跳唱，也有的放慢速度，同老婆婆们混合穿插着对舞。场上既有男子汉们浑厚的歌声，也有七八个女声汇合而成的齐唱；有时男声叫歌，又有女声附和帮腔。老婆婆们丝毫没有倦意，仿佛要抓紧机会实习一回。她们多是花甲以上年龄，有的已逾古稀，却在兴高采烈地为一位逝去的同辈人跳丧，其开朗的生活态度和胸襟，不由令人慨叹，这在其他文明发达的地区，恐怕也是难以做到甚至难以想象的。在咚咚鼓声的伴奏下，她们歌声不断，笑逐颜开。

夜已深了，凌晨3点多钟，本村组前来“看信”的人也陆续走了些。孝家在院子里放了两个燃烧着许多蜂窝煤的火盆，为留下守更的客人们驱赶寒气。堂前跳丧的人只剩下老年艺术团的这些婆婆们，不停地跳唱使得她们额前挂满了汗珠，她们早已脱下了棉衣，有的还脱了毛衣。孝家后人中的几个女眷打来几盆热水，丢进新毛巾，拧干了递给她们。擦一把额头和脖子上的汗水，她们又接着跳。这时孝子们走到她们跟前，轮流下跪落礼叩头，表达深深的谢意。嫡孝子杨正明已有几个夜晚没有合眼，有感于这些六七十多岁的老妈妈们，夜半三更都还陪在亡父灵柩前跳丧，于是他给大家叩完头，也上场与老妈妈们一同跳起了“撒叶儿嗬”。

在清江土家跳丧中，有孝子不跳的惯例。但实地调查中却发现，这一惯例也并不是所说的那样严格。在巴东的杨柳池，我也亲眼见过孝子上场跳丧。孝子不跳，是缘于这样一种说法或心态：认为孝子死了老的，还表现出高兴的神态来又唱又跳，似乎说不过去。显然，这是土家受汉族观念影响下的一种心理活动，其实它与土家族把老人寿终正寝看作“白喜事”以及来客要向孝子说一句“恭喜您尽孝哒”的事实相矛盾，有点解释不通。事后我曾与杨正明聊天探讨，他回答说：一般说来是孝子不跳，不过也无所谓，老人家（按，此处指亡者）是“顺头路”，白事当红事办；再说，这么多的老妈妈都还在陪着老人家玩，自己也应有所行动。这实际已表明，土家的禁忌是可以变通的，与时俱进。清江土家这种灵活的变通方式，起到了一种对民族意识的自我保护作用，它能使本民族坚强的生命观念和独特的文化事象得以保留和传承。因此，才有了跳“撒叶儿嗬”这具有三千多年历史、从祖先巴人流传至今的属于土家自己的习俗。这一习俗当然已不是三千年前原模原样的，它早已是用汉语演唱，所唱的大量五句子歌也都是用汉语记载、传播，但或许正是通过这样的方式，才使跳丧广为流传，保留着土家不同于任何其他民族的顽强生命意识。

堂前显得清静一些，已不像开始那样拥挤。此时我才走近由两张小方桌连起来的灵台跟前，仔细看了看几案上的陈设以及那许许多多牌位上所写的内容。

如前所述，此前见过的灵台布置，只有升子里插着亡人的牌位，别无神位。这里的灵堂因设有神坛，桌上除了亡者的遗像和灵位，还摆满了各路神仙的牌位。为了弄清神坛的系统，我记下了众多神灵牌位的陈列格式、内容和名称：

正中的一块牌位上写着“南无丧堂会上诸佛菩萨”，右侧上联为“圣驾登宝座”，左侧下联为“祥光照佛坛”，横额为“佛法无边”。在正中诸佛菩萨的两旁，还有八个牌位分列于左右，一边各四个，插在两个装有玉米的长形抽屉里，左边还插有一面红色令旗。八个牌位从左至右分别为：“南无清凉山中大势至菩萨”“南无过现未来佛法僧宝”“南无三昧泉中迦罗尊者”“南无西方接引阿弥陀佛”“南无文殊普贤二大菩萨”“南无解冤解结二大菩萨”“南无护法韦驮尊天菩萨”“南无灵山觉主释迦文佛”。牌位都是用大红纸和浆糊糊成夹层，中间穿插一根竹签，长约40厘米至50厘米，宽约15厘米，上书黑色毛笔字。在正中诸佛菩萨的上一层，搁着一个装满了玉米的升子，里面也插着三个牌位，从左至右分别为：“南无救亡拔苦观世音菩萨”“南无幽冥教主地藏王菩萨”“南无三途路上引魂菩萨”。三个牌位的两边有龙凤旗各一，令旗各一。以上共三个令旗的三角形旗面上，都有巫师捉鬼遣阴兵所画的符。另外，升子里有点燃的香烛，还分别放有海螺、师刀和七星剑等。

灵堂上空彩色纸条上书写的内容有：“人赴神洲极大乐，寿高彭祖也身亡”“说古通今明大道，法天象地讲中和”等等。

在大门口的左侧墙边阶沿上，有两张小方桌，方桌上端的墙壁处，并排挂着两幅神图，桌上的牌位写着：“生方死所二处土地，城隍土地阴阳二役，本县城隍忠政大王，阴阳二差取命无常，本司土地差拨伕役四十名、驮马四十匹，准此。”

这是一个十分庞杂的神灵系统，佛、道、儒、巫无所不包。既有灵山觉主释迦牟尼佛、救苦救难的观世音等诸佛菩萨，又有城隍土地、取命阴阳无常和本乡本地的土鬼王，还高悬着道教张大真人、八仙、南斗六星、北斗七星的神图和明显具有道家思想色彩的“说古通今明大道”“寿高彭祖也身亡”等内容的条幅。从所运用的法器来看，既有道士吹的海螺，也有端公耍的师刀；有道士破地狱和端公遣阴兵即民间常说的上、下两坛都会用到的七星剑，也有土老师行巫法时专司差兵捉鬼画着符的令旗……

图12 老婆婆们在灵前跳至天明，孝子也上场与之共舞。

从这些布置所涉及的内容中，不难看出清江流域土家巫师的一些特征。同巴东后乡一样，这里的老百姓也把土老师称作“道士”，尽管不确切，但他们确实是学过道士的一些经文，有的法事就是道士的斋醮科仪。所以民间在他们操办丧事的时候，也把他们叫“道士”。这些道士却又供奉着佛教的菩萨；不管是道教还是佛教，平时却又都是不念经的，也不用去道观或寺院，只在民众需要时，专司法事之职。他们作法时，内穿道士的长衫，外披端公的法袍，头上在道士的冠戴之外，又加系着端公的五佛冠；行的是道教的科仪，差拨的是端公的兵马；诵唱着道教的经文，又无时不穿插着古老的巫术。总之，不论是道、佛、儒还是巫，谁灵就信谁的。多神兼信，诸教并用，不需要自圆其说。随意适时和灵活运用是土家接纳外来文化以服务自身常用的方式，或许正因为如此，这里的法事现场才有了不同于汉族和其他民族那样庄严肃穆的宗教氛围或令人窒息的阴森恐怖，使得本来从客家（汉人）的巫师那里学得的法事法仪，也逐步成为土家化了的民风民俗。

灵堂右侧靠前沿的一间厢房，是专门腾出给做法事的土老师们用的，门楣书写有“科房”字样。“科房”内设一个长形的大案板，是两条普通长凳将凳腿加至一米多高，上面支一块大木板搭起来的。我走进门内，见掌坛师田永锋正伏在案上，用毛笔往一张张已剪裁好的长条形白纸上书写着明晨将要进行的法事科仪。他告诉我，这叫“班单”。“班单”上以稍大的字纵向书写着一出出法事的名称，其下的小楷写的是经掌坛师分派出的各位执事土老师的名字和职责，谁主事，谁做助手以及各样打击乐器的操持等，都写得一清二楚。“班单”得由掌坛事先安排并书写好，一一张贴在大门右侧上方的外墙上，各位执事的土老师照单行事，同时也告知孝家和来客，究竟做了哪些法事。看来“班单”是有透明度的，类似于公告栏，不但执事者明了各自责任，还不妨让孝家和客众参与监督。

在“科房”靠墙的一角，设有一个师坛。同样是摆着一张小方桌，桌子上方墙壁挂有一幅神图，上面画的是道教祖师张天师的画像，桌上还供奉着前辈师傅、师爷们的尊位。每一出法事，都是从这个师坛前开始，几个执事的土老师在坛前诵唱一段，告知师祖们将行的法仪。每当法仪进行完毕，又同样要进到这里诵唱一番，以感谢师祖给弟子们传授的技艺。

田永锋告诉我，他们所做法事的大小，是根据孝家提出的要求来定的。如杨家的这一场法事，因亡者生前在当地名望很高，又是寿终正寝，后人们为感念先辈的恩情，同时答谢四方邻里的关心，希望把丧事办得热闹些，所以选择了“开路”中的“转经路”。“转经路”整场法事做完，需要四天三夜的时间，于是作为掌坛的田永锋共邀约了十个土老师——田永清、李教渊、卢远玄、史教玄、史教清、彭教元、田本原、卢远清、李永久、谢教一等组成班子。这十个名字都是土老师的法名，其中的田永清即掌坛师田永锋的法名。

田永锋27岁，来自五峰镇石梁司村5组。其他九位也都是本县人氏，多为土家族，分别来自附近的茅坪村、前河村和石梁司村。年龄最大的68岁，最小的只有16岁。

田永锋对我说，他们这一支土老师的教派共有二十辈，字派排序为：道德通玄静，真常守太清，一阳来复本，合教永远明。他说从14岁开始，就跟着蒙师彭教元学艺，后来又跟了师爷辈的谢合玄等几个参师，17岁时就“度职”开始行艺了。“听师傅们说，本教属江西省广信府贵溪县江右虎地龙虎仙山佛国天师张大真人。”我一听乐了，就问他：“你到底是道教还是佛教，怎么把道教天师张大真人‘派’到‘佛国’去了？”他却一本正经地说：“我们是信佛教的。是的，这是师傅们前传后教的。”

清江流域民间是正一派道教流传非常深广的区域，可眼下这个分明也挂着张天师画像、穿着道袍的“道士”，却硬说自己是“信佛教的”，还说“是师傅们前传后教的”。倘若是一个对清江土家近几十年历史一无所知的人，定会为这种看似颇为矛盾的说词而费解。

与土家跳丧的命运相类似，约在“文革”甚至更早一些时候，土家地区的巫师就曾作为“四旧”“唯心”等陈腐落后的意识形态的代表而被革除，很长一段时间内，都禁止土老师在乡间行艺。直到20世纪80年代后，随着土家族自治地方的成立，各种民族习俗的复苏，土老师逐渐恢复了一些活动，但仍时常被当作另类看待，甚至有人曾因“传播封建迷信”而被划为“严打”对象，受到公安部门的拘禁。田永锋的师傅们也不同程度地遇到过此等经历。他告诉我，最早跟着师傅出道时，是20世纪90年代初期，当时因为有外来记者到五峰采访，相关部门组织了一些老艺人，向记者们介绍土家地区的历史、文化和习俗，他的师傅们方才意识到，外面来采风的记者们，对土家的风俗是十分尊重的。之后，他们才重操旧业了。

田永锋对山外的事情存有强烈的好奇心。他曾问我能不能帮他介绍加入宜昌的佛教协会，起初我有些纳闷，后来才弄明白，他是从土老师班子的合法保障和长久存在考虑的。田永锋毕竟还处在爱琢磨、勤思考的年龄，他想：如今已进入信息时代了，他们这支队伍是否也应该输入一些新的知识和信息；是否也应挂靠相关的组织；像自己这样无休无止地在乡间替邻里乡亲们做法事，其未来发展将会怎样；等等。作为一个受过当代教育的人，他也常思考，自己所从事的这一行业里，人们所说的唯心的、迷信的东西，到底好不好。他似有很多不明白的事，于是乎就想到：既然说我们是信佛教的，那就应该加入佛教协会。毫无疑问，这是受师傅们心有余悸的影响。经历过那个特殊年代的人，难免会害怕。或许是为了证明自己从业的合法性，清江地区的这些土老师才坚持说自己是信佛教的。

尽管如此，普通民众谁也没有把他们称作“和尚”或“出家人”，也没人叫他们“巫师”，相反，常叫他们“道士”或“先生”，这无疑是尊称。因为在百姓眼里，“巫师”这个称谓恐有不恭之嫌。那些年，巫师、巫婆曾都是与装神弄鬼、封建迷信、反动落后等词语划等号的，谁也不愿当这类人物，老百姓当然也不会将被称谓人不愿听到的名词拿来称谓别人，只会称对方愿听的名称，这相当于称谓上的就高不就低。

按照田永锋的说法：“其实我们叫超度士，为死魂超度、开路。除这之外，遇到有人生病的，人家接来哒，也会去做法事，就是一般说的端公杠神，属下坛。下坛是诊病的，不过真正是生病哒，我们诊不好，还是要上医院去诊。我们主要是诊那些精神方面有些不大正常的情况，比如‘走胎掉魂’‘眼睛动影’的，就是一般说的被鬼魂缠到哒，那就要做‘招魂’。你不信鬼的话，就没得事；有的人就是信，觉得是鬼缠身。遇到有些事情你确实也解释不清，这种情况，我们就做‘回送’，要招（阴）兵，请师率将，杀妖追魂，把鬼送回去。再一种情况，就是人病得久哒或得的绝症，医院看不好弄回来的，一时又没死，病人活得蛮痛苦、可怜，有的绝望哒，家里后人就可能找我们帮忙看一下，做个法事。我们要判断出病人是哪种情况，就做哪种法事。我们搞的不是‘唯物主义’，是‘唯心’的，是巫术。做我们这一行的人死哒以后，必须做法事‘撤坛放兵’，所以我们其实也是巫教。”从这番话中，我们看到的是一个明智、客观的土老师，也多少能感受到年轻一代与前辈土老师的不同之处。田永锋同时又是矛盾的，因为他也认为：“做下坛要求高些，要的是真功夫，内力不够的话就达不到效果。”他一方面说他们做的是巫术，是唯心的；一方面又坚信凭借其“内力”作法驱鬼的“真功夫”，当他讲起已故的师傅们高超的本领时，佩服之余，甚至连自己也有些恍恍惚惚的。

我们没有理由要求一个土家族巫师做彻头彻尾、彻里彻外的唯物主义者。其实，任何一种意识形态，都是与其所处的社会生活环境、生存发展状态相关联的。在人类发展的历程中，没有哪一个人种，没有哪一个国家，不曾经历过巫术盛行的时代。可以说，巫术一直伴随着人类的成长。就连人类进入21世纪后的今天，在文明发达的大都市，不少人仍会迷信带“6”、带“8”的数字，相信它们能够给自己带来“又顺又发”的吉祥。谁能说这不是在当今条件下产生的一种新的巫术呢？文明进程快的都市尚且如此，何况深山老林里的土家村寨？实际上，到了科学能够解决问题的时候，巫术自然就没有市场了。巫术伴随了土家几千年的历史，是一种值得研究的文化现象。从某种意义上讲，当自己不能战胜困境、渡过难关的时候，有巫术比没有巫术好。害人的黑巫术除外，祈福禳灾的白巫术至少可以鼓舞人生存的信心。相信随着时代的发展，土家的生活条件会大大改善，受教育的程度会大大提高，科学技术会逐步普及。或许有一天，清江土家人不再需要巫术，古老的巫术会渐渐消亡。即使到了这一天，巫术作为一种历史的存在，仍具有研究土家乃至于人类发展进程的重要的学术参考价值。

我问过田永锋：当年是怎样想着去学做土老师的？他告诉我，他家兄弟二人，原本有一个比他大几岁的哥哥，哥哥很小就在外打零工挣钱，帮助家里生活。十几年前的一天，哥哥在砖瓦厂做工时不幸摔死了，父母的精神和身体因此受到打击。因父母年老多病，无力供他继续念书，他只得学着谋生。开始时跟着师傅学诵经文，觉得很好玩，有兴趣了，后来在背诵、抄写各种科仪和经文的过程中，也练习了书写，学得了一些文字知识。如今在五峰镇各村组间，他已是一个颇具实力和颇受欢迎的土老师，并已带出了一个徒弟，就是上面十个土老师中最小的一个，法名为卢远玄、年仅16岁的卢迅。

卢迅把田永锋喊作“先生”。“先生”写“班单”时，卢迅一直毕恭毕敬地站在一旁看着，或帮着研墨递纸，前前后后地忙活。他们告诉我，就在一个月前，卢迅已经由“先生”做过“传度师”法仪了，其他一些师傅、师爷，则分别做卢迅的“副度师”“保举师”“证明师”“监督师”等，在他家里进行了正式的“度职”仪式。按通常的说法，他已经出师了，或者说已拿到了“执照”，有了“调兵遣将”的资格，可以担纲主持法事了。看着这个16岁的孩子，我忍不住问他：两年多以前就开始学艺，为什么不读书了？没想到旁人却告诉我：十多年前，他不到6岁时，母亲在一次车祸中丧生，留下他和不到两岁的妹妹；会瓦匠的父亲又因做工不慎，从屋顶摔下，腰椎骨折，成了半残疾，已不能做重活。他只得辍学行艺谋生，以帮助父亲，维持一家三口的生计。

有关“掌坛”这一职位，我问田永锋是如何确定人选的。他们说：由孝家定，孝家愿背谁的箱子，谁就是掌坛。掌坛根据法事需要，再组班子。

说起背箱子，卢迅以称羡的口气说：“先生是今天的‘老大’，他屋里的菩萨最全。”

所谓“背箱子”，指的是背上老师装有各种菩萨神图的“圣箱”。五峰现今在行艺的土老师们，各自都备有这一套家什，就连刚“度职”的卢迅，也正在请画匠绘制。

菩萨全不全是指挂图的多少。做一般的小法事，只要在灵堂前挂一组神图就可以了，其状约似一般的中堂画；但假使做较大的法事如“转经路”，甚至于更大的场合需要做斋的话，那菩萨少的土老师就无法胜任了。神图是用布糊上浆，再绘以彩图制作的，外面还刷了几层透明的清漆，一来光亮美观，二来有保护作用。据他们介绍，只要精心保管，箱子以及神图可以用个几十年。田永锋的神图是请现已60岁的本地民间农民画师王华堂分几个阶段陆续绘制的，据说工程大，工期长，几幅挂图就要用几个月的时间。经他们描述：得先用铅笔打底稿，然后在底稿上用细毛笔着色勾轮廓，再描画人物神态、彩绘景致等等，总之要好多个工时。通常是把画师接到自己家里制作，得供一日三餐的饮食和生活起居。酬金以当地农民的收入算来，是一个不低的数字。田永锋共有挂图近30幅，不包括吃饭等生活用费，已花去了七八千元。若不论尺幅大小平均算来，一幅约在200～300元间。挂图有矩形的，宽约50厘米，长约70厘米；有条幅状的，宽不足40厘米，长则在1.5米左右；其中最长的一个卷轴有4米左右。我曾问过他们：怎么不请文化馆里的画家帮忙画？他们说，有一个师傅是请文化馆里的画家画的，一组菩萨七幅只花了500元，但他们觉得还是乡下画师画得好。因为他们无法相信，那些极为复杂的图画，文化馆的人不必供吃喝，竟然只要几天时间就干出来了，由此认为，那势必不怎么样。除此之外，可能是因为他们跟同自己一样出身的农民画师在感情上更接近，容易沟通。对于没有固定工资收入的土家农民，七八千元绝对是一笔不菲的数目，他们之所以愿意投入，一是考虑以优良的硬件设备赢得市场，以满足做较大法事场面的需求，便于接到大型或大宗的业务；二是“箱子”本身也能挣回一定的收入。按当地的规矩，每个土老师为孝家做法事，收入为人民币每人每天20元，而孝家请的掌坛，因背了他的箱子，则每天另加付20元，所以掌坛师的收入是一般土老师的2倍，每天为40元。

背谁的箱子谁就是掌坛，说明掌坛不是终身制的，而是孝家根据实际情况，参考土老师所需硬件设备的多少来挑选的。一般说来，是孝家相信谁就背谁的箱子，这种方式有点像时下用人单位对所需人员的选择聘用。其实，他们老早就有了这种先进的市场竞争机制和用人机制。要想成为一方享有名望的土老师，或说土老师要保证自己的“生意”好，只有一条，就是根据客户的需求，提供诚信的服务。难怪他们要把所行法事的“班单”予以公示。

说到“生意”，我跟田永锋开玩笑：如果这一方老人都健康无恙，你们不是就要歇业了？他说：道理是这样的，不过生老病死是自然规律，谁也抵挡不了。一年上头，总会有些事做，除了为亡人开路，平时有献祖、过七月半以及给亡魂祭七、周年等，也有人家接请他们帮忙写祭祀“包袱”。这里的人们认为，只有“度职”了的土老师才有“调兵”的资格，由他们写的“包袱”才能“寄”到冥间去。田永锋说：他们平时的主业都是务农，这个班

图13　跳丧和法事交替进行，互不矛盾。白天不跳丧，土老师照常做“转经”法仪，此时将长约4米的卷轴神图展开，为亡魂搭起长长的“天梯”。

子平时是松散的，有事时——主要是有大法事时，才相邀组合在一起。世世代代居住在这里，一方的乡邻就跟亲戚一样，谁家都会有个大小事情，少不得要礼尚往来，互相帮助。由于会这一门艺，乡亲们有事找上门来，做这些事也不都是论钱的，有的是还人情或帮忙，或者孝家以别的方式答谢。他指着“科房”墙壁上挂着的几个相同花色的挎包，举例说这就是他们此前给乡邻帮忙时，由孝家答谢他们而统一打发的。他说像他这样目前事情比较多的土老师，一年下来总的收入有个一两千元，就了不得了。

头一天即3月23日，法事就已经设坛开鼓了。我到五峰的24日当晚，是整个法事的第二夜。通常在夜晚12点左右结束当天的法仪后，土老师们可以去休息几小时，待天明时再就位。田永锋因为是掌坛，要写“班单”，又掌鼓叫歌，一直也没离开。我们在“科房”聊了好一阵，差不多25日凌晨5点了。外面堂屋里老年艺术团的婆婆们还在跳“撒叶儿嗬”，她们一个都没回去。那晚也是跳丧的第二

图14 “转经”法仪

夜，3月25日晚，还将有最后一场最热闹的“撒叶儿嗬”，高手通常在出丧的头晚才来得更多，守得更长，到时老婆婆们恐怕就挤不上场了，所以这一夜她们尽情跳唱，通宵达旦。五峰当地人把通宵跳丧叫作跳了“一穿夜”。

收槌息鼓后，孝家后人给老婆婆们打水擦洗，并一人送了一块新毛巾，叩谢她们“一穿夜”的人情。

老婆婆们各自回家了，先去休息的土老师们已起床陆续来到院子里，有人给他们打洗脸水洗漱。一个高个子的土老师查元华听见主人说我“一穿夜都没走”，就对我说：“你们这个工作其实也蛮辛苦噢。”据田永锋介绍，38岁的查元华也是这一方现今比较有名气的土老师，在场的人都把他喊作“查先生”。我在“班单”上没有找到查元华的名字，他才告诉我，“班单”上写的是他的法名谢教一，因为师傅姓谢，当年“度职”时法名就随师傅姓氏取的。我问他是否上、下两坛都做，他腼腆地一笑，回答说：“下坛做得少。现在农村家庭里，一般也就一两个小

图15 展开的神图从门外的“天台”穿过“孝名帘子”，连接在门内的灵堂里。

伢子，年轻的一代人里，文化还是高一些，遇到小伢子有个发热头痛的，都会去医院里弄药。除非有些老年人或疑难杂症，实在诊不好的，才请下坛，那也是死马当活马医的。上坛做得多，因为不管哪个家里都会‘老’人，少不了的要给亡人开个路，所以，上坛用得多一些，相对来说也好做些。说白哒，反正是不兑现的，你说得是与不是，也没得哪个印证，无非是后人们尽个孝心。不像做下坛，你要是诊不好病，人家就不信你，还说你功夫不行。”他的大实话把大家说得忍俊不禁。我说：“既然是不兑现的，你们何不马虎一些，反正别人也不懂，你们唱的时候不妨大段省略，干吗从头到尾唱得那么辛苦？”他却说：“都是乡里乡亲的，那对不起人。没得信誉哒，哪个还会接你去呢？做这一行的又不是你一个人。再说，每一样法事‘班单’上都写着，人家又不是不晓得。”他是在告诉我，诚信和

图16 “午朝行香”法仪

土老师在房顶的平台处，朝着高高的山坡上“望庙行香”。

透明这两样，对于他们立身处世，是必不可少的。其实，对民间的土老师如此，于其他事情又何尝不是如此呢！

天已大亮了。厨师们早就在忙活着，8点多钟，厨房里端出来一大簸箕热腾腾的猪肉包子，给院子里围坐在火盆边的客人们过早。吃完早点，土老师们又照“班单”上的安排各自就位。按原定程序，3月25日白天不跳丧，土老师法事照常。我因“一穿夜”没合眼，上午10时许，准备回旅馆休整一下，晚上再过来继续看“撒叶儿嗬”。热情的田永锋对我说，当天白天里有比较精彩的“转经”法事，值得一看。我请他到时叫我一声。

下午3时左右，放在枕边的手机响了，我仿佛是从另一个世界里醒过来，听见田永锋在电话里说：“‘转经’就要结束了，要看就快点来。”我立马跑到现场，看见一位年长的土老师李永久正主持做“转经”法事的最后一道“终转”。李师傅身披法袍，头戴五佛冠，坐在大门对面的台子前诵读着经文。在台子和灵堂的牌位间，用那幅约4米长的神图搭着“天梯”，超度亡魂沿着“天梯”升入灵界。

接下来的法仪是“午朝行香”“丰都表”。在掌坛的主持下，土老师们先在院子中间列队行进诵唱，田永锋作引导，他手挥“引导旗”在前舞动。说是“引导旗”，其实并不是一面旗帜，而是一个用红蓝相间的彩纸做成的漂亮花节，50厘米有余，中间像一个个小灯笼，两边缀有花朵吊坠和流苏，顶端系在一根约60厘米长的竹棍上。其他人紧随其后，时而侧移穿插，交叉前行；时而蛇形弯曲，逶迤后退；时而碎步蹉地；时而腾空跃起……队形不断变换，看得人眼花缭乱。跳了一阵，他们敲打着锣鼓，依次沿新楼的楼梯上到了四楼房顶的平台处，朝着高高的山坡上“望庙行香”。据说这一出的意思原本是要到庙里去行香的，现在没有庙，就在楼顶望着高处行香。之后大家把搭在门口的“天梯”拆下来，将长长的神图牵在院子中央的桌、凳之间，四个土老师站在一头的长板凳上，手捧写在黄色绸绢上的“丰都表”，其他几个在另一头齐诵文辞。客众在四周观赏着。

白天的法仪告一段落，下午饭坐席的客人们逐渐多了起来。在这个间隙，田永锋带我去看挂在屋后山坡上的巨幅长幡——在一棵高高的杉树树梢，一幅摇曳翻飞的白布长幡，在夕阳下随风起舞。长幡由顶端的幡花宝盖以及其下的长条布和彩色流苏构成，上面有毛笔正楷大字书写着：“上启　南无灵山觉主三界大士四生慈父人天演教本师释迦牟尼文佛金莲座下。”飘飞的长幡与孝家院子前后、灵堂内外的所有陈设一起，都是神坛设置的组成部分。

穿过屋旁搭起的临时厨房时，看到厨师们正忙着晚餐。灶上的蒸笼在冒着大汽，案板处上百碗已经备好的传统扣碗蒸菜，排列得整整齐齐，只待陆续上甑，一切井然有序。

一发接一发的流水席又开始了。管事人王林治见我还没坐上桌席，就对我说：“白事不知客，人人都吃得。您千万莫讲客气，白事场合吃饭是不用请的。我们也没把您当客，您要是讲客气，那就要挨饿哒哩。”他忙不迭地叫人找来一个凳子，加在已坐满席位的客人身旁，又转身对我说：“莫讲客气，先挤一下，吃哒再说。”

这里把管事的王林治喊作“都官”。王林治说：“都官都官，就是事事都管。”土家丧俗讲究“白事戳”，是说邻里乡亲遇有白事应不请自到，相当于把白事当作自家的事。既然是自己家里的事，就不用讲客气，就不把来

图17 屋旁搭起的临时厨房里，厨师们正在忙着晚餐。案板处上百碗已经备好的传统扣碗蒸菜，排列得整整齐齐，只待陆续上甑。

者当客人看待，即“白事不知客”。所以红事才称“知客”，白事则称“都官”，同样是帮忙管事，白事与红事场合不同，称谓也不同。在巴东后乡，虽说也是这个理，但老乡们口头上没有严格的区分，总习惯性地叫“知客师”，不像在五峰，大家都把管事人喊作“都官”，显得比较考究。

25日下午，有从几十公里外五峰最西端的牛庄乡赶来“看信”的乡亲。孝媳沈文菊是牛庄人，老家的亲戚朋友得到老人亡故的消息，专程派代表前来“看信”，还带来娘家乡亲们一起上的1400多元人情。

天麻黑时，土老师们继续做法事。这是整个法事的第三夜，也是跳丧的第三夜，是亡人在家的最后一个夜晚。在不间断的鞭炮声和锣鼓声中，客人们渐渐坐满了院子。丧事中担任“走杂”职务的人又忙碌着筛茶上烟，都官一声声高喊“孝子见礼”，来客们穿梭着……

头天晚上跳丧的红渔坪的三个小伙子已来了，他们照例安排好了夜市摊子上的生意，准备痛痛快快地跳它一晚。王局长和两位文化馆长也到了，还有很多昨晚见过的熟面孔。也有不少是当晚才来“看信”的客人，王局长向我介绍坐在他身旁的一位戴着老花眼镜的人，说他就是著名民间故事家刘德培的弟弟，名叫刘德凡。我忙问：“您是从珍珠山下来的吗？过来要走好多路？”他说他没有跟哥哥住在一起，哥哥生前住的珍珠山属白鹿庄乡，离这里有几十里。他就住在五峰镇石梁司村9组，就在民政局新修的殡仪馆旁边，走路半个多小时就到了。我一听说殡仪馆，赶紧跟他打听在那里跳丧的情况，他告诉我说：“经常在那儿帮忙。”我问他在殡仪馆里跳“撒叶儿嗬”跟在家里有什么不同。他说：“殡仪馆里场子是大呀，那各人（按，自己）有私房还是在自己屋里好些，到底还是在家里热闹些，坐得住些。要陪亡人玩个穿夜，在殡仪馆的话，人家后半夜坐不住。在自己屋里，夜哒给客们发盆火啊，那还是方便些，留得住人些。”刘德凡65岁，他说虽然没有哥哥讲的故事多，但也好歌喜舞。坐在他旁边的另一个老人忙接过话说：“我们都会叫歌，可以连叫几夜不重复。”老人叫吴邦成，69岁，家在长乐坪镇大湾村5组，他看上去后背略有些驼，一只手带有残疾，但神情很乐观，讲起“撒叶儿嗬”来兴致勃勃，还问我要不要收录五句子歌，他说他可以请人把他唱的写下来，复印了给我。

五峰的刘德培是他们都熟悉的享誉一方的民间文艺优秀传承人，生前曾获得了中国文联颁发的“中国民间文艺山花奖”，联合国教科文组织的官员还曾专程到五峰珍珠山他的家里，为他颁发了“民间故事家”荣誉证书和奖牌。这些荣誉的获得，也使当地老百姓明白，自己会唱会说的这些玩艺儿，在外来人的眼里，不定就是什么宝贝儿。这客观上使他们有了一种保护民族民间文化的自觉意识。

图18 浪里拾柴

晚上8点多钟，跳丧的牛皮鼓阵阵擂响，不出众人所料，红渔坪的小伙子上场了。掌鼓的是长坪村2组44岁的刘孝明，同跳的还有本村组32岁的陈宏等。我问刘孝明《跑场子》跟《四大步》有什么不同，他说：其实步伐是一样的，说法不同而已，还有把《跑场子》叫《升子底》的，意思跟《四大步》差不多。《四大步》跟《跑场子》不同的地方，主要在《四大步》是要带《风夹雪》的，即它包括有《幺女儿嗬》《幺姑姐》，又叫“三合一”。此时刘孝明所讲的“三合一”，跟我此前在长阳资丘所见的跳法和连接方式大致相同，“三”者，指的是《四大步》《幺女儿嗬》《幺姑姐》。但它跟巴东野三关跳丧中的“四合一”所含曲式内容都不一样。巴东的“四合一”，是用《待师》作连接曲，将《摇丧》《幺女儿嗬》《哑谜子》《怀胎歌》四个曲子串联起来，叫“四合一”。上面“三合一”与“四合一”中虽然都有《幺女儿嗬》，但五峰的《幺女儿嗬》，曲调和跳法与长阳资丘差不多，却与巴东野三关的《幺女儿嗬》大不相同（见第三章巴东野三关跳丧曲谱六、第六章长阳资丘跳丧曲谱十五、第七章五峰跳丧曲谱十九不同的《幺女儿嗬》）。“三合一”与“四合一”的曲式内容虽不同，但都是将几种曲调串联起来，为的是增加演唱的丰富性。另外，这里所说的《风夹雪》，其实是将《幺女儿嗬》和《幺姑姐》两个曲式相连的另一种叫法，唱时将两个曲子夹杂起来，穿插着交替演唱，与长阳资丘的形式一样，但与此前在巴东野三关所见的《风夹雪》却是两码事（见第三章巴东野三关跳丧曲谱十一、第六章长阳资丘跳丧曲谱十五不同的《风夹雪》）。这说明跳丧有地域性的差异。

图19 凤凰展翅

走进门来接鼓打，要打三六一十八。

同巴东、长阳跳丧一样，掌鼓师常以这几句起头。一段开场白，舞者以《跑场子》热身，继而在跳丧基本舞段6/8拍子的曲式中，刘孝明唱起了《十梦》：

轻轻巧，巧亲人，昨日得梦好惊人。
一梦墙上去跑马，墙上跑马是神人。
二梦枯井万丈深，万丈深渊聚宝盆。
三梦白虎当堂坐，当堂坐的是家神。

四梦堂前打把伞，堂前打伞两重天。
五梦推开姐房门，推开房门讲交情。
六梦锣鼓闹沉沉，情哥原是热闹人。
七梦钢刀十二把，把把钢刀保郎身。
八梦麻绳十二根，根根都是马缰绳。
九梦浪里把船行，情哥原是买卖人。
十梦后檐松柏树，松柏树下永长青。

图20　小伙子步态轻盈，将手臂扬过头顶，表演“美女梳头”。

小伙子们身手敏捷，踏踢的脚步活力四射，或叉腰，或拍手，或单侧靠臂，或正面撞肘，两人、四人跳时则擦肩对舞，多人跳时便站成圆圈错动。他们狂跳了一阵，被几个中年人挤了下去。不一会儿，刘德凡、吴邦成一齐跳上场，他们挽手起势，步伐古典，颇有老成醇厚的舞蹈风范。

几番下来，红渔坪的李俊接过鼓槌，示意同来的晏德宏、向长佑上场，他唱起了在他们老家那一方比较时兴、以猜地名为主的《对口白》：

打个一，还个一，漂水岩，上白溢；
打个二，还个二，苦竹坪，上归耳；
打个三，还个三，地字溪，过西滩；
打个四，还个四，干沟河，晓庄子；
打个五，还个五，鱼泉河，上南母；
打个六，还个六，二岔口，珍珠头；
打个七，还个七，沙子哑，割油漆；
打个八，还个八，红渔坪，得胜垭；

图21 挽手起势

打个九，还个九，谢家坪，下资丘；
打个十，还个十，五峰有个水浕司；
打个冬，还个冬，渔峡口，上巴东；
打个腊，还个腊，对口白，打完哒。

（《对口白》曲调与曲谱二十《溜溜歌·打个一》相同）

《对口白》里所唱的，是大家都熟悉的小地名，听众在歌师傅亲切的叫唱声中会心地点头。围观的长坪本村组跳“撒叶儿嗬”的人，都议论着，称赞红渔坪的小伙子唱得好、跳得好。

晚上10点多，跳丧暂时停了下来，土老师们又要出场了。搭在大门外的“天台”上，王武顺等几个“随坛”在台子上摆布着几十根蜡烛，每根蜡烛下都有一个圆形的基座用以固定。他们已经准备就绪，下面将进行的是“明路享亡”“分灯解结”“开方代迎童子”等几出法事。

土老师们先并排站在堂前诵唱，然后转身列队走向“天台”。他们划燃火柴，将桌上的蜡烛一一点燃。烛光照亮了桌边的四个条幅，上面写有：“南无灯光会上诸佛菩萨”“南无灯灯灯光藏菩萨位”“上照三十三重天宫宫宫自在”“下照一十八层地狱狱狱逍遥”。

唱了一段，掌坛师田永锋安排其他土老师开始“分灯”。土老师们在诵唱声中将蜡烛逐一移向场院，此时院子中间已用白石灰画好了五个直径约90厘米的圆圈，他们将蜡烛分成五组放在五个圆圈内，五堆烛光星星点点地闪亮着。每个圆圈内各有一个引魂幡，上面分别写着：“东方青帝灵威养（仰）神——南无东方世界阿閦尊佛莲下”“南方赤帝持标（赤熛）怒神——南无南方世界宝生尊佛莲下”“西方白帝白招拒神——南无西方世界弥陀尊佛莲下”“北方黑帝叶（汁）光纪神——南无北方世界成就尊佛莲下”“中方黄帝含驱（枢）纽神——南无中央世界毗卢尊佛莲下”。五个引魂幡的反面都写着“唵摄招新故显考杨学官正魂早升仙界”或“新故亡人杨学官正魂早遂生方”。这就是所说的“开五方路”。土老师招引魂魄不要到处游荡，快快回到灵堂棺中来，并告知仙界东、南、西、北、中五方的关口要道，此地有新亡上路，请予放行。边唱又分别绕五个引魂幡跳步穿越着。最后是“上灯”，即逐个将蜡烛移入灵堂棺材上方。此时灵柩的掩棺布上面已搁置好一块木铺

图22 “明路享亡”“分灯解结”法仪

将蜡烛点燃后，先分灯，再上灯。

板，摇曳的火苗在木板上排列成几纵行，好比一条条长长的路灯。烛光照亮棺材，引领亡魂上路，也照耀着魂灵的漫漫征程。

法事和跳丧交替进行。差不多夜里12点左右，当晚安排的法事告一段落，下面的时间，全部交给了跳“撒叶儿嗬”的歌师傅们。

16岁的李俊人小机灵，动作最快，还是他先抓到鼓槌。他来了几段五句子：

高山顶上一树茶，年年摘来年年发。
头茶摘哒近四两，二茶摘哒八两八，
打发幺姑置陪嫁。

接着他还唱了“隔河望见姐爬坡”“挨姐坐来对姐说”等几首巴东、长阳跳丧中也曾唱到的五句子。李俊唱时同伴晏德宏和向长佑大显身手，他们配合得丝丝入扣，十分默契。

图23 蜡烛摇曳的火苗在棺材的木板上排列成几纵行，好比一条条长长的路灯。烛光照亮棺材，引领亡魂上路，也照耀着魂灵的漫漫征程。

这个号儿不打它，再把别的往上拿。

此前他们唱五句子歌时，舞者跳《四大步》，节奏都是六拍子，接着李俊改换号儿，唱起了四拍子的《幺女儿嗬》，有人把它叫作《幺两叶儿嗬》或《叶叶儿嗬》。他唱时随意变化着一些附加的衬词，台上的两个舞伴则在应和的同时，在衬词中做些滑稽的动作，逗得在场的男男女女发笑。他们唱道：

走进门来（屁股就甩两甩），接鼓打（手膀子甩两甩），

要打三六（眼睛就眨两眨），一十八（耳朵就揪两揪）。

一打亡者去求仙，二打诞辰五九天。幺两叶叶儿嗬……

与长阳资丘的《幺女儿嗬》一样，后面紧接《幺姑姐》，舞者两相面对，双手向外画半圆挽花，下蹲后起立，反复合唱“幺啊幺姑姐哟喂”。在一旁没上场的人也一齐帮唱，现场气氛热烈。

此时来自太平庄村9组的掌鼓师万长明把歌接了过去：

三打洞中方七日，四打世上已千年。
五打五方并五帝，六打河南并陕西。
七打天上七姊妹，八打八仙过海来。
九打九曲黄河水，十打亡者上天台。
改换号儿上天台，亡者一去永不来。

（曲谱十九：《幺女儿嗬/叶叶儿嗬》《幺姑姐》）

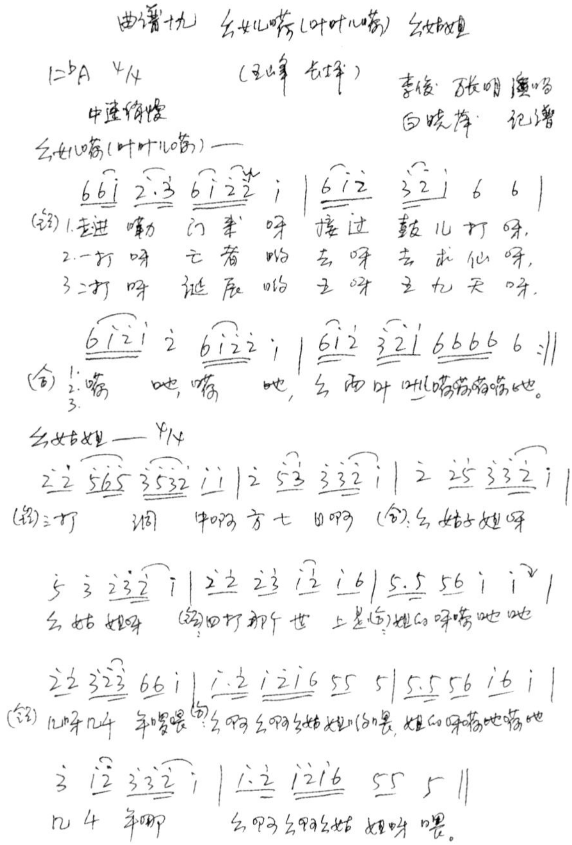

当节奏变换时，大家接唱和舞蹈都过渡得轻巧自如。跳丧夜所唱歌词有雅有俗，因李俊人小，当晚唱的大多是地名、猜谜等内容浅显简单的唱词，有的甚至淡如白水，缺少回味，但因为是大家都熟悉的内容，加上一些搞笑的动作，仍能引发出阵阵笑声。他唱时同伴晏德宏和向长佑还表演了“凤凰展翅”“狗连裆”“美女梳头”等特性动作。“美女梳头”在巴东和长阳不大跳，在五峰跳丧中则出现较多，跳时舞者一只手扬起做梳头状，一只脚借旋转的动势抬起，两人斜侧对望，姿态轻盈，于转动中有瞬间的固定亮相，动静相生，煞是好看。

做完了法事在一旁休息的田永锋，此时也站在堂前观看，他禁不住又接过鼓槌唱了起来——

吃哒中饭下河玩，金簪子掉到绿茵潭。
你要沉就沉下底，你要流就流出头，
免得一心挂两头（按，这一句在巴东后乡唱为“莫在半路把情丢”）。

姐儿住在黑松岭，喂个狗子咬死人。
张三来哒它不咬，李四来哒哐三声，
畜牲也有两样心。

昨日捞姐去得瞎（按，“捞”在方言中是一个用意宽泛的动词，多为“摸”，此处为找女子玩、约会的意思），
出门撞见她的妈。见面就把婶娘喊，
姐在旁边打哈哈，到底不敢喊亲妈（按，岳母）。

这个话儿不打它，再把别的往上拿。

挨姐坐来对姐说，捡个棒棒戳姐脚。
戳哒一下她不惹，戳哒二下打抿笑，
棒棒丢哒过手捞（按，捞即“摸一把”）。

挨姐坐来把姐问，问你玩哒好多人。
娘屋里玩哒九十九，婆屋里玩哒一百多，
还有几个我不得说。

哈欠一打嘴一喳，相思病又发了哽。
郎害相思偏偏倒，姐害相思倒倒歪，
两人抬起把相思害。

远望姐儿一身蓝，头戴金簪耳戴环。
头戴金簪是我打，耳戴排环是我的银，
怀中抱子有我的份。

搬把椅子拦门坐，伢子抱来我看着。
鼻弓眼睛都像我，十个指头刷般齐，
满哒周岁我抱回去。

情哥哥说话好诧异，冷水盆里冒热气。
只有栽秧分谷种，只有买马分四蹄，
哪有玩耍分儿女。

图24 年长的舞者姿态稳重

情姐姐说话好诧异，热水盆里冒冷气。
我受哒多少风和雨，受哒多少冷北风，
分不到儿女一场空。

鸡在叫，鸟在鸣，收拾打扮送情人。
上身穿起大红袄，下身穿起水罗裙，
还是不想下床庭。

送郎送到床档头，打破灯盏泼了油。
打破灯盏犹似可，泼了灯油是兆头，
露水夫妻不长久。

送郎送到窗户边，打开窗户望青天。
青天快些下大雨，黄天快些下大雪，
还想情哥住一夜。

图25 两位老者步伐古典，颇有老成醇厚的风范。

图26 老年艺术团头戴礼帽、身着彩装来送锣鼓的老汉，也上场跳了起来。

田永锋一口气唱了几十首五句子歌，跳“撒叶儿嗬”的人换了一茬又一茬。红渔坪的几个年轻人早已汗流浃背，他们都脱下了冬装，只穿着一件衬衫，后背上显现出一块汗浸的湿印。本村组会掌鼓的邓宏贵、刘孝明、陈宏等都先后上场一展英姿。邓宏贵与刚才掌鼓的万长明是叔侄，他们都擅长掌鼓叫歌，跳起来技艺也格外娴熟，于是两人一组，做了一番精彩的表演。还有一位中年男子身手不凡，动作和谐优美，原来他是在县城打工的采花乡人，名叫陈德常，42岁。采花、红渔坪、傅家堰等几个乡镇的“撒叶儿嗬”，在五峰跳丧中都是公认比较地道的。另有刘德凡与吴邦成两位年老的长者搭配，他们动作舒缓但不失内在韵律感，刚柔得当，味道十足。此外，还有一些没有记住名姓的客人，都一一亮相，纷纷展现他们各自的风采。当晚凡会跳“撒叶儿嗬”的人，没有哪个不上场的，他们在跳唱中比试着歌才和舞艺。

万长明因属亡人的侄孝子辈，也戴着白布孝帽。刚才一阵跳动，他额头挂满了汗珠。在旁擦了一把脸，他又接槌叫唱——

半夜听到丧鼓响，不管南方与北方。
你是南方我要走，你是北方我要行。
打不起豆腐送不起情，跳一夜丧鼓送人情。

高山顶上一丘田，郎半边来姐半边。
郎的半边种甘草，姐的半边种黄连，
苦的苦来甜的甜。

他还唱了“高山顶上一树茶”“高山顶上一树棕”“昨夜与姐同过街”“昨夜与姐同过河”“昨日与姐同过坪”等前面曾已记录过的几首五句子。五句子唱过，他改换号子，接着唱了《十梦》《十二月》《风夹雪》等。万长明嗓音很有磁性，他调门高亢，歌声爽朗。

图27 《跑场子》带《滚身子》

这个号儿不打它，把它压在花鼓脚下。

一个鸡蛋两个黄，一个姐儿八个郎，
相交一个是知府，相交二个状元郎，
相交三个会打鼓，相交四个会木匠，
相交五个会裁缝，相交六个是和尚，
相交七个卖烧饼，相交八个卖生姜。

观众在他的歌唱中爆出笑声。万长明唱

罢，示意人来接替，于是他唱道：

把人换来把人换，一人难挑千斤担。
把人接来把人接，一人难挑这一歇。
多把人跳多把人跳，我们要陪亡人到天明。

已到了凌晨3点多，这一夜跳丧果然热闹非凡。亡人在家的最后一晚，大家都没离开，堂前依然挤满了跳“撒叶儿嗬”的人和看热闹的观众。

红渔坪做夜市小吃的几个小伙子也没回去忙生意，他们既跳舞又轮流掌鼓。歇了一阵后，向长佑也唱了几段五句子：

远望姐儿对门来，胸对胸来怀对怀。
胸对胸来亲个嘴，怀对怀来喊乖乖，
快些快些怕人来。

姐儿生得矮坨坨，一对奶子像秤砣，
白日挎起沿山跑，夜哒把给情哥摸，
摸来摸去好快活。

他唱的这两首歌其他人也有唱的，特别是“姐儿生得矮坨坨”一首在巴东、长阳都是非常流行的。正如跳丧现场常听到的那句话：“丧鼓场上有些窍，不打风流不热闹”。向长佑还接连唱了“姐儿穿得一身红”等几首听起来令人捧腹、记下来似觉不雅的“日古子”“荤”五句子，引得观众大笑不已，确实有“赶瞌睡”的效果。

接下来李俊又唱起了问答式的《溜溜歌》和逗趣的

《颠倒歌》。五峰《溜溜歌》与巴东野三关《溜溜歌》大同小异：同者，都是有问有答，内容差不多，调式也一样；异者，旋律和节奏类型各有区别，野三关的听起来华美流畅，五峰的则略显朴素简洁。

打个一，还个一，什么开花在水底？
打个一，还个一，灯草开花在水底。
打个二，还个二，什么开花起薹薹儿？
打个二，还个二，韭菜开花起薹薹儿。
打个三，还个三，什么开花单打单？
打个三，还个三，柑子开花单打单。
打个四，还个四，什么开花一包刺？
打个四，还个四，板栗开花一包刺。
打个五，还个五，什么开花过端午？
打个五，还个五，艾蒿开花过端午。
打个六，还个六，什么开花乌嘟嘟？
打个六，还个六，茄子开花乌嘟嘟。
打个七，还个七，什么开花两夫妻？
打个七，还个七，豇豆开花两夫妻。
打个八，还个八，什么开花败人家？
打个八，还个八，竹子开花败人家。
打个九，还个九，什么开花做米酒？
打个九，还个九，菊花开花做米酒。
打个十，还个十，什么开花霜打死？
打个十，还个十，烂草开花霜打死。
打个冬，还个冬，什么开花一场空？
打个冬，还个冬，梅花开花一场空。
打个腊，还个腊，日古子，打完哒。

上面这一段唱完，他略作改动，加入“溜溜溜溜”的衬词，唱成如下的格式：

打个溜溜溜溜一来呀，还个溜溜溜溜一也，
初一溜溜溜溜十一呀，二十个溜溜溜溜一也，
…………

（曲谱二十：《溜溜歌·打个一》）

以此类推至腊月，其间还穿插叫唱“跳得好嘞”等即兴加入的衬词。

改个号儿要改调，不打“颠倒”不热闹。
颠倒歌，颠倒歌（按，方言读guō），河里石头滚上坡。
颠倒歌，颠倒歌，爸爸结婚我打锣。
颠倒歌，颠倒歌，你妈结婚你背货（按，背嫁妆）。
颠倒歌，颠倒歌，我从家家（按，外婆）门前过，
颠倒歌，门前过，家家在摇窝（按，摇篮）里喊我坐。
颠倒歌，颠倒歌，我要回去引婆婆（按，方言“引”为看护、养育的意思）。
颠倒歌，改换打，把它压在花鼓下。

《颠倒歌》和《溜溜歌》一样，都用跳丧基本套路的6/8拍子跳唱，先前李俊曾唱过的《对口白》，曲调也与此基本相同。已到了下半夜，歌舞者的体力消耗很大，所以此时的舞蹈动作幅度较小，跳者主要是与掌鼓师唱和，逗趣、玩笑。轻松的形式和随意的说唱，融知识性与趣味性于一体，诗情画意的情歌之外，在玩乐中使年幼的人知道四季开花的不同，以传授生活知识，寓教于乐。问答式

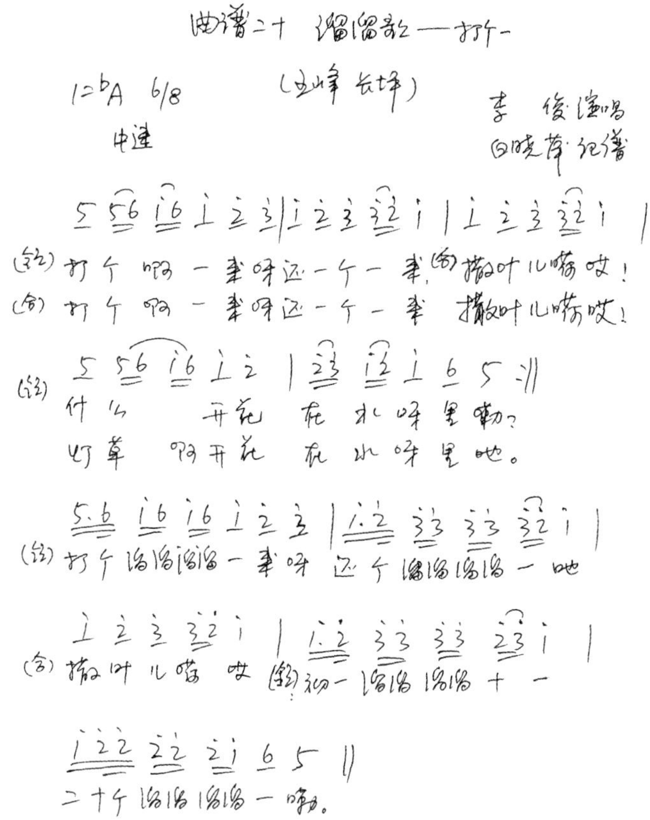

的《溜溜歌》和逗趣的《颠倒歌》有点类似于巴东跳丧中的《哑谜子》。《哑谜子》又叫《哑谜儿嗬》，在长阳和五峰三个通宵的跳丧现场都没见到。长阳资丘跳唱《哑谜子》时据说要用竹节作道具，现在不大盛行。巴东跳丧中却较多地演唱《哑谜子》，在靠近巴东野三关的长阳乐园等乡镇也时兴唱《哑谜子》。

与长阳资丘一样，五峰跳丧没见有巴东野三关“撒叶儿嗬”中的《耍五巾》《长声号子》《燕儿衔泥》《螃蟹歌》等套路，因此跳“撒叶儿嗬”时仍保留着古老跳丧中不敲锣的习俗，只有牛皮大鼓这一门打击乐器伴奏。

在清江中游土家跳丧中，唱得最多的是五句子歌。这些五句子多如牛毛，在巴东、长阳、五峰的跳丧现场调查中，有下列一些相同的五句子歌是各地都广为流传的，如隔河望见姐爬坡、高山顶上搭个篷、高山顶上一树茶、高山顶上一树棕、高山顶上一丘田、板栗开花一条线、板栗开花一条索、桐子开花一口钟、远看姐儿一身花、昨夜与姐同过坪、昨夜与姐同过街、昨夜与姐同过包、姐儿住在斜对门、姐儿生得矮坨坨、郎害相思要吃药、捞不到姐儿学个乖、露水夫妻不久长、挨姐坐来对姐说、砍柴莫砍路边杨、叫声情姐我的妻、叫声情哥我的哥，等等。

最后一夜，亡者七十多岁的夫人和已八十开外的姐姐，都通宵守灵，她们坐在丧堂右侧灵柩旁，陪伴着亡人。几十年的风风雨雨相随，天明就要作诀别了，她们是依依不舍的。后辈们理解她们同亡者一生的感情，经子女提议，我给她们在灵堂前照了相，以作纪念。

与昨晚一样，孝家后辈中的女眷们端来热水，不断地将浸湿的新毛巾拧干，递给跳“撒叶儿嗬”的人擦拭脸上和脖子上的汗水。她们递过或接过毛巾的时候，特意下跪叩头，表达谢忱。凌晨4点多钟，亡者的夫人和姐姐这两位老太太，也来到堂前给掌鼓、跳丧的人屈膝下跪行大礼，留大家陪亡人玩到天明。她们跪时嘴里会说一声：“就在这儿多玩会儿，玩一穿夜噢。”无论是对年长的还是年幼的，她们都逐一下跪，在刘德凡、吴邦成等几位年长的舞者跟前，她们下跪时特别感谢对方，这么大的年纪仍在给她们帮忙。跳丧是帮忙，跳丧是人情，就像那句歌中所唱：“打不起豆腐送不起情，跳一夜丧鼓送人情。”浓得化不开的乡俗乡情溢于言表。

在灵堂右旁的“科房”里，田永锋、卢迅、史兆刚等几个年轻的土老师都没去休息，田永锋已连续两个“穿夜”没离开，他方才掌鼓叫歌后，又回到“科房”里安排出丧前法事的“班单”。见我站在门口，他们招呼我进去坐会儿，还说想听听我录的他们演唱的录音带。听到从录音机里放出的自己唱歌的声音，田永锋和在场的人感到兴奋。田永锋还说，红渔坪的李俊唱的《对口白》，他们这附近没人会唱，他自己也不会，他觉得很好听，要我将词记下来后寄给他一份。

戴着孝帽的陈宏也在“科房”里听录音，他是亡者侄孙辈的亲戚，就住在老屋左侧的厢房里。从昨天起，他忙进忙出，也是两个“穿夜”没睡觉。陈宏告诉我，他在外打工时，有一次开车路过枝江，碰到当地有一家“老”了人，他们同车的几个伙计到孝家屋里坐了一会儿，就跳起了“撒叶儿嗬”，那里的人都齐声叫好。他们因为赶路，要告辞离去，却被孝家一再挽留，当作上宾。说起土家“撒叶儿嗬”在外受到的特别待遇，大家都有一种洋洋得意的自豪感。

快5点了，土老师们陆续来到“科房”，准备早晨的法仪。因为是最后的一夜，必须在天亮之前做完“升表”和“化灵”。掌坛师田永锋招呼执事的土老师们沐手、装香，进入状态，这是每出法事前都要例行的程序和准备工作。我问田永锋：做四天三夜的法事，是不是最大的法事？他回答说：若论为亡人“开路”，算最大的；但论法事，则不然。据他介绍，死人“开路”最小的法事为“响鼓”，又叫“开点子路”，一般来说，响个鼓了就可以埋人。然后分别为：开“小五方”，时间是一夜；“大五方”，时间是三天；“进贡路”，也是三天；“转经路”，时间是四天，或叫四弦三更，即四天三夜。本次即做的是“转经路”，如白天所见，要在灵前为亡魂搭“天桥”。“转经路”是“开路”里最大的法事，用田永锋的话说，“已上顶哒”，再大的法事就是“做斋”。此次没有选做斋的原因，是因为做斋要设“皇坛”。按惯例，做斋的皇坛不能同设在灵堂里。这样的话，停丧在一边，做斋在另一边，好像这法事与亡者无关，丧堂前倒显得冷清了，就不能达到“热热闹闹陪亡人”的目的。而在灵堂里设坛做“转经路”就大不一样了，一来属“开路”法事中的顶级，其隆重程度是不言而喻的；二来又能达到使丧事热闹的主要目的。这就说明了：土家的土老师在引入各种神和教的前提下，是一定要考虑自身民族风习的实际需要的。此外，田永锋说，做斋设皇坛时，女人就不能进“科房”了，他说这讲不出什么原因，是从师傅们那儿沿袭的说法，说是女人的血污不干净，是有罪孽的。清江土家的巫师设坛作法，大多是从相邻的楚地客家（汉人）巫师那里学来的，属于土家自己的东西少。做斋时禁止女人入“皇坛”，倒真正是封建文化中歧视女人的观念，它跟女人不跳丧的禁忌是不能相提并论的。

“撒叶儿嗬”一直跳到凌晨5点半，最后以《送歌郎》结束。掌鼓师道：

歌郎送出门，庄子返天庭。
亡者安葬后，孝眷万年兴。

据五峰县图书馆的胡德生馆长介绍，五峰跳丧都兴《送歌郎》。胡馆长曾参加了20世纪80年代开始的民族民间文化收集、整理工作，在跳丧音乐研究方面也是专家，对五峰的民间艺术非常了解。他告诉我：由于民间认为跳丧源于庄子“鼓盆而歌”，所以在跳丧开始时，掌鼓师要先请庄子；待跳丧收尾煞鼓时，要送歌郎，送庄子。《送歌郎》是最后一夜跳丧到天明时进行的，如果连续跳几个晚上，中间就不用请、送庄子。《送歌郎》的仪式由掌鼓师做，跟土老师做法事不相干，主要表示跳丧的歌师傅们对庄子的尊爱。

《送歌郎》结束，收槌时没再做如巴东野三关“送五巾”之类的仪式，在这里，该项程序已由土老师专做。在歌师傅们离开前，孝家送给这些跳“撒叶儿嗬”的乡邻们香烟和毛巾，都分别用小塑料袋装着，给每人手上奉送一包，感谢他们通宵的歌舞。

天将开亮口时，土老师开始做“升表”法事。“请佛升表、代谢厨谢幡谢师”，是整个法事的一个总结。谢

图28　土老师做“升表”法事，托振翅欲飞的仙鸟引领亡魂回归。

图29 天将开亮口时，进行“化灵”仪式，将“包袱”、文牒和仙鸟“白鹤”放入高台铁锅内，朝着西北方向焚烧。

教一、李教渊、卢远玄等几个土老师将一只用白纸做的振翅欲飞的仙鹤和已书写好的文牒放在盘子里端着，他们唱诵着内容不同的文辞，还走到棺材旁挥舞着“引导旗”和招魂幡。此时，田永锋和另外几个土老师连同“随坛”一起，分别搬了三张方桌和板凳，从院子里穿过巷子口，在路旁的平地上将桌凳重叠支架起来。三张方桌的最上层，用一个方凳打翻朝天，上置一口铁锅，锅内放好了早已备妥的祭祀“包袱”。堂前的土老师唱毕，端着盘子将白鹤和文牒送到这里，也放入铁锅内，然后在上面淋上汽油，点燃并最后焚尽。这就是所说的“升表”“化灵”。

“化灵”的意思，据田永锋讲，是让仙鸟托着文牒、引领亡魂回归祖先所在的地方。所以，“化灵”时，白鹤的头的朝向有所讲究。当时他们将头朝着西北方向，我问田永锋为什么，他说：“师傅们前传后教的。”琢磨了一下，他又说：“人死是归天。归天嘛，就是归入西天，到那儿去找祖宗们报到。”他的解释实际包含了两个概念，一是“前传后教”的须向着西北方向，那里是祖先所在的地方；二是受佛教思想影响下的人死归西说。这说明，在民间土老师的文化传承中，虽然只是隐隐约约，甚至有些含混不清，但在“化灵”这一法仪的传承中，我们似能看到，这里的土家并没有忘记他们古时的祖先——巴人的老家，所以仙鸟要向着西北方向飞回。这个概念显然带着古老的信息，是起在先的。而人死归西，是汉唐以来佛教传入土家地区之后才有的说法，是后起的。

天大亮了。整个丧事四天三夜，得益于周密、严谨的安排。与在长阳资丘一样，这里的孝家房屋外墙上也张贴着执事的名单，大同小异。同者都是按各项事务分工排名；异者称谓、格式略有区别，比如长阳是以孝子的名义叩请，五峰则是以土老师设坛的格式礼请，末尾还特别加盖了土老师的印章，似乎它也属于神坛的一部分。标题不同、落款不同，显示出五峰土老师班子“礼丧”或“事丧”的专职功能。从形式看，这里几十年前的习俗成分更多一些，在“文革”那个断层之后，礼俗有所恢复；长阳资丘在那一段间隔之后，没再回复到断层前的阶段。专职的功能有利于理顺孝家办丧事的头绪，帮忙的人也有条不紊，所以这里除土老师外还有为其打下手的11人组成的“随坛”。另外还有如长阳写为“总管事”、五峰写为“都官”等一些细微的差异。为便于比较和研究，在出丧前的空隙，我抄录并拍摄下了这长长的名单。如下：

孝　灵堂回拜，9人；瞻敬，8人；迎客叩奠，20人。

三宝皇坛礼请丧葬执事人员

都官：王林治、江会兰、潘永胜，3人

菜房：冯仁全、唐德芳、刘学琼、周家惠、李春梅、陈本林、毛家菊、熊　兵、晏菊珍、刘士军、杨官兴、向宗兰，12人

饭房：吴焕兰、毛士媛、吴远芬、谢承惠、夏德东、蔡远香，6人

早餐：汪长菊、谭辉俊、熊克芹，3人

大盘：刘学飞、王武忠、周永春、江诗平、苏振全、何克军、朱荣华、邓　闯、邓　飞、毛业双、杨永喜、唐明军、李雄杰、陆克五、黄文林、刘宗祥，16人

筛茶：魏方怡、刘学英、郭家会、田科益，4人

装烟：张培银、张明月、唐平德，3人
内管：覃秀英、向宏翠，2人
灯光：沈方千，1人
洗碗：谭尔双、江诗梅、胡维琼，3人
账房：何光英、毛方平、张桂桃、秦汉信，4人
随坛：钟友贵、谢传荣、熊自太、刘孝明、伍金全、
宋德荣、吴秋生、王武顺、李祖发、何光国、
刘永培，11人
收发：帅启林，1人
鞭炮：裴大军、赵业平，2人
走杂：杨必菊、杨绍州、肖文平、肖文学、帅光明、
王顺华、王安定、谢家禹，8人
采购：周启桂、周启华、陈　红、谢家军、覃道现、
胡朝平、江诗明，7人
八大金刚[3]：吴焕宜、吴焕华、杨　林、邓烈明、
王顺林、王顺平、向　青、伍发元，8人
烧水：杨顺才、杨文阶，2人
今上　癸未年　二月二十（土老师红色方形印章）

在执事名单的旁边，是掌坛师几天来逐一贴出的“班单”。我仔细数了数，共有38张，分列着38出法事，从中能得知法事内容、进度和安排，所做法事的名称和执事土老师的分工，也一目了然。如下：

1.请水净身，才田永清，执李教渊，三卢远玄
2.请幡，才田永清，承卢远玄，三李教渊
3.掩神，才卢远玄，执田永清
4.迎尸，才田永清，执卢远玄，三李教渊

5.钦差，才史教玄，执史教清

6.入材，才彭教元，忏卢远玄

7.藏棺留魂，才彭教元，承田永清，三田本元

8.开坛，皮史教玄，主史教清，三彭教元

9.朝奠享亡代成服，才田本原，忏卢远清

10.请引，皮彭教元，主卢远清，三史教玄

11.天台告盟代灭巫，引史教玄，皮田本原，主田永清，副史教清，三李永久

12.请水祭阳三斩，引史教玄，皮彭教元，主谢教一，三卢远玄

13.荡秽升幡代剑厨，引史教玄，皮田本元，主谢教一，三卢远玄

14.启师，皮田本原，主李永久，三史教玄

15.发牒关借，皮彭教元，主史教清，副卢远玄，三李教渊

16.关申，皮史教玄，主田永清，副卢远玄，主李永久，表李教渊

17.敕奏代朝幡，引谢教一，皮田永清，主史教清，副卢远玄，表、三李教渊

18.弥陀表，引史教玄，皮田本原，主谢教一，三李永久

19.明路疏，丁彭教元，执史教清

20.夕奠享亡，才李永久，执卢远玄

21.请经、君告、宣榜，引史教玄，皮田本清，主谢教一，三彭教元，表江教坤

22.朝奠享亡，丁李永久，执卢远清

23.转经（一转），才彭教元，忏江教坤、李教渊，皮田本原，主史教清，三史教玄，场李永久，道田永清

24.转经（二转），才田本原，忏卢远玄、史教清，皮田永清，主谢教一，三李教渊，场史教玄，道李永久

25.转经（终转）代送衣，才田本原，忏卢远玄、史教清，皮彭教元，主李永久，三史教玄，场李教渊，道谢教一

26.午朝行香，主李教渊、江教坤，引田永清，皮田本原，主谢教一，副史教清，心卢远玄，命彭教元，三史教玄

27.丰都表，才史教玄，承史教清，三田永清

28.明路享亡，才田本源，执卢远清

29.进贡、分灯、解结，执史教玄，引田永清，皮田本源，主江合妙，三李永久，随卢远玄，班史教清

30.开方代迎童子，执卢远玄，引田永清，皮史教玄，主史教清，三李永久，随彭教元、谢教一

31.绕棺，丁李永久，执卢远玄，表李教渊

32.请佛升表代谢厨、幡、师，主田永清，副谢教一，三李教渊，表江合妙

33.诵经（第一卷），表李永久

34.诵经（第二卷），表史教玄

35.礼七佛忏，才田本源，拜李教渊，拜江吉坤

36.礼地藏忏，才彭教元，拜卢远玄，拜史教清

37.城隍申代缴状，才史教玄，执卢远玄，三李永久

38.发柩享亡出煞代转戒、回导，才田永清，承谢教一，三彭教元

土老师法名前的“才”“皮”“三”等字样，是打击乐器的代称，如“才”表示小锣，“皮”表示鼓，“三”表示钹、锣、点子；“执”“拜”等字样，表示土老师的职责分工，如“执”表示执事，“拜”表示拜忏，“表”表示诵祷经文，等等。

2003年3月26日，是出丧的日子。上午所有帮忙的人都照例坐席吃饭，席毕已近中午时分。土老师们先做了“诵经”“礼七佛忏”“礼地藏忏”等几出小法事，然后所有戴白孝帽和长孝帕的孝子们按亲疏依次在灵前下跪，进行在堂前的最后一出法事——“发柩享亡出煞代转戒、回导”。几十号人一个接一个，从灵前出大门，沿院子、巷子一直跪到大街上。一沓沓由土老师写好并盖有红色印章的祭祀“包袱”，由孝子们高举过头顶，前后传递，一直递到跪在大街上的最后一个孝子手中。“包袱”为方形，外层包着白纸，写有“收件人”的姓名；内装一刀黄色火纸，大小尺寸、厚度与市场上购买的折叠好的火纸一样。这些“包袱”事先已经由土老师用人民币在每一沓上按压过一下，做了模拟“印制”，这一点跟长阳资丘的做法相同。“包袱”不是寄给新亡一个人的，还分别给三代已故的祖先寄奉，落款写有不同的孝子的姓名。“包袱”最后由土老师接下，装入停在大街旁的一辆小三轮车的拖斗内，由“随坛”负责运往墓地，最后焚烧。

下午1时许，上述法事程序全部完毕。因为五峰丧俗时兴“下殡”之后再闭殓，所以不需要在堂前做开棺告别的仪式。几声“起身炮”放响，“八大金刚”抬起灵柩走出大门站在院子里，帮忙的人将两条长凳放在下方支起棺材。紧接着，有的拿绳子，有的拿杠子，大家七手八脚，不大工夫就将抬丧杠和灵柩连同掩棺布一起捆绑好了。田永锋站在灵柩旁，手拿一块约15厘米高、油黄色的梯形檀木令牌，在灵柩边沿前后啪、啪、啪地拍打了几下，边拍嘴里边说：“栋上白虎，栋下白虎，一切凶煞，嚎啕大哭。”然后他一挥手，管鞭炮的人又点燃了一串，送葬队伍启程。“八大金刚”吆喝着将木杠上肩，帮忙的人齐拥着灵柩，穿过巷道。

队伍走出巷道口向右转，沿城南的铁桥由天池河西岸过到东岸，走到下一段的铁桥处，又由东岸过到西岸，沿街道环游了一周。队伍最前面，是两个人抬着亡者的“寿签筒子”，上面挂有一张土老师写的“冥间引导”的引魂幡；随后是花圈和老年艺术团的吹打锣鼓班子，都官王林治站在队伍外，像电视镜头里常见的那样，朝空中抛撒纸钱；再后是孝子抱着灵牌，其旁有人专为他打着一把黑伞遮掩着牌位，原因是亡灵不能见天，这一点跟长阳资丘所见一样；最后是众人抬着的灵柩。

环游至西岸的一个巷子口，队伍向山坡上开拔。前面的人走进巷子内自然形成单行纵队，通过较快。后面的人因抬着灵柩，人多行走不大方便，但大家齐心协力，还是顺利走过。爬到半坡时，一个足有两米多高的坎横亘在眼前，因当地抬丧上山素来有不走弯路之俗，须见沟越沟，遇坎翻坎，于是一部分人在都官的指挥下，先从旁边爬上去，然后站在高坎上，躬身向下，伸手拉起最前面抬丧的人。因坡度太大，灵柩一时上不去，下面的人拼命往上抵住，上拽下送，终于使前几排的抬丧者站到了坎上。抬着灵柩后部的几个人上得更吃力，因惯性力量太大，既左右摆尾，又进退浪动，好几个回合，最后硬是生拉死拽将灵柩连同坠落在高坎下面的抬丧者一起扯了上去。

一阵紧张的吆喝声之后，灵柩停在了墓旁。这时我看到棺材盖已在此前送到了墓地，就搁在地上。土老师史教清在“八大金刚”已打好的墓井内撒下禄米、画符，又烧纸、窖阴地契约等，然后“下殡”——帮忙的人拉起麻绳，将灵柩慢慢放入墓井中，稳妥后便解开并抽出捆绑棺材和掩棺布的麻绳。这一切就绪，孝家后人们将掩棺布的四角揭起，孝子杨正明下到墓井的棺材旁，从亡父手中拿出入材停丧时放进的打狗棍、打狗粑，将它们丢了出去，然后为亡父整理被服。

亡者头戴一顶蓝色有沿布帽，脚穿黑色软底布鞋，身上覆盖着大红布被单，棺材内壁贴有“万年红”布作了“飨堂”处理。嫡孝子杨正明揭开亡者脸上一张称为“盖脸”的黄火纸，看见亡者面部神情安详，因已故四日，脸色已变得焦黄。亡者的妻子和姐姐两位高龄长者，也来到山上为亡人送行，此时她们端详着亡者的面容，哭诉着亡人生前事，难舍难分。都官见此情形，吩咐几个青年男子将老人背回家去。晚辈孝子们最后一一瞻仰亡者遗容，与其诀别。之后，孝家晚辈中年长一些的女眷，也分别由等在山坡边的壮汉们背送回家。

“八大金刚”开始“刮子口”——将棺材边沿凹陷处的“子口”刮上用石灰和桐油调制的乳浆，便于棺盖上的榫头与子口吻合。这时土老师在墓地做最后的“安灵”法事，他手持招魂幡在棺材上方轻拂，口中唱道：

亡魂悠悠不可东，东有大海起蛟龙，亡魂去路路不通，十魂去，九魂空，随吾华幡入棺中；

亡魂悠悠莫向南，南有丙丁火焰山，亡魂去路路不通，十魂去，九魂空，随吾华幡入棺中；

亡魂悠悠不可西，西有金刚及铁围，亡魂去路路不通，十魂去，九魂空，随吾华幡入棺中；

亡魂悠悠莫向北，北有寒冰把路塞，亡魂去路路不通，十魂去，九魂空，随吾华幡入棺中；

亡魂悠悠莫向上，卅三重天高万丈，亡魂去路路不通，十魂去，九魂空，随吾华幡入棺中；

亡魂悠悠莫向下，一十八重地狱大，亡魂去路路不通，十魂去，九魂空，随吾华幡入棺中；

魂兮归来！魂兮归来！生魂渺渺返家乡，死魂悠悠归此木。

盖棺封殓。土老师用锄头在墓井四角和中央五个方位各挖起一锄土，撒在棺盖上，接着，孝子下跪给棺材掩上一抔土。身着彩色唐装的老年艺术团团员们，敲打着锣鼓，沿着井坑四周游走了三圈。“八大金刚”开始盖土、砌坟。

国家政策尊重少数民族风俗习惯，目前，大山里的土家族聚居区仍沿袭土葬习俗。从巴东、长阳、五峰的各次丧事现场来看，巴东、五峰的棺材做得大而厚实，选用木材也较粗，棺盖大头显得高大；靠近清江下游平原地带的长阳资丘，其棺材体积明显较小。这与山林木材的过度开采是有直接关联的。在巴东后乡，连粗大的杉木抬丧杠都只一次性地使用，目前状态下或许还丢得起，倘若对树木透支性地开采，不久的将来，只怕轮到自己时，连小块头的棺材也难以享用了。以薄板材直至最后用其他复合材料做灵柩，或者改为火葬，恐怕是大势所趋。

五峰丧事中，待棺材置入墓井后再揭开掩棺布为亡人进行整理，这一习俗据当地老百姓解释，不同于其他地方的“大装”。所谓“大装”，棺材内要垫很多石灰，或用皮纸将石灰包成“包袱”，垫在棺材底板上和塞在亡人遗体旁的间隙中，也有的是将圆木锯成一截截的木墩子，以塞紧遗体。“大装”是在出丧前，孝家晚辈最后在堂前看一眼亡者作诀别后，即闭棺封殓。此后在出丧时，便绑紧了棺材，抬丧、下葬直至掩土、砌坟，都绝不会再启开棺盖。据五峰镇长坪村人说，县境东部相对平坦开阔的渔洋关镇等地即用的是“大装”，这种装法他们认为太重，抬不起。长坪一带采用的是“简装”，即亡人入殓时，只将棺内装入特制的铺垫和盖被，出丧前，棺盖由“八大金刚”背或抬到墓地，这样抬丧确实要减轻许多重量，遇有方才那样的高坎大坡，也不至于太吃力甚至出现险情。由此看来，“简装”是从当地的山势等实际情况考虑而采取的一种装殓方式，这一来说明了清江土家的丧俗有地域差异，二来也证实了在土家的习俗中，后人总会根据现实需要作一些改变。

此前我在巴东、长阳所见的都是“大装”，若论山势，并不比五峰镇平缓，但那里却都是在家封殓，不仅如此，还特别强调亡人离家后绝不能见到光天，甚至连亡者的灵牌都必须打上伞遮掩住，这在五峰镇长坪村也是如此。在我所调查的巴东野三关道子坪村，曾有给已故多年的先父母重新砌坟的，这是正史已有相关记载的古代巴人拾骨葬葬俗，又叫二次葬。他们在启棺盖拾骨前，必须在墓地上搭一个棚表示房子，以避免遗骨露于光天。可见自古以来的习俗，应是在家闭殓的，换句话说，是“大装”在前，“简装”在后。从五峰出丧时的情况看，仍保留着孝子怀抱灵牌以黑伞遮掩的习俗，但上山时仅以布掩棺，不得不说是大胆而务实的改良。“简装”出丧起于何时，调查中尚未得到确切的答案，目前在世的人只说“原来就兴”，相关资料中一时还未找到佐证，有待做进一步的考察。

待灵柩入墓井后再作告别、封殓的“简装”方式，除上述从抬丧的实际出发考虑等因素外，还有一个重要的程序，就是在盖棺闭殓前，要由亡人的亲属下到墓井内的灵柩旁，为亡人做最后的整理。据五峰长坪人讲，因为是"简装"，棺内并未塞紧，抬丧时爬坡上山，亡者遗体有可能因晃动而被挪位，所以"下肂"后要由孝子们亲手为父母先辈做最后一次整理，而不是由任何管事帮忙的人、"八大金刚"或土老师等所能替代。其间至少有两层意思值得一说：一是土家丧俗对亡者的终极关怀和尊重所表现出的浓厚情感等人文色彩，面对亡者的遗体，还要按人间的舒适度，认真地进行整理，不愿遗体因抬丧时可能出现的挪动而造成亡者入土后哪怕些许的不适、不安。二是可以通过死别这一重大的人生时刻，使子孙后代们懂得如何直面死亡。直面死亡历来是土家人正视人生所持有的积极态度，对于生长在高山险地的土家人来说，这是难能可贵的。相比之下，生长在都市里的年轻人，随着城市文明包括种种综合服务的推进，直面死亡的机率较之农村，是大大减少了。山里的土家人更需要坚韧的生存信念，因此这种精神也更需要代代传承。

下山的路上，打伞抱着灵牌的孝子一行，沿着来时的环游路线返回。按当地习俗，老乡们都相信，几天以后，亡魂定会"回煞"，会回到家里来看看，所以不能混淆路线，以防魂灵迷失了回家的途径。我因取近道，几步就走回到了孝家。灵堂已拆净，院子里搭的塑料布棚也已拆毕。先回来的土老师在灵堂做了"打扫"法仪，并画好"符"贴在墙壁上。他们已在"科房"里收拾好了各自的家什，掌坛师田永锋将各种神图卷成筒状，一幅幅摆在"圣箱"里。孝家负责内管的人，按土老师们每人每天20元的额度，给他们算好了工钱，四天每人80元，掌坛师160元。这些钱在场的师傅们却大多没有收下，他们感谢亡故的杨老中医生前对一方群众救死扶伤的医德，就把这次的工钱作为他们各自上的一份人情，又退还给了孝家。孝家为表示答谢之意，特地去为掌坛师田永锋买了一个他需要的鼓。正如他们此前所说，世世代代居住在一起，乡邻就跟亲戚一样。虽然这些农民挣钱不易，但他们懂得，彼此的交往并不都是用钱来度量的。这让人从中感受到，在生生死死的重大时刻，山里的土家人相互之间那厚重如山的情义。

注释

1 渔关即渔洋关镇，是五峰土家族自治县最大、经济最发达的一个乡镇，在县境东边（2011年渔洋关镇已成为五峰县新县城所在地），与清江下游的宜都市交界。丧俗从汉族坐丧、转丧，不兴跳丧。

2 彭万廷、冯万林主编《巴楚文化源流》，湖北教育出版社，2003，第389页。

3 出丧送葬时抬灵柩的八个男子汉。

第八章

寿星兼“亡人”
手舞足蹈地上了场
——为活人跳丧实录

图1 2001年3月，作者在长阳文化研究专家龚发达（右）家中请教。（王宗宁 摄）

跳丧，本是人死后为祭奠亡者举行的传统仪式歌舞。然而，在现今的巴东野三关和长阳资丘土家地区，还流传着另一种奇特的风俗——为活人跳丧。

显然，为活人跳丧，是在人还活着的时候进行的，准确地说，是人还健在时进行的。因为，倘若人已到了临终之际或已病入膏肓，虽然人是活着，但这时是绝不会跳丧的，只会张罗、预备，要待人最终逝去后，才会安置前来“看信”的人在灵前跳丧。

为活人跳丧，又叫“打活丧鼓”“闹活丧”“跳活丧”或“做生斋”。

21世纪初，我住在巴东野三关镇道子坪村的田野调查基地时，有幸亲历了为活人跳丧的民俗现场和全部过程。

那是2001年7月间，我住在道子坪村4组的田大方家，晚上与住户边推磨边聊天，女主人谭支翠对我说：“你不是喜欢看跳丧吗？我们这儿还有为活人跳丧的，你想不想去看？就在这坎底下（按，田坎下，形容距离很近）的陈祥富屋里，他过几天立‘生碑’，说是要打活丧鼓、闹活丧哩！”

“十年难逢做生斋”，“打活丧鼓”远不如为死人跳丧那么容易得见，这机会真可谓“千载难逢”。为了核准具体时间，我和大方哥说好，明天吃罢早饭后先去陈家看看。我问他们从前是否看过为活人跳丧，支翠嫂说：“看还真没有看过哩，早年‘清匪反霸’，后来‘三反’‘五反’，我们记事以后，开始‘文化革命’，把这些都当作封、资、修和‘四旧’，都不允许哒，后来连‘撒叶儿嗬’都不准跳，做大斋的就更加没得哒。不过，我从小就听老辈子说有‘闹活丧’的。那不是吗，就连现如今，平时有哪家屋里人说话声音大或是小娃们顽皮吼叫的，大人们就会说，‘你们这只怕是在闹活丧啊’！”

第二天，7月31日上午，大方哥带我来到陈家，这里与道子坪村4组是近邻，同属石马管理区，我们从屋里出发，

图2 2000年10月，作者在长阳文化研究专家萧国松（右）家中请教。（刘玉泉 摄）

步行不过1公里小路。住户与陈家之间的地形是一个圆弧形的大弯，中间有大片良田，站在陈家的屋场，远远地能看到大方家的房子。因隔着一条318国道，以公路为界，陈家属于野三关石马管理区的大树垭村13组。

陈家住着一大栋土木结构的老房子，两层三开间，一楼是土泥巴地，二楼是木板。左侧附有偏屋做厨房，右侧有池子屋（按，厕所）、猪圈和堆柴禾杂物的仓储间。女主人名叫田冉秀，54岁，早年丧夫；陈祥富60岁，原为野三关税务所职工，因病已提前退休。两人是二次婚姻合家。陈祥富老家在野三关镇的马眠塘管理区，与长阳交界，地方偏僻，交通不便，二人合家后陈祥富即上门到田冉秀家居住。冉秀本人前无子嗣，再婚后，丈夫陈祥富携一子同住，现今儿子已在公路旁建了一栋砖石混凝土结构的平房成家。

见到陈祥富时，他正在屋旁的棚子里与石匠师傅说话，看到我们后，他冲着比他小10岁的田大方喊了一声："哎呀，是幺爸来哒！"大方与冉秀是田氏祠堂同一个祖先的后代，论辈分，冉秀是下辈。在野三关石马一带，田姓是一个宗族大族，姓田的彼此都视为"族间"（按，指同宗姓间的亲族），平时相见，不论长幼，都按辈分相称，哪怕是年长的看见年幼的，该尊称什么长辈一点儿也不含糊。就连我住在村里，也沾姑父田姓的光，常被一个个长者喊作"姑儿"或"姑婆"。

在堂屋里落座后，我们看到了八仙桌旁放着的大牛皮鼓和桌上的锣、钹等打击乐器。大方问陈祥富是不是要"做生斋"，打"活丧鼓"。陈祥富说："是想把客们请来热闹一下的。您家看嘛，我一个病家伙（按，指有病的人），这下已经活到60岁哒，花甲子也活满哒；二个咧是立'生碑'，就一起接客们来玩会儿。”大方问日期是否已经定下，他回答说：“我是请德震（按，石马枫木村7组的土老师谭德震）派的期（按，占卜算卦测定时日），定在十八的（按，指农历六月十八日），还有几天。”我算了算，六月十八即阳历8月7日。

陈祥富打量了我一下，问：“这个姑娘是……”大方说：“这就不是个姑娘噢，你要把她喊姑儿（按，姑姑）哩！”说得我有点不知所措。大方按照我平时的说法，给他介绍说我是来做“田野调查”的，陈祥富对这个说法似乎觉得耳熟，主要是对“调查”二字产生了敏感，面部表情立即非常严肃，拉过大方就到一边问。大方解释道：“不是调查别的，她主要是采访一下我们土家族的风俗习惯。你只管放心嘛，我带来的人保险不得出问题嘛！”陈祥富对“采访”一词似乎比较容易接受，虽说将信将疑，但还是高兴起来，他说：“我们土家族‘老人’哒，兴打‘撒叶儿嗬’，您家看过没得？那才叫好看啰！我明儿十八那天要打‘撒叶儿嗬’的，也接您家来玩！您家采访哒是不是要登报纸、上电视啊，那我们也好看一下。”

立“生碑”，就是活人在世时已打好的“生记碑”，择吉日将其立在已选定的墓地上，这种习俗是土家族地区受汉族丧葬文化影响形成的。陈祥富花万余元为他和冉秀打好了“三滴水”（按，墓门上的翘檐共内外三层）的高大双墓双碑，墓地就选在房屋左侧后方的石坡上。他兴致勃勃地带着我们去看了墓地，又让我们在屋旁的棚子里参观石匠正加紧打凿、修饰的石碑，并用手抚摸着。没想到石匠师傅是我父亲曾下放劳动的原石马公社全心一队三斗山的人，此时他已认出我是那个曾经给他们教过课的白同志的女儿，就跟我寒暄起来，问家父身体可好。陈祥富由此也对我有了进一步的信任，临走时他一再邀请我：“您家十八的一定来玩噢！”

为了弄清野三关一带从前有关为活人跳丧的情况，离开陈家后，大方哥说带我到邻近的古历乡去拜望一位田氏老人。古历也属野三关镇，野三关撤区前，古历原是区所属的一个小公社，后成为一个小乡，不久前也划归了石马管理区，就在318国道旁，与道子坪村和大树垭村都是地界紧连着的邻村。

老人叫田尔重，已85岁高龄，幼时曾在道子坪村秀才湾跟着田祝三秀才念过书，民国时期做过乡长，现已双目失明。大方与老人虽派行不同，却同辈分，是一个祖宗的两房儿子的后代，尽管相差35岁，大方仍管他叫哥。老人解释说：“田氏宗祠的后人发展得快，支系也多，早先总祠堂在善化，后来又在各地建哒蛮多个分祠，民国三十六年（1947年），总祠里开过全族的大会，召集各分祠一起修谱续谱，就是那一回进行的‘联宗合派’，是为哒规范族辈，防止乱派和‘族间’（按，不是指一个宗族与另一宗族之间，而是指同一宗姓内）的人互相不认得。我和大方虽说不同（字）派，那还是同一辈的兄弟，这是有谱书的。”大方接着他的话开了个玩笑：“是你们那一支的人发得快些，我们这一房的人笨点儿！这下就把您家吃亏哒，看您家是个老人家的岁数哒，也只能当我的哥哥。”

问及为活人所做的“生斋”和“打活丧鼓”，尔重老人说他曾经见过也参加过。

那是1948年的正月间，田氏“族间”的田永直做生斋，尔重因是“族间”的亲戚，就在一起玩，看热闹，还陪事主田永直一起做法事的礼仪，一起坐席。田永直就住在现在石马的冉家村，那年60岁。田永直和老伴老来膝下无子，家中又很富足，有好多田地，就给他外甥送了一庄田，并过继了一个叫张世沛的外甥为子，以便将来为他们二老养老送终，并继承家产。张世沛为报恩行孝，决定为舅父做一场生斋。尔重老人说：“那次请哒好多道士，开坛祭，一共做哒四个日期三整天的大斋。道士还做哒‘破阳狱’的法事。道士是救人的，死鬼子在阴间里受苦，道士做法事救他，才做斋。那时间，远处近处的要来好多人，里外三层地围起看。做生斋和给亡人做斋是一模一样的，不同的就是人还活起在。”

尔重老人回忆道：在那次的法事中，孝子为活人烧了好多“包袱”。巴东野三关一带的祭祀“包袱”，与长阳、五峰的“印制”方法不大一样，不是用人民币在黄火纸上按一下来比照度量，必须在上面打出圆形的钱凿印，再用白纸包成一个个包封，写上“收钱人”的地址、姓名，然后焚烧送给阴间里的亡魂。据尔重老人讲，他们每烧一个“包袱”，就在单据上记一笔，说是等人死后到阴间里的冥行好兑钱用。活人亲眼见到后辈为自己做生斋，跳活丧，晓得以后自己死了，后人也会按这个样子做，就特别高兴，也格外放心些。

他说：闹活丧跳“撒叶儿嗬”，跟人死后的情形差不多。在做生斋的过程中，法事歇下来的时候，叫“歇坛”，这时就开始跳“撒叶儿嗬”。做法事和跳“撒叶儿嗬”，互相不受干涉和影响，是事先统一安排好的，当中还有演“道戏”的。遇到跳活丧的时候，这跟前方圆几里地要热闹好一向时，像过年一样。

从尔重老人的介绍中得知，做生斋跳活丧是为活人表演的一场他将来死后所要进行的祭礼的仪式程序，主要包括做斋、跳丧，此外还有演“道戏”等，为活人贺寿、祝福，具有浓郁的喜庆色彩。从整个仪式程序中所做的一套套法事来看，无疑有着极强的道教思想和文化内容。

清江中游的巴东、五峰、长阳等盛行跳丧的土家地区，都受到道教文化的影响。道教本是中国土生土长的宗教，但并不是土家族的宗教，从东汉以后才传入土家地区，却深深植根于土家族民众之中，长久地影响着土家人的生活。

就在八年前，与巴东相邻的长阳资丘，也有为活人跳丧的风俗。为此我曾向长阳土家族自治县资深的文化研究专家龚发达、萧国松，资丘镇文化研究专家田玉成和在资丘亲历过跳活丧的文化人士刘洪进等老师们讨教。据介绍：做生斋是民间正一派道教中，专为"打"过花甲子的老人所做的一种法事祭仪。"由于土家人受道教文化影响很深，认为人的寿命是上天所赐，如果算命先生推断谁不能活到花甲年龄，而这人却到时不死，那么，他在做60岁生日时，就要把跳丧、拜寿一齐办，以示替死还生。"[1]

1993年农历正月间，在长阳资丘镇张家湾一个姓覃的普通农家做的生斋，据刘洪进记述，其情形是这样的：

四方邻里的乡亲欢声笑语，进得堂屋先烧纸叩头，向老寿星问安。堂屋中间摆放着一具外层涂成黑色的纸糊的"棺材"，"棺材"内躺着一个用茅草扎成的"死人"。"棺材"前的方桌上摆着老人的画像，称为"灵"。"棺材"上方是乡亲们为"死人"送来的各色祭幛，一排排挂着，上面还肃然写着"奠"字，真如死了人一样。

至夜，土家人喜闻乐见的跳丧舞开始了。"请出来，请出来，请些歌师上场来！好些打，好些跳，莫把脚步跳错了……"鼓者唱，跳者和，舞步刚劲粗犷，唱词俚俗诙谐，祭堂顿时成为歌舞的海洋。狂歌劲舞之中，“死人”兼寿星的覃老汉一个獐跃跳进场，观客们一阵鼓掌吆喝，场上情绪更推向高潮。

达午夜，知客师高喊：“祝寿开始——”鞭炮、三眼铳轰响开来，接着，由两支长号引路，鼓乐师紧随，来客们举着祭幛子排成一路，“孝子”叩头尾随，进行“游丧”。“游丧”队伍沿稻场转圈时，四个土家汉将来客坐过的凳子、椅子拼排成一个“死”字，一会儿又走龙般搬动椅凳，将“死”变成“生”。接着，四人抬了“棺材”来到一块荒岗，“孝子”们纷纷下跪，主事者一边念念有词，一边划燃火柴，将纸棺和茅人化成灰烬。乡亲们认为寿星的死魂已经超度，纷纷祝贺他逃过劫难，后福齐天。[2]

超度死魂，替死还生，这是为活人跳丧的主要缘由。从上述尔重老人的介绍和在巴东野三关调查中所亲历的情况看，除了为“打”过花甲子的人祝寿之外，因立生碑、养子过继等其他原因和相关的重大事由，也有做生斋跳活丧的。

转眼到了2001年8月7日，农历六月十八。上午10点左右，我和大方哥在家里吃完早饭，就出发往陈祥富家。本来知道做生斋打活丧鼓一般都是在晚上进行的，但我还是想先去看看陈家的现场情形和具体安排。我们走上318国道之后，又沿公路朝着恩施方向走了一公里，到路边的小卖铺去买鞭花。在路上，看到三五成群的老乡在结伴溜达，男女老幼，都穿戴整齐。女人们衣着色彩鲜艳，虽是夏季，年纪稍长些的中老年妇女头上，仍然都包着靓丽的头巾，有的以枕巾折叠而成，有的用围巾缠系，花花绿绿，在阳光照耀下格外夺目。大方说，他们都是陈家的亲戚，从马眠塘过来为陈祥富立碑祝寿的。

来到陈家时院子里已到了好些客人，一些帮忙立碑的男人都在前前后后地忙碌，做着各种准备工作。大方哥一放鞭，寿星陈祥富就迎了出来，大方说：“给寿星佬请安啦！祝你长寿、多福多贵呀！”我也连连说：“恭喜、恭喜！”陈祥富冲我们笑笑，拉着大方进屋，说：“幺爸，看您家给晚辈请安，我怎担当得起嘛，这是借您家们的吉言，我还多活几天喽！”

堂屋里已摆上了准备坐席的桌子，并排两张。厨房里正加紧忙活着，为了上菜方便，已将堂屋与左厢房之间的墙壁板拆了，左侧房屋通向厨房，厨房里送过来的菜肴就从这里快速地递到桌席上。陈祥富对我们说：“一会儿就开始坐席哒，我老家马眠来的客，要走好几十里路，坐

图3 寿星站在为自己立好的生碑前

席哒有的还要先回去。今儿是这么安排的：吃饭以后石匠师傅们先把碑立起来，要到黑哒才得做斋、打‘撒叶儿嗬’。您家们先玩一会儿，马上就坐席哒。”

知道了陈家的大致安排，我们打算下午再来。大方哥的女儿田彩艳中专毕业后分配在野三关电站工作，为方便回家，买了一辆无级变速女式摩托车。彩艳因去恩施湖北民族学院进修读大专，平时将车寄放在公路边的亲戚田世民家。大方从世民家推出摩托，带上我前往附近的村组，找老乡们串门聊天。

下午4时许，我们骑车返回陈家时，天气骤然间发生了变化。风起云涌，刚才还挂在天空的太阳被厚厚的乌云遮得严严实实，天黑了下来。爬石马岭的高坡时，载着两个人的小摩托车被迎面刮来的大风吹得难以前行，只得徒步推车。到放下坡时，大方为省油照例空档放行，我担心他的腿疾在风中无法控制突如其来的事故，就说：“还是步行吧，摔下去牺牲哒划不来。”他不肯停车，说：“你莫动，保证不得出事。真把你摔坏哒，我还不好交待哩。”

风似乎小了些，天边开始电闪雷鸣。拐了几个大弯，我们到了陈家屋场。大方转身骑上摩托车去世民家存放，院子里帮忙立碑的人还在紧锣密鼓地前后穿梭，我径自跑向墓地，抢在大雨到来前，拍下了新立的墓碑以及寿星陈祥富在他生记碑前的留影。

空中开始洒起雨点，雨点很大，不到一分钟，雨点变成了冰雹！站在院子里的人纷纷躲进了屋里，屋内一下子爆满，有的只能站在屋外的阶沿边。“下冷籽（按，冰雹）哒！拐哒！坡里的高粱（按，玉米）无收哒！”有人担心地叫道。“光是高粱无收啊，种烟的人户这下就真拐（按，糟糕）哒，烟叶叫冷籽一打，哪还上得到等级、卖

图4 巴东野三关为活人跳丧现场的布置

堂屋正中大红垂幅前的黑色小方桌上，摆着纸糊篾扎的红色“灵屋子”；黑色升子里插着点燃的香；长条凳上摆着盛满食物的碗和酒杯。墙壁的一侧是房主人早已打制好、原本就摆放在堂屋里的黑漆寿材。

为活人跳丧，因不需要在堂屋中央停丧，而是以“灵屋子”替代，所以棺材靠在墙边，且大头朝门外，小头靠墙，与为亡者跳丧时的方向相反，表示人还活着。

得出价钱呢？”

老乡们的议论并没有盖住冰雹落在屋瓦和地上的响声，叮叮当当落下的冰雹小者如指头大，大者竟有小孩拳头般大小。继而冰雹中伴以劲风疾雨，一阵阵呼啦啦地来，又一排排哗啦啦地去。我被挤在堂屋右侧耳房通向二楼的楼梯下，楼梯是“亮梯子”，踏步间的隔板下没有以木板封闭，透过踏步间隔宽大的空隙，不时能看见下面的人从这里爬上楼去。楼梯旁的一个小窗上，被铁钉钉着的薄膜纸已被风揭开，水汽很快飘进来。土墙的墙根处有两个比拳头略大的猫洞，墙外院子里的雨水已从不高的土阶沿缺口处漫上，沿着猫洞流进屋内，有人找来石头将洞堵塞住。我没有看见大方哥，他去存车，显然被阻隔在了世民家。一个穿着税务制服、坐在一旁长条凳上的男子跟我打招呼，让我到他旁边去坐。他自我介绍说是野三关镇税务所的，以前和陈祥富是同事，今天特来给他贺喜“吃酒”（按，坐席的别称，即参加吃宴席）的，晚上准备搭“麻木”（按，三轮、带篷的摩托车）回野三关镇上去。

楼上偶尔有一两下打击乐的响声，我也顺着“亮梯子”爬上楼去，看见几个土老师正围坐在一张方桌旁，商量着晚上将要进行的做生斋的法事程序。主事人是前述第五章巴东野山关跳丧实录之三所记录的、曾在道子坪村3组的菊娃家“看信”时主持法事的黄大林，当地也将他称为掌坛。黄大林是野三关石马管理区冉家村1组人，70岁；其他几位土老师分别是石马道子坪村2组的田大鸾，64岁；冉家村5组的田秀和，64岁；石马岭村4组的谭志喜，61岁；石马岭村3组的张学全，58岁；还有一位是黄大林的孙子，叫黄本凯，14岁，初中二年级辍学在家，平时帮父母料理家务和农活，遇有人家请爷爷做法事，他就跟着边玩边学艺。知客师是石马岭村5组的陈代金，52岁。

黄大林和陈祥富在前面提到的为他立碑“算卦”“派期”的枫木村7组的谭德震，是目前在石马管理区较为活跃

图5 巴东野三关石马管理区冉家村1组的土老师黄大林全身披挂，手挥令旗，向祖师爷禀呈当日法事的因由。

图6 虽然刚下过暴雨和冰雹，乡邻们都不愿离去，等待着即将进行的为活人跳丧。

的土老师。一般主人家有事时，是与掌坛主事的土老师联系，再由掌坛根据情况需要，邀约帮手组班子，这一点与五峰的有关情况基本相同。据几位土老师自我介绍，他们都是经过师傅设坛作法“度”了“职”的，而且是上、下两坛同时“度职”，即所说的道士、端公都能做。他们实际上是身兼二职，即通常讲的既管生、又管死。按土老师的说法，管死，指的是上坛做道士，替亡人安魂、看地；管生，指的是下坛做端公，为生者赎魂、打胎（按，不是指让怀孕妇女堕胎。土老师认为人的魂不附体时，就是走了胎，即魂魄附到鬼的身上了，因此需要打胎）。显然，他们不同于道观里的道士，也不是真正或准确意义上的道士，而是服务于土家人生活的巫师或土老师。

清江流域的土老师有别于酉水流域的土老师。土家族虽然没有自己的文字，但有本民族的语言。并非所有土家人都能讲本民族的语言。土家族分为南部方言区和北部方言区，酉水流域土家族地处北部方言区，那里把土老师叫作“梯玛”。“梯玛”做法事时，使用的是本民族的方言，是唱土家语的，唱的内容也是土家自己的，如有彭公爵主、八部大王、白虎神等等，具有土家族巫师的特点。而清江土家已改讲汉话，土老师跟“梯玛”大不一样，受楚地巫文化和汉族文化影响更多，所做的法事从内容到形式也多以接受上述外来的为主，缺少本民族的东西，更不是土家族固有的。与此不同的是，跳丧却是土家族特有的，但它又不是所有土家的。酉水土家只跳“摆手舞”，不跳“撒叶儿嗬”，只有清江土家才跳丧。

几个土老师经过商量，议定了如下程序：

1.起鼓上坛，打“闹台”
2.请引魂幡、招魂
3.开路、升灵
4.献祖、献饭、奠酒、打享荐
5.歇堂——打丧鼓
6.出灵、化灵、发“包袱”献祖。地点方位：墓地旁、西北角

掌坛师将程序用毛笔工工整整地抄写下来，有如前述第七章五峰跳丧实录所记录的五峰的土老师所写的“班单”，但这里的法事要少得多，所以“班单”内容也较为简化。唯有一点是土老师们反复强调的，就是上述第6项中“化灵”的地点方位。当时他们特别指明要朝“西北角”焚化“灵屋”和祭献祖先的“包袱”，他们的反复强调引我注意到这个细节，于是我向黄大林师傅讨教：为何要向西北角而不是其他的方位？他告诉我：“人死是归宗，要

图7 “升灵”法事

发‘包袱’献祖，向祖宗告诉一声。”与五峰土老师的“化灵”一样，当晚的这一仪式程序也表明，在清江土家民间土老师前传后教的法仪中，还没有忘记巴人老祖宗的方位。

黄大林书写好之后让知客师把主人陈祥富请来，从头到尾地将上述程序说了一遍。站在旁边的土老师张学全对我解释道：“我们这一班还没在一起做过生斋，所以要这么样地先演一遍。”

掌坛黄大林告诉我：“这几十年来不准也不敢做生斋，早年还是师傅们在世的时候替人家做过的。从前做生斋，那都是有钱的人家才做得起。做生斋一般是打过60岁的‘节巴’哒做的；有的是人在那个时间生病哒，或是怕有什么不好，就做生斋冲一下。”

道子坪村2组的土老师田大鸾说：“做生斋是人在生的时候提前做斋，把将来要给亡人的纸钱提前存到阴间的银

图8 夜幕下在稻场里“游丧”“招魂”

行里。阴间有‘冥京追修院’，掌管亡人的生前功德司官案下。人在生时先存的钱，等人死后再由道士做斋开库取钱，又叫‘抄库’，把生前存的钱取出来，亡人在阴府里就有钱用哒。”

我在小本子上记录着法仪程序，陈祥富见状连忙解释道：“我们这就像是演戏的，您家看，这没得什么要不得的吧？其实就是为个热闹，我们也不搞赌博，要说我还是参加过工作的人，这点觉悟还是有的。”另一个土老师田秀和接过去说：“我们上坛那不是封建迷信嘞，上坛的‘行仪’（按，科仪）那都是有‘本章’（按，有经文、书理可循）的，连唐朝李世民那个时间都兴，是前传后教的。下坛的是巫教，要说端公杠神那一折，有时候还兴说不到会唬人（按，骗人）。下坛我们本来也都奈得何（按，能胜任。指同时“度职”之事，表明两职都能做），不过我们还是不得做唬人的事。这上坛的不同，是

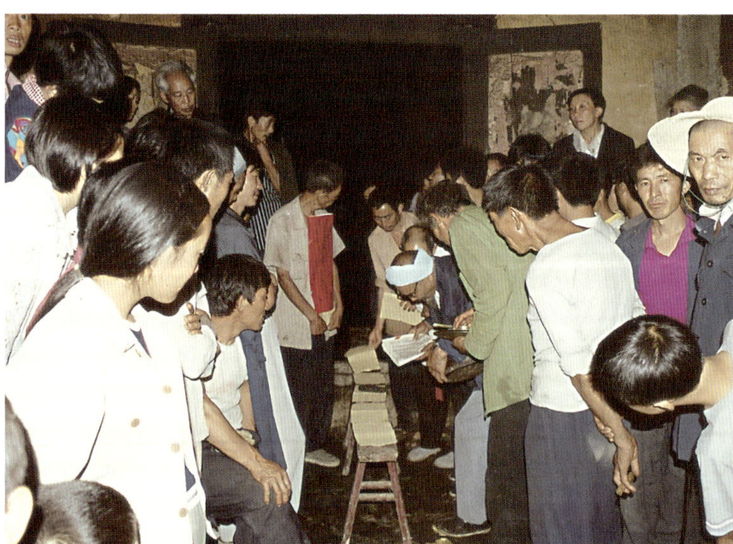

图9 “接路”“开路”法仪

为活人做生斋时，各种法仪跟人死后的做法一样。土老师的诵唱吸引着在场的观众。客众里三层、外三层，有的站在了板凳上。

图10　事主夫妇二人跪在堂前“献祖”

说人的生死事，人死哒帮忙看个地，安个魂，要不是孝家怎么埋呢？这些现在国家都已经允许哒，那不是违法的哩。”

毫无疑问，主人和这些土老师们对我这个外来人多少有些心存疑虑。野三关石马管理区原来叫石马公社，新中国成立后，尤其是“文革”以来，一直是县上和区镇上干部们的“点”，早年对在乡间行艺的人都进行了改造，凡民族民间习俗包括跳丧都一度被视为“土蛮”的“陋习”和封建迷信，予以禁止。改革开放以后，一些民间习俗逐步恢复，但土老师的承传已出现了断层。现在行艺的土老师远不如从前多，并且对法仪的承袭不完整，对好些仪式程序、法事要旨以及历史情况都说不清楚，要么只知其然，不知其所以然，用他们自己的话说，就是“没有学到艺”。然而，他们却是现存于清江土家地区并在活动着的一支队伍，乡人们遇有生老病死，总会“请先生”来主持，这是一个客观的存在。或许，他们害怕外来人的关注会由此带来什么不测，所以，要特别向我申明他们行为的合法性。这一点，与五峰土老师的心态基本相同。

虽然下着暴雨和冰雹，陈家晚上即将开始的做生斋等各项程序的准备工作，都按部就班地进行着。观察此时主人和客人的心情，似乎并没有受到恶劣天气的不良影响。我思考着，若是在其他什么地方，说不定会将方才突如其来的冰雹，同不祥之兆等主观想象联系起来。而在我所见到的做生斋的现场，农民们除了担忧着庄稼和烟叶的收成，并没有听见当时天气变化与跳活丧之事相关联的议论。在巫术和迷信并不鲜见的巴东后乡，对于跳“撒叶儿嗬”，人们丝毫没有什么不吉的联想，因为在他们看来，跳丧、跳活丧是很正常的事，自古以来就是他们生活中不可缺少的一个重要内容，绝对不会因为它带来任何不测。所以，外面的疾风骤雨并没有使大家慌乱，老乡们虽然挤在屋子里或屋檐下，但不乏说笑，“吩白”聊天，情绪稳定。大家安然自在地等待着。

半个多小时过后，暴雨夹冰雹停了下来。知客师陈代金张罗着开始坐席。坐席仍在堂屋里进行，因为是做生斋，堂屋正中没有真正意义上的“停丧”，所以，在已布置好祭堂的情况下，堂屋中间仍有较宽敞的位置。陈家的老式房子堂屋较大，约有40多平方米，矩形，进深在6米左右。

在堂屋正中设置神龛位的一面墙上，悬挂着十几平米的方形宽大垂幅，是大红色的金丝绒布制作而成，看上去很像是舞台上的底幕，遮住了发黄的墙面。红色金丝绒布正中，缝着一个用白绸布剪成的大“佛”字。“佛”字上方，从右至左缝着4个字：“佛光普照”；两旁分别是纵向排列的“匡扶正义”和“禅宗精粹”。据说这一面垂幅是为当天的斋祭活动，差专人跑到野三关镇上借来的。我当时有些惊讶在道教法仪现场看见佛教背景布置，但与五峰土老师的说法不约而同，这些也被称作“道士”的土老师们，同样说自己是信佛教的。这一来说明清江土家的土老师在历来的道教法仪过程中，已不断地融入了佛教等其他思想文化的内容；二来不得不令人想到，经过几十年前那些特殊的历史阶段后，在法仪中融入劝人为善等积极的、易于被人接受的佛教教义，是土老师们行艺并借以保护自身的有效方式。

垂幅两旁的地上，各插着一根当日刚从竹园里砍回的竹子，竹子上保留着翠幽幽的竹叶，形成了一个“门框”的两侧；其上方的“门楣”处，是一道就地取材，用松、柏、竹等各种树枝编织而成的“彩虹”，即绿色的枝叶由靠墙底边的左右两角分别伸向中央，最后，两端的枝叶交织在一起，扎制成一个别具一格的半圆形“彩虹门”。“门”的正中，摆着一个小方桌，上面供奉着一尊较高大的白色细瓷观音坐像，旁边是一个细篾条糊着红色主基调的彩纸扎成的“灵屋子”，以此代替“亡人”的“灵柩”。“灵屋子”前供奉着饭菜和酒。堂前的布置跟真实的停丧场景差不多，照例摆着一个黑色的升子，升子里装有玉米、黄豆等五谷杂粮，里面插着香。方桌右角上还放有献祖用的黄火纸，都用钱凿打上了钱印。紧靠方桌左侧的地上，将一个方木凳放倒，作为临时的支架，上面搁着打“撒叶儿嗬”用的牛皮大鼓；右侧顺着墙壁停放着主人早已打制好的黑漆棺材，这是平时原本就摆放于此的。与给亡人做斋、跳丧不同的是，当主人还活着时，棺材若置放于家中，其位置朝向是大头在外，靠门一方，小头在里，靠内墙墙缘。

几个土老师被安排在晚上的头一发席坐席，一发席两桌。为了赶时间，一桌安排坐12个人。我还是上午在住户家吃过饭，此时早已是饥肠辘辘了。知客师安排我与镇上来的“同志”（按，对国家工作人员的特定称谓）坐在一起“吃酒”，并挨个儿给桌上各发一壶用白色塑料壶盛着的散装苞谷酒和一瓶小卖铺买来的饮料。饮料为黄色液体，10元钱买5瓶，一般将每5瓶用塑料编织带交叉相系，捆绑销售。饮料用类似于“高橙”样式的塑料瓶装，但明显与在商场见到的正品不一样，印制并不讲究的包装纸上虽有“橙汁”二字，却没有出品的厂家。我没敢喝这饮料，怕因肠胃不适影响当晚的工作。而同座的老乡和孩子们却喝得津津有味。野三关属高山地区，不出产柑橘，橙汁在这里是稀奇的东西，被视为上品佳饮，好些老乡在看望长者和病人时，以送一瓶橙汁饮料表达孝心。在我住的石马管理区道子坪村和邻近的村子里，有的老人临终前还巴望着喝一点2元一瓶的橙汁。

流水席虽是一发接着一发，但因为人多，天黑后又陆续来了几发送恭贺的客人，前后坐席还是持续了几个小时。知客师陈代金告诉我，有些客人白天里“吃酒”后已经回去，晚餐共坐了九发席。约9点半钟，坐席告一段落。

席毕启鼓。掌坛黄大林叫几位帮手操起“家业”（按，指打击乐器，与长阳一样，当地人把打锣鼓也叫“打家业”），启鼓一出“三擂”，打响了“闹台”。

黄大林身着一件大红色镶花边的法袍，内衬一件深蓝色齐足的大襟长布衫，头戴深棕色皮制镂空雕花立体状的五佛冠。尽管他们自认为此时做的是“上坛”即道士的法事，但从行头看上去，是比较典型的土家巫师的做派。黄大林手执红色三角形镶白布锯齿花边的将、帅旗帜和一个纸质牌子。牌子为长方形，纸壳外以大红纸包裹，中间穿

图11 手执鼓槌的掌鼓师田世文也离开鼓边，上场舞了起来。

插着一根手指宽的扁形竹签。牌子的一面，上沿横排从右至左写着“宗师保举”四个字，其下排列着三纵行，中间一行为“祖师前传后教 历代诸位宗师位”，两边分别写着“千千师主”和“万万师爷”以及各位师爷、恩师主、证盟师的姓名法号。在中间书写历代祖师的地方，贴着鸡毛。牌子的另一面，写着“当今皇上万岁万万岁”。

黄大林走在头前，其他几位土老师持“家业”跟在后，他们绕堂一周，一排站在了“彩虹门”祭堂前。掌坛先上前一步，将举在手中的牌子和两面将、帅旗插在了升子里，高声道：“祖师爷在上：今有中华人民共和国湖北省巴东县野三关石马大树垭村13组信士陈祥富，庆贺寿诞，立筑生碑，弟子人等在此斋祭，叩请宗师保举……”几位土老师跟着齐诵了一番，并各自分别行礼。“家业”继续，观众们自然围成圈，听着土老师们的吟唱和打击乐轻重缓急的变化，一个个露出兴奋的神色。

从现场看，其布置有明显的佛教色彩，但法事程序又是由身兼道士和端公上、下两坛的土老师主持的道教的科仪，使得现场所行法事带有明显的佛、道、巫等多种文化混融合一的特点。

启鼓上坛之后，接下来的程序是“请引魂幡和招魂”。引魂幡即招魂幡，与此前在丧事现场所见大略相同，但显得更精致，约50厘米长，用纸壳和红白两色纸做成，上宽，约20厘米，下略窄。上端是一个三角形屋顶状，两边带有翘角，都为红色；下沿有红纸剪成的流苏；中间是白纸面镶着红纸边，上书“魂魄归来兮”黑色毛笔行草体汉字；上端的三角形顶角中心处留有一个圆孔，系着细线索，用线索缠着一根便于手执的细竹棍。

土老师们纷纷进到堂屋右侧的耳房里，在一阵鼓乐声中，请出了引魂幡。走到堂前，黄大林握着引魂幡的细竹棍，左右轻拂了几下，然后将其插在了升子里侧。又是一阵锣鼓，黄大林唱起了《招魂》曲，词曲内容同前述五峰土老师所唱大同小异，他反复吟诵，招引魂魄不要在东南

图12 舞蹈套路《薅草锣鼓》《耍五巾》

图13 为活人跳起了“撒叶儿嗬”

西北和上下飘荡，快快回到堂前来。

知客师陈代金捉来了事先准备好的一只黑色活公鸡，土老师们放下手中的锣鼓，站在右侧墙边的棺材旁。田大鸾拿过来引魂幡，田秀和一手抓着公鸡，一手将公鸡头上红色的鸡冠以手指指甲用力掐破，待流出鲜红的鸡血后，他将鸡血洒在田大鸾手持的引魂幡上，称之为“以血祭灵”。一旁的田大鸾连忙在活鸡身上揪下一些鸡毛，蘸上一点鸡血，将鸡毛粘在了引魂幡上。

祭灵过后，黄大林舞动引魂幡，唱“开路”祭词。唱着舞着，一行人等又敲又打，走出大门，在院子里成一路纵队，绕着稻场（按，农家房屋大门外的院坝）游了三圈，为魂魄引魂、开路。进门时，掌坛的黄大林让知客管事的陈代金搬来三条长凳，一条接一条跨门坎相连，一头在门里，一头在院外。长凳在门内外搭成一座长长的“桥”，有如五峰“转经路”法仪中所搭的“天桥”。土老师将“桥”上铺满了一刀刀在黄火纸上打凿过钱印的纸

图14 《哑谜子》

钱，表示铺在“亡魂”回家的路上，为之“接路”。田秀和双手捧着他手抄的“本章”（按，道教“科仪”，上有所诵文辞内容），就着不太明亮的灯光，聚精会神地唱着“接路”调。围成人墙的观众们，后排的人早已站在了凳子上观看。

“开路”“接路”之后，由“孝子”将红纸做的灵牌放入“灵屋子”里，完成了“升灵”的法仪。这时，寿星陈祥富和妻子田冉秀跪在祭堂前献祖，给祖宗们烧“包袱”、上香、叩头。

“孝子”搬来一条长凳，与死人后的做法完全一样，在上面放了三个装有饭菜的碗和三个装着白酒的酒杯，碗沿上各搁着一支筷子，开始了给“亡人”献饭的程序。献饭过后，“孝子”焚香、奠酒。献祖和献饭过程中，土老师都站在一旁说法事、打“家业”，即常说的“打享荐”。黄大林的孙子黄本凯也在爷爷的指导下参与打享荐中的打击乐伴奏。

议定的程序做下来，用了两个多小时，此时已至午夜。帮忙的人给土老师们装烟，又端来一杯杯苞谷酒和煮得很浓的香茶。知客师此时高声宣布：“现在歇堂哒，打撒叶儿嗬的帮忙腾一下场子，可以准备‘家伙’（按，此处指拿鼓槌）开始哒噢！”

快手的人已将中间多余的长条凳拖到旁边，腾出场地。打“撒叶儿嗬”的男子汉们早已摩拳擦掌了，听得一声喊“歇堂”，已有咚、咚、咚的鼓声响起——

我打鼓来你出台，请出一对歌师来。

跳撒叶儿嗬哎……

掌鼓执槌的是一个瘦高个子男人，古铜色的脸上长满了大胡子，他名叫田世文，是石马管理区苦栗子坪村4组人，50岁。

几乎在掌鼓师叫歌的同时，堂前有四个人抢先上了场。一般情况下，在丧堂前跳“撒叶儿嗬”多为二人，轮番替换，而此时为活人跳丧，因堂前没有真正“停丧”，只以体积较小的“灵屋子”和“灵牌”代替，所以堂屋中央位置宽大，四人共舞并不嫌拥挤。屋内观众也容纳得多，大家站的站，坐的坐，热之闹之。

你打鼓来我出台，请出歌师上场来。

接歌的四个人将掌鼓师的唱词略作改动，依情景填词。

田世文又将歌接了过去：

吃哒中饭下湖坡，杨树没得柳树多。

杨树长大望人砍，柳树长大望人剐（按，方言读作kuō，指用刀背将枝条剔掉）。

姐儿长大望情哥。

心肝二姐我的乖，你会说来我会猜。

言旁着午是个许，门字着井把门开。

里字四点黑哒来。

此地因隶属野三关镇，其声腔歌调与野三关“撒叶儿嗬”相同。大家高声合唱：

撒那叶儿嗬哎，撒那叶儿嗬噢噢……

图15 寿星兼“亡人”的房东主人陈祥富在大家的笑声和喊声中手舞足蹈地上了场，动情之处，他将一条毛巾包在头上，又拿起一顶草帽扇动着，学做小丑的模样，逗得大家捧腹大笑。

图16 《幺女儿嗬》

男人们的声音交汇在一起，宛若洪钟，雄浑而坚实，堂前的气氛一下子显得高扬起来。

与野三关跳丧舞的起始、套路一样，先是一段6/8拍子带切分音的核心舞段《待师》开场。踩着这迷人的节奏，场上的舞者无不精神抖擞，如醉如痴；听着这催人的鼓点，场下的观众难免足心发痒，不跳不快。

叫一个号子转了板，再请师傅们跳摇丧。

掌鼓的田世文在指挥舞者转换套路：

改换了的号儿我打上一……

对舞的四人立即变为二人一组，两两以双手交叉击掌，从"打上一、还上一"一直唱到"十"。

为活人跳丧，其掌鼓叫歌的内容和跳的舞步与为亡人打“撒叶儿嗬”没有两样，《待师》开场之后，接着是《摇丧》《幺女儿嗬》《怀胎歌》《哑谜子》。这是整个野三关地区跳丧中跳得最多的“四合一”。

田世文掌鼓时，边唱边情不自禁地在鼓旁原地走半圆形，踩着鼓点踏踢着舞步，他双手执槌击鼓时，两肩也随着音乐不断地摇动，激情的歌声充满了感召力，使得场上的更替也愈加频繁。从内到外的浑身动作，世文身穿的一件蓝色圆领衫不大一会儿就湿透了，紧贴在皮肤上，他不得不唱道：

这个号子要改脚，改脚要把茶来喝。

示意来人替换。田世文的演唱感染着观众，为当晚的民俗活动添色不少。在别人掌鼓的间隙，田世文忙脱下身上的衣服，用双手拧出汗水，并告诉我，他曾参加过野三关镇组织的民间歌舞队，去巴东县城和恩施州里表演过“撒叶儿嗬”，与著名的艺人黄在秀也认识。他说后来在秀又曾从镇上带过信来，叫他去参加表演，当时因家中有事，没去成，但他平时酷爱歌舞，遇到跟前的乡亲家里有事，就会去帮忙热闹热闹。

接着掌鼓的是知客师陈代金，他也是个打“撒叶儿嗬”的高手，而且善于调动场上观众的情绪。见时间已过子夜，陈代金来了一段“风流歌”：

丧鼓场上有些窍，不带日古子不热闹。

接下来是两段五句子：

郎害相思要吃药，姐说吃药是白说。
酒醉还要酒来解，相思还要姐来医。
药罐儿还在姐怀里。

砍柴莫砍杠香藤（按，指弯弯拐拐的藤条），偷人莫偷远方人。

他半夜三更来敲门，咯的嘎的（按，形容外乡人口音难听、难懂）听不清。

好像算命子拉胡琴。

在场的人一个个哈哈大笑，有的女人笑得把头埋在了男人的怀里。

田世文稍事歇息，又接过鼓槌，叫起了悠扬的《长声号子》。站在一边的大树垭村13组的李戌新与他回应。在他俩喊出的《薅草锣鼓》激昂的催促声中，陈代金为大家表演了《燕儿衔泥》。因傍晚时的大雨，加之在堂屋里坐席时泼洒的酒水，此时的地上是潮湿的一片，虽然经过跳舞时的反复踩踏，已稍微干一些，但仍是黑乎乎的。陈代金将插在升子里的将帅旗摘下一面，充当“五巾”，丢在地上，然后下大腰，双臂朝后扑闪着，如燕儿衔泥一般用口将它从地上衔了起来。观众像欣赏超凡的艺术一样，赞美着他的绝技，连连击掌为他叫好。

寿星兼“亡人”的陈祥富在大家的笑声和喊声中手舞足蹈地上了场，《哑嗬儿》《风夹雪》《花鼓子调》，一出接一出，他显得异常高兴。动情之处，他拿出一条毛巾，包在自己头上，又顺手从一个围观的老农头上摘下一顶草帽，拿在手里当道具，扇动着草帽学做小丑的模样，逗得大家捧腹大笑。

图17 “你的哑谜子我来猜”

田世文见状来了一段《螃蟹歌》。他唱时离开鼓边，双手互击着鼓槌，与场上的舞者围成一个大圆圈，将寿星围在圈中。大家忽而举手蓬拢，忽而牵手拉开，为主人贺寿祝福。

几个小时转眼在歌舞中度过，天亮之前，还要进行为活人跳丧做生斋的最后一道仪式，即“出灵”“化灵”和发“包袱”。场上跳“撒叶儿嗬”的仍在进行，另一边，黄大林等几个土老师又开始进入“状态”，他们各自准备着。

凌晨5时许，“撒叶儿嗬”息鼓收槌。随着一阵鞭炮的炸响，“孝子”们抬着“灵屋子”，抱着“灵牌”，一路朝刚立好的生碑墓地旁走去。由黄大林主持，在土老师们

图18 乡邻们载歌载舞，为主人贺寿祝福。

的唱念声中，将纸糊篾扎的“灵屋子”和“灵牌”用火点燃，化为灰烬。“孝子”和帮忙的人一起，面向西北角，发“包袱”献祖，祈求祖先保佑家人世代昌发平安。

清江土家人信奉的民间正一派道教，与道观里所见的道教多有不同，似乎更注重实用性，因而与土家人的生活习俗紧密结合，相互影响。上述为活人做的生斋，本是道教的一宗法事，但在做生斋法仪过程中，却穿插了本民族的习俗跳丧，两者交叉进行，互不矛盾，并融合得天衣无缝，使得“为活人跳丧”成了清江土家特有的风俗。

天将报晓，近处的乡邻们渐渐散去。从马眠老家来的一些客人和远处的乡亲一时还没走，陈祥富儿子新建的房子也都用来安置客人，全住满了。我们因住得近，散场后即打道回府。

下过大雨的小路上还没有人走过，一脚踩去，带起满腿的黄泥。气压很低，平时躲藏在田里的癞蛤蟆全都爬上路来呼吸，麻色的粗皮，天未大亮时不容易被看见，碰到它时即会高跳起。似乎还有雨要下。一路上，见到头天傍晚被冰雹砸得东倒西歪的烟叶和苞谷，残存的叶片上全是大大小小的窟窿。大方说，今年的烟完了。他还告诉我，昨天的暴风已将石马岭上那棵200多年树龄、又粗又大的老核桃树连根拔起，当时离我们下午骑车路过此处，前后不超过半个小时。

到家时天已亮了，支翠嫂在忙着剁猪草，说是喂完牲畜后要去坎上转工。她中途回来时说，坡上的烟叶被冰雹打光了，种烟户损失惨重，有的农户蹲在烟田里抹泪喊天，几个老乡本想来请我帮忙拍照报灾，后来镇上和县里来人了，拍了照片。听说野三关灾情严重，道子坪村的乡亲们有些担心，尚不知究竟能否得到受灾救助。

注释

1 刘洪进：《为活人跳丧》，载中共长阳土家族自治县委宣传部编《清江风物记》，武汉工业大学出版社，1994，第184页。

2 同上书，第185—187页。

感　悟

“撒叶儿嗬”不仅是一种高妙的歌舞，一种艺术化的风俗或者风俗性的艺术，它还蕴涵着丰厚的历史文化信息和深邃的哲学意义。

一、歌的特色

“撒叶儿嗬”是歌、乐、舞浑然一体的传统仪式歌舞。在跳丧现场，首先让人感受到的是艺术形式本身的魅力。就歌的特色而言，主要表现在声腔歌调、曲体结构和文辞风采诸方面。

（一）声腔歌调

用“先声夺人”来形容跳丧时叫歌的声腔，似乎一点也不过分。初到孝家灵堂，掌鼓的歌师那绕梁的音韵，猛一下就会抓住听者的注意力。这是一种原始古朴的歌调，在鼓点的伴奏下，歌者以男嗓高八度声腔演唱，且在乐句中以及下一乐句起板前，于音乐节奏的弱拍处，发出类似于花腔女高音风格的颤音，有如阳光一样明媚灿烂。或一拍两颤，或在乐句和乐段落尾时一拍一颤，在最后一个颤音上加一个很“怪”的下滑音结束。

就声腔运用的技巧而言，男嗓高八度，无疑须用假声（小嗓）发音。但它绝不同于京剧小生的演唱风格，如果小生的声腔能用温润、含蓄来形容，那么跳丧的叫歌则显得大方而自如。倘若将掌鼓师叫歌与黄土高原“西部歌王”的高腔相比，虽然都可形容为“高亢入云”，但“歌王”的声腔风格宽阔而热烈，有如哗啦啦轰隆隆的黄河水；跳丧的叫歌则明丽婉转，有如淙淙流淌的山涧清泉。跳丧除高腔外还有平腔，可以根据领鼓者嗓音条件的不同而选择不同的声腔演唱；或是唱的时间过长，领鼓者会在夜间相对人少的时段以平腔略作调整。凡远近闻名唱得好的歌师，都用高腔。舞者在应节合唱时也有的用平腔，这正好与高腔配成低音和声，有直接唱低八度的，也有的应和者即兴发挥，自如地唱成三、四、五度的和声。高腔加颤音在清江中游上段的巴东后乡以及与之交界的邻近地带流行，在接近下游的长阳资丘以及五峰县城附近等相对发达的区段，颤音已不明显，只有年长的歌师声腔尾音略颤。即使在颤音不明显的区域，声腔仍是高亢亮丽的，富有穿透力。高腔是跳丧声腔的特色之一，与高山里人的生活有关，其中的花腔颤音尤其显得特别，成为跳丧原始区域内保留的独具魅力的声腔风格。

跳丧的歌调，即唱歌的基本腔调或曲调，是在当地民歌调的基础上，依字（词）行腔，即兴歌唱的，又叫“行腔为歌”或“行腔作歌”。杨匡民、李幼平在《荆楚歌乐舞》一书中已作出了解释：“是用一种歌调去套唱歌词，并使歌曲曲调适应于唱词的内容以及词字的声调”。跳丧歌调的创腔或行腔，沿用的是一种古老的手法。我国古代的“依声法”，是古人作词时依据词调声律填入字句，使之符合词格声律；而跳丧的歌调是“以腔从词”，使曲调符合歌词字调和腔格。前者是“依声填词法”，后者是“以腔从词的创腔法”，两者都很古老，是我国的传统方法。[1]

清江土家的民歌“依字行腔”时多选择三声腔，即以三声腔的音程习惯来行腔。所谓“三声腔”或“三音组”，是指一首民歌中的乐音由高低不同的三个音所组合而成的曲调，也称为“三音歌”。跳丧音乐的腔格以小三纯四型的[la do re]、大二纯四型的[sol la do]和大二大三型的[do re mi]这三种最为普遍。有的旋律只用其中的一种，如本书第三章谱例巴东野三关跳丧中的《待师》（曲谱一），在旋律进行中就是用[la do re]一种三声音阶的腔调来歌唱的，只在乐句收尾时出现一个很“怪”的滑动颤音sol，这是跳丧腔调的特性所在，将在下文详叙。有的则是几种交替、混合出现，如本书第三章谱例巴东野三关跳丧中的《摇丧》（曲谱二）、《风夹雪》（曲谱十一），是在[la do re]三音组基础上，加一个[sol la do]三音组与之交替，实质上只在la音下增加了一个下方邻音，构成[sol la do re]四声音阶；又如第七章谱例五峰的《幺女儿嗬》（曲谱十九），是[la do re]与[do re mi]两个三音组交替，实质上是在re音上方增加一个mi音，从而构成的[la do re mi]四声音阶；第三章谱例野三关跳丧时所唱的《陪姊妹调》（曲谱九）、《花鼓子调》（曲谱十），第六、七章谱例长阳、五峰的《幺姑姐》（曲谱十五、十九）等，则是以[la do re]、[sol la do]与[do re mi]几种三声音阶混合来歌唱的。可见跳丧音乐其歌调腔格的旋法表现为少有大跳格的特点，由窄声韵[la do re]、[sol la do]与近声韵[do re mi]构成民歌旋律，“这三种三声音阶构成了这一地区很有代表意义的音阶”，“利用祖辈们传下来的传统习惯与爱好的三声音阶‘即兴’歌唱，是创作‘丧鼓’音乐的基本方法。”[2]

三音歌并非清江土家独有，据杨匡民、李幼平考证：

当今我国56个民族的民歌，流行五声音阶的有50个民族（汉族也在内，其他几个民族的七声音阶是汉唐以后宫廷音阶吸收的北国音阶）。其中出现单一三音歌的，至少有26个民族。南方的民族共有35个（包括汉族），他们的民歌都是五声音阶，出现有三音歌的，至少有20个民族。五声音阶的行腔中，有三声歌调痕迹的更是普遍，他们民歌色彩的差别，是由于各民族、各地区所采用的三声腔的种类、三声组合以及行腔旋法的不同而已。[3]

土家跳丧所采用的三声腔，其三声组合以及行腔旋法的不同之处表现在：它是一种特性三声腔。在具体行腔中即表现为前面提到的乐句收尾时很“怪”的滑动颤音。

最早发现这种特性三声腔的是湖北兴山学者王庆沅。20世纪80年代，王庆沅在中国艺术研究院音乐研究所所长黄翔鹏的指导下，对这种特性腔调进行了科学测音和考证。按照以地名来为音乐命名的国际惯例，它被命名为“湖北兴山特性三度体系民歌”。王庆沅是我在兴山文工团时的老师，我曾就跳丧中的特性音调向他请教，王老师告诉我：所谓特性三度，是指比大三度略小、比小三度略大的三度音程。不过在具体演唱中，这个音是游移滑动的，根据演唱者的情绪和气息饱满与否、强弱程度的不同，游移的幅度也存在差异。如果用数据来表示，一个小二度或半音的音程距离为100音分，大三度即为400音分，小三度为300音分，那么比大三度略小、比小三度略大的特性三度音程则是在345±15音分上下游移，正常情况下为330—370音分左右。倘若歌者情绪激昂，气息充盈，则可能向上游移到310音分接近小三度，甚至向上突破小三度而介于小三度和大二度之间；反之，则向下游移至390音分，这样实际音程已接近大三度。如果用通俗的说法来表述，这个游移的音就是听起来似乎“不准”的音，被音乐家们形象化地称作“钢琴缝儿里的音”，古人称之为“不中律吕”“不识宫商”，所以才显得很“怪”。但“怪，只是局外人的感觉，而对于当地民歌手来说可一点也不怪，正是他们的审美取向”[4]。

以本书第六章长阳资丘田玉成所唱《四大步》腔调《五句子歌我起头》为例（见曲谱十四）：该曲终止的宫音为微升的do音，与前面的mi音构成了一个典型的特性三度，即为[↑do mi sol]特性三声腔。

由于跳丧的声腔高亢，歌者情绪饱满，在跳丧主腔或核心套路唱腔中，其徵调式歌乐的终止音sol一般都唱成游移滑动的特征，使徵音游移于sol与#fa之间抑或接近于#fa，即前述游移到接近小三度，甚至向上突破小三度而介于小三度和大二度之间，从而形成奇妙的特色。其谱例在本书所述巴东、长阳、五峰跳丧歌调中比比皆是，如巴东《待师》《哑谜子》，长阳《四大步》《幺女儿嘀》，五峰《跑场子》《滚身子》等等，终止的徵音都唱成游移变化的微降sol抑或接近于#fa，与前面的la音构成一个介于大二度和小三度之间的特性音程。这个特性音程一度被不少的音乐人士看成了“减三声音阶”，杨匡民、李幼平在《荆楚歌乐舞》中认为：“这种减三声，在其他省与其他族的民歌中是少见的，是本区（白晓萍按，该书中指鄂西地区）特有的音阶。”[5]因此王庆沅在《湖北兴山特性三度体系民歌研究》中写道：“叫人欣喜的，是在鄂西还可贵地流传着处于原始面貌的↑do mi sol、↓la do ↓re和↓sol la do 特性音调三声腔，其风格古拙、朴实。”[6]他在《楚声的传承与变异》一文中认为：“从民歌音调来看，除跳丧中完好地保存着兴山特性音调外，其他民歌基本不见兴山特性音调，只有一些以徵为煞声的民歌，徵音往往偏低（旋律中不偏低），尚遗留了一点痕迹。”由于丧鼓是一个古老的风俗歌种，跳丧的主题、歌调、滑动颤音、“撒叶儿嗬”专用词汇等，都“只能唱在守灵时，平常绝不可唱，这种特定的演唱环境，为其形成了一个很好的封闭外壳。因而，兴山特性音调在其他歌种中基本绝响，却原汤原水地保存在跳丧中”[7]。

王老师当年是从考察古楚音传承的角度谈到土家跳丧中保存有兴山特性三度。“若据历史上楚钟对巴钟的影响而言，说是楚人的三声腔影响传播到巴地也非全无道理。其传播路线很可能是由兴山而南至长阳等地。”[8]但如果从土家祖先巴人的音乐看，早在两千多年前的春秋战国时期，巴歌就曾成为楚郢都的“流行音乐”。楚人宋玉在《对楚王问》中写道:“客有歌于郢中者，其始曰《下里》《巴人》，国中属而和者数千人；其为《阳阿》《薤露》，国中属而和者数百人；其为《阳春》《白雪》者，国中属而和者不过数十人。”作为“国中属而和者数千人”的巴歌，对楚郢都音乐的影响也应是不容忽视的。那么，古楚音中是否也早就渗入了巴音的分子呢？彭万廷、冯万林主编的《巴楚文化源流》认为：“巴音是楚音的‘源头’之一，所以，后来的楚音与巴音就有了与生俱来的‘亲和性’。”[9]这是不无道理的。王老师在《楚声的传承与变异》一文中提到的长阳、五峰两县多位音乐工作者曾下大力气也没有找到的[↑do mi sol]三声腔，我于2002年12月在长阳资丘却听到了（见第六章谱例长阳资丘跳丧曲谱十四），说明这种典型的特性三度三声腔在清江土家中是存在的，当然它可能仅存于跳丧音乐中；而被认为该地极少见到的[sol la do]三声腔，在我所到的巴东、长阳、五峰土家跳丧现场都能听到，跳丧歌调中以sol音收尾的徵调式实不鲜见。这说明充分而深入的田野调查发现和记录工作至关重要。当然，民间艺术在口耳相传的过程中会不同程度地出现变化，如在巴东后乡以及相邻的地带，跳丧歌师在乐句尾音颤动下滑时，微降徵这种特性音尤其明显，而在接近下游地带的长阳资丘和五峰县城附近相对发达的地区，年轻的歌师傅已不大会唱这种“不准”的颤音了。这种跳丧特性歌调将来还会逐渐淡化，微降的徵音可能会变成原位徵音而被唱得很“准”。

“关于巴人音乐的文献资料甚少，所以研究巴楚音乐，就只能以楚乐、楚地民间音乐和当今峡江地区土家族民间音乐为出发点来进行。就现实情况而言，巴音与楚音实际上已经融合，无法一一分辨谁是谁了。”[10]在历史流变过程中，跳丧的腔调虽然在发生着变化，但总会带有古老的信息，无论是巴音还是楚音，都是从古到今传承而来的，所以研究兴山特性三度的王庆沅老师近期告诉我，这种特性三度的山、民歌更应该叫作“巴楚古歌”。

无论是楚影响巴，还是巴影响楚，或是二元互动、融合，都并不排除楚重徵、巴尚羽各自的特色。虽然跳丧音乐的腔格包括有小三纯四型的[la do re]、大二纯四型的[sol la do]和大二大三型的[do re mi]等不同的三声腔种类，但在1992年10月于湖北恩施举行的土家族音乐学术研讨会上，已有学者孙邦固在论文《土家族民歌探索》中考证：小三纯四型的[la do rc]当是土家族自己的，而大二纯四型的[sol la do]和大二大三型的[do re mi]则是改土归流后从汉区传入的。[11]

《巴楚文化源流》一书，在对鄂中南、鄂西南两个区域的民歌作比较之后，得出下列结果：

A.$(\underset{\cdot}{6})$ (1) (2)，(1)3 5，$(\underset{\cdot}{5})$1 3，$(\underset{\cdot}{5})\underset{\cdot}{6}$ 1，1 2 5为两区都有的腔格，可视为巴、楚音乐在峡江地区混融的结果。

B.(6̣)(1)♭3，(1)(2)3为峡江地区所独有，似乎是巴音的孑遗。[12]

从今天跳丧现场所用的歌调曲谱看，一部分唱腔是引入其他红事场合如婚配嫁娶、生儿打喜和平时劳动生活如田歌、号子等所唱的曲调，像野三关跳丧中的《花鼓子调》《陪姊妹调》《溜溜歌》《螃蟹歌》《怀胎歌》《长声号子》《幺姑子姐筛箩》以及各地跳丧唱得最多的五句子歌等，这些歌调除跳丧时唱之外，上述场合也可以唱。有的是原样照搬，有的是稍加改动，其中的五句子情歌只有跳丧时加唱“撒叶儿嗬”这个专用词，谈情说爱诉衷肠、生儿打喜陪姊妹、劳作歇晌解疲乏时所唱的五句子则不加“撒叶儿嗬”。但另有一部分唱腔是只在跳丧的特定场合才唱的，如巴东的《待师》《哑谜子》，长阳的《四大步》《幺女儿嗬》，五峰的《跑场子》《滚身子》等。

从整体的土家民歌来看，前面提到的各种三声腔种类都有涉及，有[sol la do]“三声窄徵调式”、[sol la re]“三声宽徵调式”和可类推的羽、宫、商、角各种调式以及交替、混合而形成的四声、五声音阶调式。在四、五声音阶的曲调中，三声腔仍成为骨干音。

从只能在跳丧场合选用的歌调看，则多以[la do re]和[do re mi]三声腔为主，如巴东的《待师》（曲谱一）、《哑谜子》（曲谱三），全曲皆由[la do re]三音构成，只在最后收尾时出现一个游移滑动而微降的徵音sol；五峰的《幺女儿嗬/叶叶儿嗬》（曲谱十九），虽是[la do re]与[do re mi]两个三音组交替而构成[la do re mi]四声音阶，实质上mi音只是过渡音，真正的骨干音却是[la do re]；五峰的《跑场子》（曲谱十七）、《滚身子》（曲谱十八）也是如此，虽然是sol音结尾的徵调式，但徵音sol、角音mi仅作为终止音和过渡音出现。这一来证实了巴音重羽、商或羽、商不分的特点，二来从跳丧专用的核心舞段中以徵音作为终止音的情况看，是一种颇具特色的“异调终止”。这一现象已有学者喻成功在1992年10月于湖北恩施举行的土家族音乐学术研讨会论文《鄂西民歌的异调终止》中论及，他认为：

这种谱例，能不能说就是宋玉所指的“引商刻羽，杂以流徵”的旋律形态呢？当然不能轻易肯定。但至少可以说异调终止现象的产生同外来音乐文化的影响不无关系。[13]

《巴楚文化源流》认为：“这里的‘外来音乐文化’极可能是西进的‘楚音’。”[14]

黄中骏在《长江流域民歌音乐型态特征和风格特色分析及其文化含蕴》一文中指出：“具有浓重[6]（羽）或[6]（羽）、[2]（商）色彩的[5]（徵）调式民歌，至今仍是峡江地区具有巴楚音乐特征的代表调式。类似的例子还有鄂西南的徵调式民歌《龙船调》，它‘具有较强的羽、商特性与色彩’。”[15]

结合跳丧现场所唱的歌调看来，由于以[la do re] 三音列所组成的基本乐句中羽商之音最多，所构成的歌曲旋律带有较浓的羽音和商音色彩，此两音一般都处于较重要的地位，即便是在以徵为终止音的歌调中也是如此。所以，具有浓重的羽或羽、商色彩的徵调式民歌，也是跳丧音乐中的代表性调式。或者换言之，跳丧歌腔的徵调式具有浓重的羽、商特性与色彩。[16]

（二）曲体结构

每当跳丧的掌鼓师接槌叫歌时，都要来两句开场白，如：

走进门来接鼓打，要打三六一十八。

好像是一段起板，然后唱主要内容，包括《十梦》《十想》和大篇幅的五句子排歌（按，即组歌，如将以“姐儿”为起句的五句子歌称为“姐儿排”）以及内容上有连续性的组诗等。唱到想换人或与下一位歌师接替时，又会唱出每两句一组的上下句叫板，以发出信号。如：

把人换来把人换，一人难挑千斤担。

倘若一时还没有人来接替，歌师傅会反复地再来一个或几个上下句，如：

把人接来把人接，一人难挑这一歇。
多把人跳多把人跳，莫把脚步跳错了。
多把人接多把人接，要陪亡人到天明。

等等，意思和结构与上两句差不多。

有学者认为“跳丧的基本曲式就是‘歌’加‘乱’”[17]。“巴东野三关的丧舞，其结构形式与楚辞体式多有相似；而巴东后河的丧舞至今还以《国殇》原词入歌，土语衬词填充其间”，“是巴、楚文化融合的结晶”[18]。

在楚辞学研究中，历来公认屈原、宋玉借鉴和吸纳了楚地民间祭神乐歌。长阳学者周晓春在《楚辞〈九歌〉〈九章〉与“巴”地民歌之比较》一文中，就现存于长阳的民间《祭神祖歌》展开了探讨，她认为：在“长阳民间土老师跳神的祭神巴歌中可清楚地看到《九歌》原貌的踪影”。如：

《祭祖神歌》选录（杜荣东提供）

1

廪君姬兮为女神，/神刚强兮不可凌。/身既共兮皆随唱，/何以斗兮侠勇武？/中箭落兮为鬼雄，/魂魄飞兮在天灵。/神逝去兮天地在，/歌巫祭兮以安神。

2

天生人兮地生人，/吾族母兮为盐神。/巫罗山兮有巫娃，/巴务相兮号廪君。/众灵山兮有来脉，/子孙旺兮有始先。/歌巫奠兮祀其祖，/远古流兮至如今。

歌中祭祖的内容和“兮”字的运用都是楚辞中内容、语言形式的鲜明特点的体现。

周晓春还将广泛存在于长阳民间音乐中的《九板十三腔》与《九歌》《九章》进行了比较：

楚辞中以“九”命名的套歌何其多，有《九歌》《九章》《九辩》《九怀》《九叹》《九思》。它们成自于不同的作者，有着不同的内容，但它们都可能在不同程度上采纳、借鉴了巴楚之地流行的民间祭神套曲形式。

…………

九板十三腔是一个很有特点的大型声乐套曲，它主要存在于湖北长阳薅草锣鼓中；作为曲牌之一，它存在于湖北长阳道教音乐中；作为音乐术语，它广泛存在于湖北长阳民间音乐中。如长阳各地的山歌、小调歌词的结尾许多都这样唱："九板十三腔，随你唱哪样。"

九板即九声，它的特点是：结构较简单，除第五声外，其余八声均是简单的上下句和起承转合的四句体分节歌；九板本身就是相对独立的套曲，它既可以一声、二声……依次循环，自成一套，又可以形成套中套，以每一个声子为核心，前后联唱其他曲牌而又成一套。如：扬歌⟶煞鼓子⟶二声子⟶采茶或是号子。

十三腔则是由十三首旋律起伏多变，结构较大，各自独立的十三个曲牌集合而成的套曲。十三腔都是以内容命名的，它们是：1.花小鼓，2.一点红，3.黄凉伞，4.白铜烟袋，5.黄龙三绣，6.满天荫，7.牛角尖，8.倒退莲，9.昆腔，10.大红娘，11.鸦雀腔，12.疙瘩腔，13.阳雀腔。在实际演唱中，十三腔也可以实行套中套，即以自己为本腔前后联唱，与其余曲牌形成小套。

如此九板十三腔的套曲特点有两个：1.由多曲联结集合成一套。如九板、十三腔均可自成一套。2.实行套中套。

楚辞中的《九歌》和《九章》与九板十三腔套曲特点极为相似。《九歌》是诸曲集合而成的一个套曲。而《九章》则既是集合成套，又有套中套。

我们暂且将套中套看作是一种乐曲结构扩充的手

法。《中国古代音乐简史》（廖辅叔著）说："我们从屈原的作品里还可以找到一些有关乐曲形式的因素：'少歌''倡''乱'。""少歌"一名小歌。它可能是叙述之后的咏叹部分，也暗示我国古代大型声乐作品中有说与唱两部分。在大型作品中，它又是转调的关键。"倡"大都位于"少歌"之后，"乱"之前，是"少歌"的展开部。"乱"是全曲结束部，也就是高潮部分。

《九章》基本是集合而成的套曲，内在联系并不强，但有一章《抽思》因采用"少歌""倡""乱"等手法，使该章具有套中套的特点。

九板十三腔的套中套的手法与《九章·抽思》中的"少歌""倡""乱"有着异曲同工之妙。

…………

另外，九板十三腔唱腔句中，句尾衬词的运用与楚辞中句尾"兮"字的运用都充分体现了巴楚两地民间歌谣在润腔上的特点。

…………

屈原的《九歌》不仅充分借鉴了巴楚民间歌谣的对唱、盘歌形式，如《湘君》《湘夫人》将对唱形式运用得恰到好处，而且，屈原还将巴楚之地祭神时，以巫娱神，与神调情的情歌，也大胆采纳在自己的作品中，《九歌》就是一部集人神恋爱之大全的情歌。

这种"唱、和"形式，盘歌、情歌在巴楚之地今天的民歌中比比皆是，在长阳山歌、九板十三腔中也不例外。

如前所述，在湖北长阳道教音乐中九板十三腔仅作为一首曲牌而已，唱词也只残存四句：如"跨上龙驹马，仙鹤紧备鞍，死者传文去，渐渐离人天”，与《九歌》中大量描写众神降临与周游的气派极为相似，且词格相同。如《九歌》中“驾龙舟兮乘雷，载云旗兮委蛇”等。

综上所述，九板十三腔不仅在结构特色、衬词润腔、唱和形式、对唱形式的运用，而且在某些残存的内容上都鲜明地表现出当年楚辞的遗风。[19]

回头再看跳丧的曲体结构，不难发现，它与上文所述的九板十三腔有颇多相似之处。以巴东野三关跳丧为例，表现在：

1. 野三关跳丧兴打“四合一”，以《待师》作连接，包括《摇丧》《怀胎歌》《幺女儿嗬》《哑谜子》；此外还兴打一套“长家伙”，包括《要五巾》《长声号子》《燕儿衔泥》《幺姑子姐筛箩》和《螃蟹歌》五个曲子（见第三章野三关跳丧实录之一）。两套相加，成为含有九个曲子的大型声乐套曲。若加上另几个常打、必唱的《风夹雪》《哭丧》《陪姊妹调》《花鼓子调》，则也是由十三个曲式构成。

2. 作为音乐术语，《薅草锣鼓》“九板十三腔”也广泛存在于野三关民间音乐中。野三关一带的山民歌、小调的歌词的结尾也这样唱：“九板十三腔，随你唱哪样。”在我常驻的田野工作基地野三关镇道子坪村，爱唱歌的农民平时若提起谁的歌最多，会自豪地来一句“九板十三腔，样样都会唱”。因此野三关跳丧中也引入了《薅草锣鼓》中的扬歌及其他曲式，如《幺姑子姐筛箩》《长声号子》《采茶调》或《花鼓子调》（高山顶上一树茶）等。

3. 上述野三关跳丧中的十三首曲子，其旋律起伏多变，结构较大，成为各自独立的十三个曲式。

4. 野三关跳丧曲式既由多曲联结集合成套，如“四合一”和含有五个曲子的“长家伙”都可自成一套，其中的各曲又可实行套中套，如《摇丧》《怀胎歌》都可从一月唱到十月或腊月，《花鼓子调》更可以自由填词，无限反复。它们都能作为一种乐曲结构扩充的手法。

5. 野三关跳丧中也能找到与“少歌”“倡”“乱”对应或类似的曲体结构。如与“少歌”类似，掌鼓师进门叫歌的开场白、交替接槌时的上下句叫板或起板，以及《摇丧》中的有说有唱或说唱夹杂；作为展开部的“倡”和结束部的“乱”也是如此，如前述有连续性内容的组诗以及大篇幅的五句子排歌等，一听即知都是歌唱内容的展开和高潮。

6. 野三关跳丧也充分借鉴了民间歌谣的对唱、盘歌形式，如《溜溜歌》（见第三章曲谱七）是一问一答的对唱、盘歌形式；掌鼓师叫歌与舞者接歌是唱、和的形式；此外，情歌在跳丧中更是俯拾即是，充盈于耳际。

由此可见，土家族撒叶儿嗬的基本曲式及结构扩展方式与楚辞体式多有相似之处，从中可以看到古代巴楚之地祭神乐歌的曲体结构和古风遗韵。

董珞在《巴风土韵》[20]中这样写道：

汉区农村，除了秭归和汨罗之外，几乎把屈原忘记了。即使在秭归和汨罗，农民也记不得屈原的作品。可是，巴东和长阳的土家没有忘记屈原。巴东后河跳丧，至今还有唱《国殇》的，就连一些文盲也会唱。热心采风的学者在巴东一位土家农民家里找到一个跳丧歌词的抄本，其中就有《国殇》。

有一首《造船歌》，也是在跳丧时唱的，其中唱到屈原，摘举其歌词如下：

造船师，造船郎，造船祖师三大将（匠）。
造船需说船出处，砍树便问树根源。
屈原相公身有病，七十二日倒在床。
千般服药勿有效，万般求神总不灵。
奉请周易卜一卦，世人过河要船行。
许下渡船三百只，全家大小得安宁。
屈原打马去采木，昆仑山上去找寻。
采得紫檀沉香木，生在昆仑山峰顶。
…………
屈原相公请高师，请来张郎、鲁班两个人。[21]

我曾在野三关道子坪村跳丧现场看到，在亡者大红的灵位上这样写着：“天堂　新陟陞　故显考侯公　讳　远仁老大人一位去世之灵位”。“陞”是“升”的异体字，“陟陞”连用使人想到屈原《离骚》中的诗句：“陟陞皇之赫戏兮，忽临睨夫旧乡。”尽管现在汉字简写，已少有人写作“陟陞”，可巴东后乡文化不高的农民还在写，还在用，只能说明是自古传袭的了。

从曲式中语言节奏的结构看，杨匡民在《论楚辞的音乐节奏》中指出：

楚辞“六言体”（即“三[兮]三节奏”）配以湖北鄂西南区的“跳丧鼓主腔”叫歌6/8拍子唱腔的节奏，也很合适于楚辞的节奏特色。

今普遍流行在鄂西南地区，长阳县的叫做“叫歌子”，巴东县的叫“待尸”，五峰县的叫“开场歌”，都是这种6/8拍子的节奏。这些“跳丧鼓”的主腔节奏，与楚辞六言节奏基本相符合。[22]

由此，《巴楚文化源流》一书认为：

是当年的楚音在形成的过程中吸收了巴人的节奏，还是楚音节奏的“西进”影响了巴音？从纵向来看，两种可能性都存在。很可能巴楚音乐节奏是这两种可能反复影响作用的结果。

虽然楚人去之已久，但楚音仍不绝于耳，从音乐流布的角度来看，楚音的一支在故楚地的民间音乐中流传，另一支则西进峡江，与当地的巴音相融合，以巴楚音乐的形式存在。所以，在江汉平原和巴楚音乐地区，一些古老的歌种中尚有“楚辞”节奏的痕迹，例如：

（1）常常将四言词唱成三拍子，如× × × | × － － |

（2）常常将衬字置于长音上，词字置于短音上，如：“一树（哦） 樱桃唉 花唉”。或将衬词置于切分音的长音上，如长阳县的《打扮小郎一枝花》：

2/4

打（呀） 扮儿 | （啊）－ | 小（啊） 郎儿 | （啊）－ |

一（呀） 枝儿 | （啊）－ | 花（呀） － | （呀）－ |

……[23]

（三）文辞风采

跳丧中，领鼓叫歌的掌鼓师是歌舞场上的导演和灵魂，掌鼓师水准的高下是跳丧诱人与否的关键。而掌鼓师技艺的体现，除了唱奏技巧，便是所唱内容的文辞风采。

作为跳丧的核心人物，掌鼓师得在不同的时段恰当地演唱不同内容的歌词，既不至于因为客众陆续到达的嘈杂声淹没了精彩的歌唱内容，又能在通宵的演唱中合理搭配唱段的长、短和缓、急。所以，唱词内容的铺排是跳丧现场吸引观众的重要方面。

通常掌鼓师进门接槌叫歌，会来两句开场白，如前已列举过的：

走进门来接鼓打，要打三六一十八。

或是：

来到孝家接鼓打，打个三六一十八。

继而会唱几句恭维孝家的唱词，如：

左打三槌龙现爪，右打三槌虎翻身，打个鲤鱼跳龙门。

或是称赞晚辈们的孝行孝德，说孝家后人把亡者安置得很好，如：

一打亡人好衣服，二打亡人好棺木，老倌子死哒好享福。

还有表谦恭的开台歌，如：

各位歌师傅都请坐，听我叫一个开台歌。
年纪衰老掌不好鼓，声音不好喊不好歌，
全凭客们抬举我。

以及掌鼓师之间接替交换时略带挑战性的赛歌起板，无不流露出歌者的自豪感。如：

好个马儿无鞍辔，好个歌师无对头……

随后，会唱些传统段子，包括讲述民族、家族历史的长篇叙事诗，具有传授知识和教育功用的生产、生活常识，具有调节、娱乐功用的颠倒歌和地名猜谜等，内容十分丰富。半夜一过，则是大量的五句子情歌。

以五句为体裁的歌在前半夜也唱，不过内容较为文雅，而且不一定是情歌。如上述进门时所唱的“打个鲤鱼跳龙门”“老倌子死哒好享福”以及“全凭客们抬举我”等几首都是五句子歌。又如咏花的五句子：

枣子开花细蒙蒙，葛藤开花扯满蓬，
桃花开在三月里，菊花开在九月中，
是花开不彻（按，开不赢）映山红。

前半夜也会唱到一些情歌五句子，但内容多含蓄，主要涉及男女间的爱慕之情。如：

隔河望见姐爬坡，打个排哨姐等我。
姐儿听到排哨响，趴脚软手难爬坡，
荫凉树下等情哥。

而后半夜如山似海的五句子情歌则既有“带姐带郎”表达情爱的情歌，也有直白甚至露骨地表达性爱的“荤”五句子，所谓“丧鼓场上有些窍，不唱风流不热闹（或不打日古子不热闹）”。漫漫长夜中，“风流歌”被视为“赶瞌睡”的方式之一，实乃清江土家生存欲望、生命意识的自然流露和尽情宣泄。

五句子歌是清江土家所钟爱的诗歌体裁，通常为七言五句，衬词和随意性的口语不包括在内。跳丧时虽然还唱四句体诗、长篇诗歌和五言体的民歌，但唱得最多、最有特色或者说属于清江土家自己的，还数五句子。它的美学意义值得品味探讨，所以，对五句子歌独具魅力的文辞风采，有着重说一说的必要。

五句子歌的特点，一是顺水推舟，点透主题。这一类诗歌或叙事，或抒情，都是按照思维发展的一定过程自然推进，层层剥开，有如顺水推舟，最后一句把主题说透。如：

吃哒中饭下河玩，金簪子掉到绿茵潭。
你要沉就沉下底，你要流就流出头，
免得一心挂两头。

高山顶上一树茶，年年摘来年年发。
头茶摘哒近四两，二茶摘哒八两八，
打发幺姑置陪嫁。

送郎送到窗户边，打开窗户望青天。
青天快些下大雨，黄天快些下大雪，
还想情哥住一夜。

二是峰回路转，异峰突起。在中国几千年的文学史上，以五句为诗体的，早在春秋战国甚至更早时期就有。诗经里有五句的，“可是没有一首称得上名作。南朝有一些七言五句的诗，诗意寡淡，更无足称道”。其原因是“对于这样的体裁，以汉文为写作工具的诗人实在太难适应了，只好敬而远之”。[24]清江土家的五句子，其妙处在于第五句特别俏皮，给人以意想不到的效果。如：

昨夜与姐同过坪，风又吹来雨又淋。
风又吹来撑不起伞，雨又淋来交不得情，
人不坑人天坑人。

昨日与姐同过街，郎卖簸箕姐卖筛。
郎卖簸箕簸两簸，姐卖筛子筛两筛，
二人姻缘团拢来。

姐儿生得矮坨坨，一对妈子像称砣。
白日挎起沿山跑，夜哒把给情哥摸，
摸来摸去好快活。

三是句型独特，构思奇巧。中国历代诗歌以八句体、四句体以及乐府长诗的成就最为突出，都高于五句体的诗歌。土家五句子从句型看很怪，有点另类。为歌唱内容的需要，它的七言在主干上可添加附属的衬（虚）词以润腔，偶尔也可以用两个三字句充当一个七字句；它的五句为二三组合的形式，头二句起兴、铺垫，三、四句顺势推波助澜，偶句上欲收故纵，最后落在奇句上，自成一格。五句里有句句押韵的，也有一、二、四、五句押韵的，还可在中间（大多为第四句）时转韵。在表达内容上显出一种特有的巧思。如：

姐儿生得人品好，我今有心把姐捞。
脱了鞋子沿山跑，锥了刺儿请你挑，
轻手轻脚捏一爪。（句句押韵，二三组合）

五句子歌我起头，撞杠不响不流油。
芝麻打油换菜籽，菜籽打油姐梳头，
不风流来也风流。（第一、二、四、五句押韵）

想郎想郎真想郎，把郎画在枕头上。
早晨起来亲个嘴，黑哒睡觉把郎摸，
要你翻身压到我。（第四句转韵）

想起来，想起来，想起情姐做的鞋（按，方言念作 hái）。
前后扎的是芝麻底儿，中间绘的是万字伞，
真正醉在郎的心肝。（第一句为两个三字句，三、四句附有衬字，第四句转韵）

四是幽默诙谐，理趣兼备。五句子歌之所以受到大山里土家民众的喜爱而传唱不衰，在于它的俗与趣。如果通俗得像大白话或白开水一样无嚼头，那么它的生命力一定是不强的。五句子歌于通俗中见内蕴，于平淡中显回味，且多以幽默、诙谐、巧智来轻松地体现，俗中见雅。如：

不会跳丧的巴门站，眼睛鼓起像鸡蛋。
灶屋里一声喊吃饭，一逮就是几大碗（按，此句也唱为“肚子胀得像油罐”），
亏他还是个男子汉（按，此句也唱为“糟蹋一条男子汉”）！

郎在高山薅高粱，姐在河下洗衣裳。
薅一下高粱望一下姐，洗一下衣裳望一下郎，
下下捶在石板上。

大麦黄来小麦青，如今的姐儿无良心。
白日唬（按，哄骗）起我沿山跑，黑哒唬起我阳沟里蹲（按，方言念作zhuāi），
夜蚊子咬起疙瘩来。

情哥说是今儿黑哒来，我把挂起的腊肉煨一块。
他吃不得肥的吃筋的，吃不得筋的喝一点儿汤，
免得玩耍时心里慌。

一把扇子二面黄，高头画的姐和郎。
郎在那边望到姐，姐在这边望到郎，
姻缘隔着纸一张。

高山岭上一丘田，郎半边来姐半边。
郎的半边种甘草，姐的半边种黄连，
苦的苦来甜的甜。

董珞在《巴风土韵》中这样评价道："五句子歌难做，难就难在末句上。弄不好，末句如狗尾续貂，可是，弄得好，末句便如锦上添花，唱起来有出人意料的妙处。土家山民敢迎难而上，想他人之所不曾想，唱他人之所不曾唱，创作出五句子歌这种独特的歌体来，不能不使研究民间文学的人刮目相看。"[25]

关于五句子歌的源流，《巴风土韵》也有精当的论

述，摘录如下：

七言五句的唐诗，第一首是李白写的，题为《荆州歌》，其词为：

白帝城头足风波，瞿塘五月谁敢过？
荆州麦熟茧成蛾，缲丝忆君头绪多，
拨谷飞鸣奈妾何。

这首《荆州歌》不像《竹枝词》那么幸运，在当时没有引起重视，在后世没有仿作继起。人们不禁疑惑，李白怎么会写出这么奇怪的诗来？李白只写了这么一首，而且无序无引，读者不知李白的创作冲动从何而来。

……

李白写这首《荆州歌》，是不是他独出机杼而做的试验呢？看来不是。在李白之前，诗句为单数而成功的只有一例，即汉高帝唱的三句《大风歌》。任凭李白号为“谪仙人”，他也不会突然生出这等奇怪念头来的。况且，还要句句押韵，岂不是奇而又奇、怪而又怪了！李白即使戏而为之，也一定是受了外来的触动，才情不自禁地想一试身手的。这外来的触动只能是他在荆州听到的一种民歌，这种民歌是七言五句而句句押韵的。

可惜，没有文人把当时荆州的这种民歌记录下来。也许有记录下来的，可是没有留传下来。于是，李白的这首《荆州歌》就如同天外逸响了。

唱这种民歌的人是谁呢？想来，不是可以称为楚人的汉人，就是楚地的巴人。

值得庆幸的是，直到现在，清江流域乃至峡江地带的土家还爱唱五句子歌，五句子歌的体裁恰好与李白的《荆州歌》相同，借用小说评论家爱讲的话，叫作“草蛇灰线，伏脉千里”。

…………

土家的五句子歌与李白的《荆州歌》相比，不但句式相同，句数相同，韵式相同，五句为二三组合相同，而且末句如奇峰突起也相同。由此可知，李白当初在荆州所听到的五句子歌应是巴人所唱的。[26]

当代盛行五句子歌的主要是清江流域和峡江地带，清江流域尤甚，红白喜事都爱唱五句子，所不同的是白事中加唱“撒叶儿嗬”，红事则只唱五个本句。峡江地区中下游的巴东前乡、兴山、秭归、宜昌一带也流行；靠上游的重庆以及贵州土家都不大唱五句子，而以唱《竹枝歌》著称。酉水流域的湘西以及邻近地区，也不流行五句子歌，那里的土家不兴跳丧，只兴“摆手”，他们跳摆手舞时要手持花枝或常绿树枝，踏节而歌。已有学者认为：“作为诗歌的《竹枝歌》传统的继承者……是清江土家带和声的山歌，继承中有演变；作为舞蹈的《竹枝歌》传统的继承者，则是酉水土家的摆手舞，继承中也有演变。……酉水上家迷恋丁摆手舞， 如峡江巴人沉醉于《竹枝歌》。……《竹枝歌》与摆手舞，作为踏歌，是同类的。”[27]

同为“蛮儿巴女”所唱的巴歌，竹枝歌“出于幽谷而迁于乔木”[28]，经过唐代顾况、白居易、刘禹锡等诗人的发现和仿作，尤其是刘禹锡所作的两组著名《竹枝词》，而名声大震，进而取得了在中国文学史上的地位。五句子歌不如竹枝歌幸运，但从跳丧时大量情歌的演唱，我们似能看到“巴渝舞”的传统和竹枝词的变迁。脱胎于巴歌蛮舞的竹枝词，是巴地民间文学与文人文学相结合的佳品，雅俗咸宜，数以万计，却多是吟唱人间美好的情感，少量写景之篇什，也少不得要带上儿女情长事。除内容外，形式上也不乏异曲同工之妙，例如：

《竹枝词》唱法：

杨柳青青（竹枝）江水平（女儿），
闻郎江上（竹枝）踏歌声（女儿）。
东边日出（竹枝）西边雨（女儿），
道是无晴（竹枝）却有晴（女儿）。

土家跳丧中《溜溜歌》唱法：

（问）唱上一来（心肝妹儿棱）还上一（韮菜和蒜苗），什么开花（二两花胡椒）在水里（你看好不好）？

（答）唱上一来（心肝妹儿棱）还上一（韮菜和蒜苗），灯草开花（二两花胡椒）在水里（你看好不好）。

以上两种演唱形式中，都是有唱有和。歌者领唱实词，众人和以衬句；歌者不断唱出内容不同的实词而使句子富于变化，众人则和以内容不变、衬字相同的衬句。类似于《竹枝歌》中唱和的“竹枝”和“女儿”，《溜溜歌》只是衬词的字数略有不同而已，前者衬字是两个，后者则是五个，但这并不能掩盖二者形式上的相似之处。

对于土家民歌与《竹枝歌》的关联，《巴风土韵》这样写道：

直到现在，土家的民歌还有与《竹枝歌》类似的和声。例如，利川土家的民歌《月亮出来亮晶晶》：

天上星星（伙计呀，喂）颗颗挨（我两个的话），
月亮出来（伙计呀，喂）亮晶晶（我两个的话），
郎是天上（伙计呀，喂）紫薇星（我两个的话），
郎有心来（伙计呀，喂）姐有心（我两个的话）。

就连土家的五句子歌，也有用这种和声的。例如，鹤峰土家的山歌《五句子歌儿多又多》，破四字和以“青菜白菜薹”，破三字和以“青菜萝卜菜”，句句如此。[29]

那么，清江土家钟爱的五句子，为何在湖南、重庆、贵州等地土家族不见盛行呢？原因恐怕是清江土家特别幽默、诙谐、乐观的缘故。在亡者灵柩前唱大量五句子情歌，并伴以欢乐的舞蹈，这唯有清江土家能够做到，因而只有清江土家现在还在跳丧。

跳丧流行的清江流域，古时称为夷水，古代五姓巴人雄心勃勃的首领廪君，曾在清江的盐阳同风情万种的盐水女神演绎过一段惊天动地的爱情故事。今流经巴东水布垭和长阳渔峡口一带的盐池河，古往今来，承载着盐水女神和廪君的神话，讲述着德济娘娘和向王天子的传说。长阳境内伴峡的渔峡口白虎垄，相传是廪君化为白虎升天的地方。伴峡是一个情意缠绵的峡，它耐人咀嚼的名字颇值得人们去寻味、探究。

清江的北面是壮丽的长江三峡。旦为行云、暮为行雨的巫山神女，会楚王于阳台之上，留给后世的雅士文人数不尽的遐思异想。

从盐水女神到巫山神女，这里从来就是一个有神奇故事流传的地方。今日清江和峡江地区土家人那奇巧绚烂、难以数计的五句子情歌，能说不会有衣钵相传？

二、舞的特色

跳丧在歌乐唱和的同时，还且歌且舞，除了上述词、曲、腔诸方面显著的艺术特质外，其舞蹈特色也极为浓厚。没有舞，就不成其为跳丧，而可能是坐丧或转丧了。所以，“舞”是跳丧的中心词或关键词，是跳丧区别于其他丧俗的标志。

跳丧的舞蹈异彩纷呈，常使人眼花缭乱，其艺术风格可以从节奏特点、形式特点、与本民族和其他民族舞蹈的异同比较研究着手，来加以归纳。

（一）节奏特点

在跳丧的基本套路或核心舞段中，跳者的舞步是在6/8拍子带切分音的鼓点和歌乐伴奏下进行的。6/8拍子的强弱特点是“强、弱、弱、次强、弱、弱”，而在第二拍上带一个切分音，就变成了“强、弱强—弱、次强、弱、弱”（见第三章野三关跳丧谱例《待师》曲谱一、五，《摇丧》曲谱二）。这是一种极具律动感的音乐节拍，被专家称为“在别的民歌体裁中是罕见的”，“无怪乎这种鼓声一响，围观者无不想就地应节踏跳，手舞足蹈，随节和声了”。[30]

所谓基本套路或核心舞段，指的是巴东的《待师》《打架子》，长阳的《四大步》《滚身子》，五峰的《跑场子》《升子底》等。这些名称只是叫法有异，本质却是相同的，即都是跳六拍子的步伐。基本套路是跳得最多的，同时它又是连接别的花样套路的媒介或纽带。比如巴东野三关跳丧兴跳成组、成套的“四合一”套曲，曲与曲之间都以《待师》连接，掌鼓师一叫唱《待师》，舞者就明白了即将变换套路，并做好准备。这种连接方式使得歌者与舞者、舞者与舞者之间形成默契。除了曲与曲之间的连接外，各位掌鼓师在交替的过程中，也以这种六拍子节奏的《待师》或《四大步》作为连接，就是说，每换一个歌师，他都是以六拍子起唱的，舞者当然也随之换成《待师》或《四大步》的舞步。在通宵的歌舞中，这个基本套路或核心舞段会自始至终地贯穿，成为整场歌舞的基本框架，所以巴东杨柳池跳丧又形象地称它为《架子》或《打架子》。当然，由于跳丧的娱乐性质，在实际跳的过程中有很大的随意性，其连接方式并不是一成不变的，如曲与曲、人与人交替时也有直接转换的，叫作“硬转”或“硬接”。《巴楚文化源流》对其已有详细的介绍，此不赘言。这种基本连接方式之外的多样性，正说明跳丧不是程式化或僵化的，而是在轻松的氛围、娱乐的状态下进行的。

跳丧在六拍子节奏的基本套路之外，还有二、四拍子节奏型以及混合节奏型等其他套路。各地由于地方习惯、民众喜好、艺人能力和见识水平等诸方面的不同因素，使跳丧形成差异。比如巴东野三关的跳丧，以黄在秀、黄治军以及他们的先辈为代表的艺人群体，大胆引入其他艺术样式，使得野三关跳丧花样繁富、多彩多姿，并影响到周边地带。继承并创新，也形成了野三关民间歌舞发展的风气。地处清江南岸的巴东杨柳池，交通相对闭塞，人口和信息的流动相对缓慢，跳丧花样的创变较之野三关要少得多，所以其套路较为简洁，风格显得古朴。比如外面已不大跳或改装跳的高难度舞步《猛虎下山》，在这里仍旧坚持着从舞者肩头上翻过的跳法，因而也成为难得一见的该地代表性套路。在靠近清江下游的长阳资丘和五峰县城相对开化的地带，或许由于老年艺人的断层，加之旅游意识的强化，跳丧中的现代气息较多，舞台表演性的程式也加重，不仅表现在服饰方面，还表现在对古旧的舞姿舞态的承袭方面，套路也显得单一。以上是各地跳丧呈现的差别。必须说明的是：尽管跳丧在发生变化，但跳丧舞步基本套路的节奏却没变。也就是说，跳丧的动作样式有变，带颤音且游移滑动的声腔有变，歌词内容也有变，但唯有6/8拍子带切分音的节奏没有变。

不变的舞步节奏特点，如专家所说："巴乐注重节奏"，"楚乐则偏重于抒情"。[31]李幼平在《先秦楚乐与邻近地区音乐文化之比较》中认为："与'八音'齐全、钟鼎规范的楚乐器相比，巴人的乐器以具备节奏性能——主要用于战争、祭祀等场合中，只能单件使用的錞于、钲或巴式钟的金属类打击乐器为主。由此形成了'巴人音乐节奏明快、强调集体合作效果等方面的特点'。"[32]

跳丧基本套路的6/8节奏型，正是一种明快的律动节拍。用一句话来形容，即：节奏是歌舞的灵魂。所以这种"罕见"的舞步节奏，是跳丧舞最大的特点之一，也是其灵魂所在。6/8拍子带切分音，不同于一般的群众歌舞节奏，它不是在简单的、如进行曲速度的音乐节奏中踏步，其节拍的强弱打破了常人行进和跃动的惯性，对于大众化的音乐舞蹈节奏来讲，是一种不大容易掌握的类型。基本套路的《四大步》，并非简单的一拍一步，四拍跳四步，而是每一步用三拍，或每三拍走一步。即第一拍上步，二三拍顺势颤身。在一个六拍子中走两大步，那么走四大步要用十二个节拍。这或许是其舞步貌似不难却不易掌握的原因。奇怪的是现今仍在跳这种不易掌握的歌舞节奏的人，是大山里并未曾受到音乐艺术训练的土家汉。这些粗手大脚的土家男儿，跳唱起来何以如此圆熟、默契？这不能不让人想到土家先祖巴人"歌舞以凌，殷人前徒倒戈"

那光耀典籍的历史以及其歌舞的独特魅力。

从跳丧核心舞段所表现的“罕见”节奏类型中，我们似能看到它与巴人武舞的内在联系。

古代打仗，若论先锋的骁勇，巴人虽不能专美，但将歌舞融入战术且记入文献的唯有巴人。[33]称颂于史籍的巴人歌舞，显然不是宫廷里的轻歌曼舞，也并非一般按照统一而简单的节奏齐声高呼口号、齐步前进的呆板的歌舞。想来，它应是既能鼓舞士气，又能战胜敌方，其内部编组结构缜密，在面对面的肉搏阵势中，有利于形成我方合力和伤亡补充；既能高扬军威，叫敌方眼花缭乱，又不易于被敌方破阵的战术编队。总之，肯定不是常见的简单组合，而应有其独到之处。这本是值得古代军事史学家研究的。我贸然揣想：除了巴师的骁勇善战外，在其载歌载舞的编队战术中，恐怕与巴师特别擅长的音乐节奏有关，这个节拍正是一般人没有想到、难掌握、不常用（“罕见”），因而不易被破除的。跳丧与巴人的军阵歌舞之间，虽不是“活化石”般的一成不变，但其核心的文化基因则应是古今沿袭的。从跳丧唯一的伴奏乐器鼓来看，似乎也能找到它与巴人武舞的一些内在关联：击鼓进兵，鸣金则收兵，所以传统跳丧是不敲锣的（按，第三章所述野三关仅有的三个套路中适当引入锣的伴奏，是传统跳丧的变异与发展），它与威武的战舞相同的因素更多。

研究跳丧的宜都文化馆五峰籍的张泽远老师有一种说法，“学跳丧得先学会叫歌”。这话其实说的是节奏问题，叫歌的人是丧鼓场中的掌鼓师，学会了叫歌，就掌握了跳丧的节奏，跳丧的舞步自然也不在话下了。还有一种说法，是长阳资丘文化站研究跳丧的田玉成老师说的：“掌鼓的歌师傅一般的‘学把式’拿不下来……跳得好不好，首先取决于掌鼓师的鼓点子。掌鼓师叫歌叫得好，节奏点子敲得好，跳的人才跳得起劲，不然就跳不拢。”这话仍然说的是节奏。所以有些采风人士初到清江土家地区，碰到跳丧或学跳丧，看似简单的二人对舞，却未必能合得上节拍；有的悟到了节奏点子，一时是跟上了，可是一离开有人带的现场环境，便又不知所措了。节奏显然是跳丧舞步的主要特点。

（二）形式特点

跳丧两人一组，或面对面，或背靠背，讲究的是两相对舞。舞蹈的二人不会同时面朝观众，也不会同时背对观众，他们的面与背始终是一正一反呈往复交错的形态。对舞的二人类似于阴阳八卦的图形，两人合起来方为一个整体。因此跳丧多为二人或四人，四人跳时便成为两组对舞，即使有了更多的人跳而延至门外，也多是呈对数增加的，如八人跳时是四对齐舞，以此类推。中国民族民间的集体舞，以携手连袂旋转踏跳的为多。土家跳丧即使有站成圆圈形的，也不是所有圆圈上的人都手拉手或肩搭肩地快速转动和跳动，而是保持“升子底”的基本舞步不变，只不过将与对舞者的穿插变为自转，舞者左右跨步、回身，跨两步退一步，圆圈则是缓慢地移动。

跳丧对舞的形式呈现的是一种刚柔并济、阴阳交合的美态。“万物负阴而抱阳，冲气以为和。”[34]“至阴肃肃，至阳赫赫，肃肃出乎天，赫赫发乎地，两者交通成和而物生焉。”[35]世间万物，不外乎阴与阳，阴阳交合，方能构成和美的世界。跳丧对舞的形式反映出道家阴阳调和的审美观念，体现在动作上，即为开合相宜，张弛得当。跳丧是男子的歌舞，直观上看，容易使人想到“阳刚美”和“英雄气”，倘若仔细审视，便会体味出它刚显其中而柔在其表的美感。所以跳丧是刚柔相济的，一味说“阳刚”显然欠妥。结合土家的历史，男儿们在战场上已“刚”得够厉害了，生活中再“阳”，弦就要断了。说跳丧是“东方迪斯科”，那是似褒实贬。

形式特点在跳丧的动作和套路方面，表现为大量模仿动物的动作。如模仿飞禽、走兽、灵物等等，由此也形成了包括各种套路在内的名称，如虎抱头、猛虎下山、凤凰展（闪）翅、燕儿衔泥、犀牛望月、滚龙翻身、双狮抢球、猴儿扒岩、蛤蟆晒肚、饿马悬蹄、鹞子翻身、牛擦痒、狗连裆等。需要说明的是，这些名称有的是套路或舞段的名称，如燕儿衔泥、猛虎下山、牛擦痒等；有的则是套路或舞段中的一个动作，即在一个套路中可有多个模仿动物或人物的动作。如长阳的《幺女儿嘀》套路中，可分别表演虎抱头、犀牛望月、猴儿扒岩、蛤蟆晒肚以及古树盘根、老汉推车等多个动作，这些动作往往夸张、滑稽，逗人发笑，是在舞段进行中起调节气氛作用的。这种情况下，某一个动作就不是一个独立的套路，而只是套路或舞段中的一个组成部分。要说套路，主要是指一个个舞段，如巴东野三关的“四合一”，即包括了《摇丧》《怀胎歌》《幺女儿嘀》《哑谜子》四个套路，还有长阳的《四大步》《幺姑姐》，五峰的《跑场子》《滚身子》等都是一个个套路或舞段。前述巴东野三关的《燕儿衔泥》既是一个描绘或模仿动物形态的名称，又是一个独立的套路或舞段。表演这个套路时，舞者要下大腰用口衔起地上的东西，无论是衔手巾，衔香烟，还是衔钱币，都是用“燕儿衔泥”的舞姿，在锣鼓点子的烘托下，一番又一番地表演这个动作，套路中始终贯穿着“燕儿衔泥”，直至高潮时舞段结束。《猛虎下山》和《牛擦痒》也是如此，它们分别是在《架子》或《四大步》的节奏中，反复表演“猛虎下山”或“牛擦痒”的动态，虽然也是以动物的动作命名，但仍属于独立的套路名。由于跳丧“陪亡人玩”的娱乐特性，本身并不过分强调程式，名称也好，连接方式也罢，只要歌者舞者大致明了、大体遵行即可。所以要表演某个套路时，掌鼓师一叫歌，舞者便会变换舞步。如果看客想欣赏或是舞者想表现逗乐子的模仿动物动作，只需要一句“虎抱头”提个醒，他们自然会打《幺女儿嗬》或《风夹雪》的套路。这说明跳丧与其他须严格遵循的宗教歌舞仪式不同，它始终是随和而轻松的。

在跳丧对各种动物的模仿中，表现老虎的动态最多。土家是个崇虎的民族，“从巴人为外界所知之时起，他们就是崇虎的。……在巴人的文化遗存中，虎形的器件和纹饰多到了出奇的程度，而且虎的尊显异乎寻常”。“从古代的巴人到现代的土家，崇虎是一以贯之的传统。在华人中，他们是当之无愧的崇虎之最。”[36]

清江流域是古代五姓巴人廪君蛮的发祥地。“廪君蛮，其俗崇虎，尤崇白虎。据《后汉书·南蛮西南夷列传》所记，巴氏的首领廪君务相死后，‘魂魄世为白虎’。‘巴氏以虎饮人血，遂以人祠焉。’在中国古代的诸多民族中，没有比廪君蛮更崇虎的了。至于以白虎为祖神，则惟独廪君蛮一族而已。”[37]

今天的清江土家仍然视白虎为家神，跳丧中即有“三梦白虎当堂坐，当堂坐的是家神”的唱词。被视为巴人文化遗存的虎纽錞于，在土家世居的武陵山地区出土也是最多的，迄今已达到70—80件。[38]除此之外，清江流域关于老虎（老巴子）的故事也流传最多、最广，其中，1989年中国民间文艺出版社出版的《鄂西民间故事集》所记录的白斑雌虎给男婴喂奶的故事，可在《左传·宣公四年》所记录的雌虎给弃婴喂奶的故事中找到渊源。

长阳文化馆萧国松整理，刘守华主编，长江文艺出版社1998年出版的《孙家香故事集》中，记录了当代长阳土家族民间故事家孙家香讲述的20多个关于老巴子（老虎）的故事，这些个老巴子中，竟然没有一例是坏的、可恶的。非但如此，它们还颇通人性，懂得义理，知恩图报，是虎性与人性完美结合、活灵活现的好老巴子。这样的老巴子谁又忍心去打呢？因此，孙家香好容易讲到一则《武松打虎》的故事，却打的是几只由恶人装扮的假老虎。[39]孙家香故事中的老巴子，不仅充满了有血有肉的人性，还具有民族性。由此不难看出土家这个民族对虎的崇拜和钟爱。可以说，清江的土家爱虎，简直爱到了无以复加的地步。跳丧中的“虎抱头”，表现的是两只抱头嬉戏、憨态可掬的虎崽的神态；跳丧核心舞段的6/8节奏型，舞者一步两颤，全脚掌抓地，两腿交替行进的舞步和舞态，似能看出百兽之王稳健的步履和身姿；至于跳丧王牌套路的《猛虎下山》，那敏捷的腾空翻跃和伴之以威震四方的虎啸，更能让人感到虎的凛凛威风。表现在跳丧中对虎的形象、神态淋漓尽致的描摹，正是土家人对虎独有的一份喜爱情结。

跳丧中还有凤凰展（闪）翅、 滚龙翻身、双狮抢球等动作套路，被认为是巴楚文化、土汉文化交汇的结果。关于土家爱虎，董珞《巴风土韵》第一章“虎裔的虎情”论述得十分透彻；而关于跳丧中巴文化与楚文化的融合等等，在《荆楚歌乐舞》《巴楚文化源流》以及已有的不少相关文章中多有介绍，我无需在此赘述了。

跳丧的形式动作特点还表现在它舞蹈肢体姿态的顺、

曲、颤风格特征方面。这一点，将在接下来的跳丧与其他民族舞蹈的比较中细说。

（三）比较研究

跳丧的舞蹈肢体动作特征，可用“顺”“曲”“颤”三个字来概括。

顺，讲的是左手与左脚同进同退，右手与右脚同进同退。按通俗的说法，常叫作顺手顺脚，或手脚顺边，即舞蹈时若出左手，则势必迈左脚，反之亦然。它既不同于汉民族的大秧歌，与摇滚迪斯科显然也大相径庭。

曲，是指舞者臂腿弯曲，保持一定的弧形，含胸，体态下沉。

颤，则是舞蹈中的腿、胯、肩各个部位乃至全身都处在或弱或强的颤动状态中。这种颤动，不同于蒙古族的抖肩和抖腰、抖胯式的抖动，不同于维吾尔族的肩与脖子的错摆式摇动，也不同于塔吉克族舞蹈时的两肩上下耸动，而是一种具有内在韧性的上步顺势颤动。比如在6/8拍子的六拍当中，上一步占三个节拍，第一拍迈步，二三拍顺势颤动，左右交替。因此，跨步时足底虎虎生风，颤动时舞姿则悠哉游哉，形成强弱对比和起伏，即上面提到的刚柔相济的动势。

跳丧的顺、曲、颤特征与藏族舞蹈“锅庄”的特点相同。锅庄、弦子，是住在从康定到巴塘一带的康巴人跳的舞蹈，素有“康定锅庄，巴塘弦子”的美称。锅庄、弦子的舞蹈特点正是顺、曲、颤。而土家民族的“摆手舞”，舞蹈动作也讲究顺、曲、颤。顺、曲、颤是藏缅语族藏语支、羌语支和彝语支舞蹈的特点。

土家族与藏族同为藏缅语族，二者在舞蹈动作的特征方面当然具有相同的文化元素。这说明经过数千年的时间跨度，作为藏缅语族巴人的舞蹈基因仍一直延续下来。跳丧中的曲与颤甚至比藏族有过之而无不及。同是顺、曲、颤，它们之间又有各自不同的差异。关于跳丧与藏缅语族中的彝族、白族、傈僳族、哈尼族、景颇族、纳西族、普米族等民族在人死后跳的丧舞的异同，《巴风土韵》第八章已做了详细的介绍与比较，这里主要就土家跳丧与藏族锅庄以及与土家摆手舞之间的异同做个比较，这样更便于看出它们的特点。

跳丧与锅庄、摆手的异同主要表现在：

1. 从总体风格看，都具有顺、曲、颤的特征。但就歌舞性质而言，跳丧是丧舞，是人死后才跳的；锅庄和摆手都是喜庆舞蹈，是在祭神祈福、庆贺丰收时跳的。摆手舞分为“大摆手”和“小摆手”，小摆手的土家方言叫作“舍巴日”或“社巴日”，都是祭神、祭祖的歌舞，刘禹锡称之为“赛蛮神”。小摆手限于一村一寨，规模小，时间短，但年年举行，寨寨举行；大摆手跨村连乡，甚至跨区连县，规模既大，时间也长，从前以三年两摆为定则，每次至少连续三天，即从正月初九至正月十一。摆手有特定的时令，大、小摆手都在农历的上半年，有“正月堂”“二月堂”“三月堂”“五月堂”“六月堂”之别。最热闹的是“正月堂”，其次是“三月堂”。湘西土家族苗族自治州龙山县马蹄寨的大摆手，曾牵动了湘、鄂、川（今渝）三地的土家人达数万之多。晚清永顺土家文人彭施铎有《竹枝词》咏福石城大摆手，其词曰：“福石城中锦作窝，土王宫畔水生波。红灯万点人千叠，一片缠绵摆手歌。”摆手舞在湘西北和鄂西南的土家族地区都流行，除了年节庆典，如今有大型聚会，也有跳摆手舞的，已成为一种集体娱乐活动。无论是过去的祭祀祖先、祈求兴旺和年节丰收庆典，还是今天的聚会娱乐、迎接新春，都不难看出它作为喜庆歌舞的性质。[40]

2. 从歌舞场所看，跳丧是在丧堂里亡人的灵柩前跳的，由于场地受到限制，只能在不大的空间内踩“升子底”。所谓升子底，顾名思义，即在一个方形的四角上跳四大步，所以跳丧的“曲”或“蹲”往往显得更低。藏族锅庄在开阔的场地上跳，动作幅度大，热情奔放，还时不时地向空中尽情地一甩袖，激情时穿着马靴的腿更会在地上猛跺一脚；土家摆手舞也有特定的场所，是在摆手堂、土王庙的堂前或场院里跳，跳大摆手时男女都要着节日盛装，手执“朝简”（木笏）或常绿树枝，跳小摆手时不用“朝简”，只要手执树枝或花枝。与锅庄相比，摆手和跳丧无论穿便装还是着民族服饰，都不甩袖，唯有情绪都是欢喜的。跳丧虽然动作幅度尤其是歌舞场地相对小得多，但激情不减，神态欢愉，这也是它有别于其他风俗歌舞而显出美学价值和哲理意味的所在。

3. 从节奏类型看，锅庄和摆手都是常见的、规整的二或四拍子；跳丧却是罕见的、明快而富于变化的6/8拍子带切分节奏，如前所述，可能与祖先的军阵歌舞特有的节律有关。摆手舞的节奏类型与跳丧虽不同，但其大摆手“多模拟军事动作，是全族（指某一聚居区）进行的大规模活动，舞蹈的特点是大幅度摆手，中间还穿插一些演习性的军事活动。例如湘西龙山县马蹄寨举行摆手舞的日子，附近村寨的青壮年都要手执刀枪，身披绚丽的土织花布，在鞭炮声中涌向马蹄寨的八部大王庙，先表演武术，再转入摆手舞”。[41]由此看来，土家跳丧和大摆手中都有古代巴人武舞的文化因子。

4. 从舞蹈形式看，跳丧是二人或四人成对起舞。唱作

“请出来，请出来，请出一对歌师来”。一请出台即为二人或以对数增加，舞者左右穿插，阴阳交错，一来二去，两相呼应，舞时或相对（面对），或相背（背对），舞蹈肢体动作要么同时都朝舞者自己的左侧，要么同时都朝自己的右侧，而不是一左一右的对称形，二人跳时动作的方向总是相反（不同）的。而锅庄和摆手都是多人群舞，为踏歌形式，舞者围成圆圈，携手联袂，搭臂起舞，旋转踏歌，站在同一圆圈上的舞者，所跳动作的方向是一致（相同）的。

5. 从声腔歌调看，都属高腔。然而藏族地处高原，其歌舞的声腔辽阔而高远，且不乏苍凉、深沉、宏厚之感；土家世居高山大岭之中，歌调具有浓郁的山区喊歌、甩歌或对歌特点，音色尖亮，不如藏族歌腔宽广，但运腔却似清泠泠的山涧小溪，具有婉转、活泼、灵巧的特点，如前述跳丧主腔中男嗓演唱的花腔颤音即是。

6. 从动作特征看，跳丧模仿动物动作特别多；小摆手则表现农事生产动作和劳动情绪，它和锅庄都少有模仿动物的动作。另外，同为土家民族的摆手和跳丧，虽然都讲究顺、曲、颤，如《民族艺术》这样介绍摆手舞的舞姿特点：“手脚同边，膝盖微屈，腿肩颤动，气往下沉。”[42]但跳丧比摆手的舞姿要丰富得多，比锅庄的舞蹈套路也要多。

总之，顺、曲、颤的舞蹈风格，说明了藏缅语族某些民族舞蹈的肢体语言的共同特征。从左手与左脚或者右手与右脚的同进同退，即俗称的“顺手顺脚”或“手脚同边”，可以看出土家族舞蹈的民族特性。清江土家的跳丧讲顺，酉水土家的摆手也讲顺，可见不管是廪君蛮系统还是板楯蛮系统，不管是清江还是酉水，舞蹈的民族风格是一致的，都讲究顺。这种顺，别人看起来似乎不顺，认为是“走同边”，噱之为“顺拐”，而他们自己却舞得很顺，跳得自如。这就像藏缅语族宾语置于及物动词之前这个特点，若用一句汉语作例子，即把“我吃饭”说成“我饭吃”，他们这样说，外人听起来当然是不顺的，但他们却说着挺顺。

三、生命观念

认为寿终正寝是“白喜事”，其实并非土家独有。汉人也有讲“白喜事”的，但只是说说罢了，实际上汉人怎么也喜不起来。从参与吊唁的亲友的神情上看，都是满脸肃穆，绝无笑意，也不敢喜形于色；从丧葬布置的色调来看，以黑、白、蓝为基调，是为了用素净来烘托严肃的气氛。

清江土家的跳丧，是丧事喜办的典型。其丧堂布置不乏喜庆的红色，甚至连祭奠的挽联和亡者的灵牌也用大红纸书写、布置。面对生与死，土家有自己的见解。在他们看来，人的生死有如自然的更替，是极其正常的。享尽天年后死去，是顺应了自然的规律，是走的“顺头路”，值得庆贺。聚在孝家堂屋里的亡者灵柩前，男人们载歌载舞，女人们穿戴着鲜亮的服饰围观助兴，通宵达旦。舞蹈中唱大量看似不合常理的五句子情歌，体现的是土家独到的风俗观念——以绝妙的歌腔舞态表达对生命的赞颂、对人与自然关系的认知和旷达的生死观。因此他们没有像别的民族那样，表现出无限的哀痛。如此对于生死的态度，在中国各民族的习俗中，都是绝无仅有的。清江土家的生命观念，与庄子的生命观念惊人地相似。

清江土家中，流传着庄子“鼓盆而歌”的故事。《庄子·至乐》云：

庄子妻死，惠子吊之，庄子则方箕踞鼓盆而歌。

惠子曰：“与人居，长子、老、身死，不哭，亦足矣，又鼓盆而歌，不亦甚乎！”

庄子曰：“不然。是其始死也，我独何能无概然！察其始而本无生，非徒无生也而本无形，非徒无形也而本无气。杂乎芒芴之间，变而有气，气变而有形，形变而有生，今又变而之死，是相与为春秋冬夏四时行也。人且偃然寝于巨室，而我噭噭然随而哭之，自以为不通乎命，故止也。”

土家爱将这个故事跟跳丧相联系，可能是因为跳丧的伴奏乐器是一面大鼓，而且把这鼓放在木盆里。这本来能防潮和增强共鸣，但清江土家认为跳丧起源于庄子的“鼓盆而歌”。这是误传，因为跳丧的历史要先于庄子“鼓盆而歌”，即先有跳丧，而后有“鼓盆而歌”。再则，庄子“鼓盆”，“鼓”为动词，是敲击的意思，而土家跳丧的“鼓”和“盆”，都是名词，所以字虽同而义不同。尽管如此，土家仍乐于将庄子“鼓盆而歌”的故事和自己的习俗联系起来，深层的原因，是跳丧中所表现的生命观念与庄子思想相似，也许可以说，是庄子思想使土家朴素的生命哲学得以升华，因而他们引庄子为知己。

庄子认为，死生是自然而不可避免的事，正如四季的变化一样。人不应拘限于形躯我，当与大化同流，在自然万化中求生命的安顿。[43]

《庄子·大宗师》中，讲了子祀、子舆、子犁、子来四人相与为友，体认“死生存亡之一体”的故事，以及子桑户、孟子反、子琴张三人“相忘以生，无所终穷”，不为死生之情所悬缚的故事，等等，说明生来死归，为自然变化的必然现象。能安于所化，精神才能获得解放。因此子桑户死，二友“临尸而歌”，神态泰然，拘于礼教的儒家人物子贡见了大为惊异。子贡将所见告诉孔子，问这些

"外其形骸，临尸而歌，颜色不变"的"畸人"究竟是什么人。孔子回答说："彼，游方之外者也。""丘，天之戮民也。虽然，吾与汝共之。"这里假托孔子认为，从自然的道理看来我就像受着刑戮的人。尽管这样，我们应该共同追求方外之道。庄子借孔子之口，认为："畸人者，畸于人而侔于天。"说奇异的人是异于世俗而合于自然的。那么，"安排而去化，乃入于寥天一"，即听任自然的安排而顺应变化，就可进入寥远之处的纯一境界。

清江土家跳丧所表现的朴实的生命观念，与庄子思想大体贴近。从丧堂布置中灵位所书内容看，巴东杨柳池为"金童引入逍遥地，玉女迎归不夜天"，巴东野三关道子坪村为"乐极返驾"，五峰为"人赴神洲极大乐，寿高彭祖也身亡"，长阳为"老翁含笑归紫府"，等等，都认为人的一生已快乐地走到了尽头，死了即"回归"，即"返驾"。《庄子·刻意》云："其生若浮，其死若休。"《庄子·大宗师》云："夫大块载我以形，劳我以生，佚我以老，息我以死。故善吾生者，乃所以善吾死也。"土家跳丧时所唱的"生贺喜，喜贺死"，即是庄子所讲的"善吾生，善吾死"。既然生时已尽职尽责了，那么死后就是快乐地回去。在庄子看来，宇宙是一个生生不息的大生命，宇宙整体就是道，道即是宇宙大生命所散发的万物之生命，因此应该宗大道为师。在五峰的跳丧现场，也高悬着"说古通今明大道，法天象地讲中和"的条幅，颇具道家思想精髓。

在巴东野三关道子坪村，老人死后的大红挽联上用毛笔书写着"气化清风归地府"，认为人死时，生前所聚积的气便消散了，将化作清风回归地府。《庄子·知北游》云："人生天地之间，若白驹之过隙，忽然而已。……已化而生，又化而死，……乃身从之，乃大归乎！”“生也死之徒，死也生之始，孰知其纪！人之生，气之聚也；聚则为生，散则为死。若死生为徒，吾又何患！故万物一也。是其所美者为神奇，其所恶者为臭腐；臭腐复化为神奇，神奇复化为臭腐。故曰：‘通天下一气耳。’圣人故贵一。”用庄子的观点来讲，人的生死，就是气的聚散。从无何有之处来，又回无何有之处去。因此，庆祝“回归”是懂得天乐的人。《庄子·天道》云：“知天乐者，其生也天行，其死也物化。”“故知天乐者，无天怨，无人非，无物累，无鬼责。”

土家是个知天乐的民族，他们世代居于大山之中，安分守乐。先辈们为朝廷效力有功，也所求不奢，往往只求减免租税而已。

今天的土家民众也知天乐，无天怨，虽然过着艰苦清贫的生活，但他们仍然很乐观，把生死看得很通透。在巴东杨柳池跳丧现场，覃世杰等几位老者上场跳时，掌鼓的田恒君即兴作词，边唱边开玩笑道：“有几个老头儿在跳丧，他们也快哒呀，打个撒叶儿嗬噢噢！”（见第二章巴东杨柳池跳丧实录）唱得几个老汉边舞蹈边打哈哈，围观的人哄堂大笑。他们没有忌讳，也没有认为是诅咒和不吉。还有长阳资丘又掌鼓又跳丧的田家佑老汉、五峰长坪通宵跳丧的老婆婆们，都是在为同辈人庆贺。在死亡面前，他们没有惧怕回避，而是泰然面对，歌舞以伴之。这正像《庄子·养生主》说的：“适来，夫子时也；适去，夫子顺也。安时而处顺，哀乐不能入也……”

精神生命在人类历史中具有延续的意义与延展的价值，所以“指穷于为薪，火传也，不知其尽也”（《庄子·养生主》）。按清江土家跳丧的俗规，主要是寿终正寝的老年人死了为之庆贺而跳丧，除此之外，遇有不满花甲的中年人死，若已有子嗣抱灵牌子，也可跳丧。这表明当人的生命有了子嗣的延展，即已体现了生的价值。同时，土家对人生价值的理解，除了从生到死的生命历程，还在于生命的意义，即对人类的贡献。古时战场上为国捐躯的将士们，其生命是短暂的，然而他们以青春报效祖国的作为感天动地，已彰显了生命存在的价值，为这样的年轻生命送葬，当然要举行跳丧的祭礼。沿至今日，为国献身、因公殉职的人死了，即使是中青年，人们也会以隆重的跳丧来祭奠。如巴东野三关电站的田崇国，死时年方49岁，属英年早逝，他的逝世本是惨事，但仍然停灵跳丧三夜，一来是因公殉职，二来他已有子女抱灵牌。对于人生来说，田崇国已经尽职尽责地实现了价值和使命，且已有了新生命的接续，是有功之人，死而无憾，当然可以跳丧，值得庆贺。正如烛薪的燃烧是有穷尽的，火却传续下去而没有穷尽的时候。

薪火相传，家族民族才得以发展。在跳丧之夜要唱大量“带姐带郎”的五句子歌，这些唱词露骨地表达情爱、性爱，还伴以“狗连裆”等与生殖相关的动作。“性者，生之质也。”（《庄子·庚桑楚》）这正是土家强烈的生命意识的表现。到了拂晓时分，跳丧即将结束时，会唱：“孝家屋大好停丧，孝家门大好出丧，千年死一个，万年死一双，代代不死少年亡！”从这段唱词中我们看到：一方面，土家在建房时就已考虑到停丧、出丧，所以要屋大、门大，这说明了他们的客观和明智；另一方面，年老的人死是正常的，少年夭亡则是非正常的，因而歌师傅在唱词中会祈祷“代代不死少年亡”。他们甚至于平时烧柴也形成了一个特别的禁忌，即烧柴要先烧根部，不能先烧树梢头，究其原因是：根部寓示着老朽，梢头的嫩枝寓示着后续和新生。用老乡们的话讲，叫作“死人先死老的”。这无疑是希望生命的链条不断延展，是清江土家正视死亡、重视新生的生死观念在日常生活中典型而实在的反映。

土家跳丧是高高兴兴的，尽管其中也有表现丧事主题的《哭丧》，这与通达并不矛盾。亲人逝世究竟是死别，这种感情是难以割舍的，所以《哭丧》是一种悲伤的歌调。但跳丧中哭哭啼啼只是末，不是本。一来它在通宵达旦的歌舞中最多唱两次（见第三章巴东野三关跳丧实录之一），现在有的地方歌舞者不会唱《哭丧》调的干脆就免了（见第六章长阳资丘跳丧实录）；二来掌鼓师要根据孝子以及现场中亡者亲人听到《哭丧》后的情绪反应，把握火候，适可而止。正如巴东野三关黄在秀所说，既要通过唱《哭丧》调，提醒孝子们不忘父母养育之恩，告诫后人们要对长辈多尽孝道和表达晚辈们对亡者的思念之情等等，又要恰当地把握节奏分寸，在引入悲伤歌调的同时，不能任其发展。当亲人们哀痛时，掌鼓师得改换调门，转悲为喜。

如果说亲人们在听过《哭丧》后会转悲为喜，那么掌鼓师和舞者表演《哭丧》，则是似悲实喜的，因为歌舞者唱《哭丧》都不是真哭，而是通过歌调和舞蹈动作来表现哭，以达到上述对孝家以及客众的提醒、告诫之目的。如巴东野三关唱《哭丧》时，歌者要模仿妇女号啕大哭时的情态，边数（按，数落式的诉说腔调）边哭：“我昨天嘛看到噢……老人家您还在哟……没想到今天哪……您家就躺在堂前……不起来呀！”一句唱词中间有多次停顿，还要在停顿时加入好多抽泣声。舞者应和着掌鼓师叫歌的声腔，立即做出呼应，边抽泣边填空附加着各种衬句："怎下得到场噢……""好遭孽哟……""好热闹噢……""我的爹呀，我的娘噢……"并抱头搭肩，互推互摇，作捶胸顿足之痛哭状。夸张的表演中不难见到幽默和滑稽：

丧鼓打哒这时间，
没见孝子哭一声。
你不会哭来我教你哭，
你不会哀来我告诉你哀：
鼻子一捏嘴两歪，
眼睛两眨眼泪水就出来。

经掌鼓师一提醒，孝家后人尤其是孝女们就会哭起来，领鼓者进一步调动情绪：

养儿不知娘辛苦，养女才晓得父母恩。

同时他还会告诫在场的客人们：

我们人人都有父母在，换哒秋风夜雨还会来。

这是说的人死众家丧，乡邻们都应互帮互助。当儿女们悲伤抹泪时，歌师傅要赶紧打住，歌锋一转：

叫声孝家不要哭，老父老母是顺头路。

最后要使孝家后人破涕为笑，还要对客人解释：

各位客们莫见气，我们刚才哭哒是好玩的。

为了好玩，快嘴的掌鼓师会连连出击：

丧鼓打哒这时间，没见孝子来装袋烟；
丧鼓打哒半夜过，没见孝子们泡茶喝。
说是茶来没见茶，约到伙计们往转煞；
说起酒来没见酒，约到伙计们往转走；
说起烟来没得烟，约起伙计们往转蜷。
……

孝子们听到这儿，会笑盈盈地赶紧上前给场上的歌舞者装烟、敬酒，歌师傅见状于是调转歌头：

说起酒来就是酒，荣华富贵代代有；
说起茶来就是茶，荣华富贵代代发；
说起烟来就是烟，荣华富贵岁岁添；
说他有来就是有，缸里凉水也变美酒；
说他兴来就是兴，哈巴狗娃儿也变麒麟；
说他发来当真发，葛藤上树也结南瓜……

显而易见，唱《哭丧》时不是真的要抽烟、喝茶，而是为了逗乐。掌鼓师还把孝子也拉出来，一来孝家高兴，二来客人也高兴，同时还表现了歌师傅的口才。歌中如“哈巴狗娃儿也变麒麟”等等，叫人觉得滑稽，难免会使孝子们破涕为笑。

《哭丧》这个传统曲牌在跳丧中的功用，是在其他套路直接制造欢乐情绪之外，以浓重的感情色彩，巧妙引入丧事主题，从而间接地制造出欢欢喜喜陪亡人的效果。与其他民族对待生离死别的情形相比，土家如此处理已经是别具匠心了。

土家与庄子思想有一脉相通之处，所以他们愿把庄子当成知音。但庄子是大哲学家，思想深邃，论说精辟。如庄子看见骷髅，说它很快乐；学生要厚葬他，他却认为这不对，在地上被鸟儿吃，在地下被虫子吃，其实都一样，是无所谓的。在庄子看来，扔在野外、埋在地下都可以，他看得很通很透。土家生命观念的表现是朴素的、天然的形态。土家人死后还得埋起来，还没有豁达到庄子那样大彻大悟的程度。不过，作为一个深居大山腹地的少数民族，土家的民众能以如此通达的态度对待生命，已是非同等闲了。土家有700多万人，分布在湘、鄂、黔、渝等地，分北部方言区和南部方言区，现在清江土家已改讲汉话，跳丧也以汉语方言演唱，所唱歌词都以汉语记录相传。然而，在文化的激荡融合中，清江土家却保留着一种自己的风俗观念；在贫困的农民那里，还能保持这样一种生死观念，谈何容易！

清江土家朴素的哲学思想不是以说教而是通过艺术的形式来展现的，通脱的生命观念蕴含在跳丧的歌舞艺术之中。那些被称为“日古子”“风流歌”的五句子情歌的内容，不应视为“黄色”和“落后”，因为它并不表明道德败坏和思想腐朽。要说“荤”段子，在汉族地区何其多，就连现在有吃喝聚会的场合，不管在城里还是乡下，总也少不了要赛讲一通“荤”段子。相形之下，对土家跳丧中的五句子歌，就不应求全责备了。五句子除了歌唱人世间美好的爱情，也不乏机智、趣味、讽刺和玩笑等内容。其中确有文辞欠雅的，这样的歌在外人看来是粗俗的，但在当时当地人看来，却无大碍，应该说，正是土家生命意识的表达。总之，这种在世界上别的地方难得看到的艺术形式，其中的粗陋之处，相信会随着时代的演进而淘汰或改善。

至于带有迷信色彩的鬼魂信仰，其实在跳丧过程中的表现是淡薄的。鬼魂信仰问题在当今汉族以及其他民族中，也是比较普遍的，如城市公墓中尚有专为亡魂烧纸钱的设施。高楼林立的都市尚且如此，在交通闭塞的山区，要民众完全从鬼魂信仰中摆脱出来，是做不到也不必要的，它并不影响平常的生活秩序，没有什么危害，相反人们因此而心里平静。随着科学的发展，它自然会淡化。

土家相对于其他民族而言，鬼魂观念显得少而虚。跳丧中只在天明收槌息鼓时来一出《送歌郎》或《耍五巾》，有的叫“送神”，意思是将列祖列宗的魂灵送回去。其中的《耍五巾》与巫术谐音，意为“耍五精”。在巴东野三关电站的跳丧中，《耍五巾》时手持红绸，舞者碎步圆场挥动彩带，似天女散花；在野三关道子坪村的跳丧中，《耍五巾》只是由歌师傅做的一种简单仪式，是要送包括各种鬼魂的“五精”们回程。仪式中用一个“耍”字，玩笑之意便十分明了了。汉族的习俗，为送走鬼魂，有十分肃穆的法事；“藏缅语族的其他民族办丧事，都要驱鬼。人们以木棍叩地，以长刀劈空，咋咋唬唬，跳跳蹦蹦，都是为了驱鬼。至于巫师，则是驱鬼的专家。在这些民族的生活里，鬼太多了，因此，几乎人人患有恐鬼症，或轻或重而已。……土家跳丧，全不怕鬼。在跳丧的灵堂里，只有人情，没有鬼气。”[44]

四、跳丧的源流

任何一种民俗事象都有它产生的社会背景，任何一种文化都有它的历史渊源。

按通常的说法，现今的土家是古代巴人的后裔。如果说得更为准确些，巴人是土家的主源，土家是巴人的干流。跳丧作为土家的民族习俗，它的起源势必与民族发展的历史相关。

早在三千多年前的殷末周初，土家的先祖巴人就曾载歌载舞，参加了周武王讨伐殷纣王的战斗，在著名的牧野之战中，巴师立下了头功，有史可稽。《华阳国志·巴志》云："周武王伐纣，实得巴蜀之师，著乎《尚书》。巴师勇锐，歌舞以凌，殷人前徒倒戈，故世称之曰'武王伐纣，前歌后舞'也。"这段文字所记载的，正是古代的巴人以及后世的土家著称于世的两个特点——骁勇善战和能歌善舞。

有关跳丧的源头，已有专家进行了论述，有些意见是可取的，如董珞在《巴风土韵》一书中认为：

巴师在战场上所唱的歌和所跳的舞，当然不会是情人艳会的歌和舞，只能是战歌、战舞。

巴师这种一投入战斗就"歌舞以凌"的习惯，似乎传袭了大约千年之久，虽不是一成不变的，但总能把战术与艺术糅合起来。刘邦为汉王时，有幸见到过巴人的战歌、战舞。《后汉书·南蛮西南夷列传》记板楯蛮云："至高祖为汉王，发夷人还伐三秦。阆中有渝水，其人多居水左右。天性劲勇，初为汉前锋，数陷阵。俗喜歌舞，高祖观之曰：'此武王伐纣之歌也。'乃命乐人习之，所谓《巴渝舞》也。"[45]

商周之际巴人的武舞和丧舞是一脉相通的。为了表示对阵亡战友生命价值的肯定，巴人将士一定会载歌载舞为阵亡战友送葬，这是跳丧的源头。……跳丧至少有3000年的历史了，最初是军人的歌舞，因而只能是男子的歌舞。[46]

从以上论述中，我们足以感受到古时战场上巴人歌舞的魅力。将跳丧的源头上推至《巴渝舞》，是经得起推敲的。

巴人喜歌舞，在文献中有证据可寻。但当初他们的歌词和舞姿究竟是怎样的，却无从得知。可以肯定，现今的土家跳丧并不等同于古时的巴人武舞，所以，说跳丧舞就是《巴渝舞》，当然也是欠妥当的。

从伐纣时巴人的战歌战舞到土家的丧祭歌舞，中间有许多缺环，我们只能根据少得可怜的文献资料来推断。

唐代樊绰《蛮书》卷十载："巴中有大宗，廪君之后也。……巴氏祭其祖，击鼓而祭，白虎之后也。"同书同卷又引《夔城图经》云："夷事道，蛮事鬼。初丧，鼙鼓以为道哀。其歌必号，其众必跳……"[47]文献所载与土家跳丧一致，可见跳丧是廪君蛮遗留下来的。从廪君蛮发祥地的清江流域今天仍沿袭跳丧歌舞的情况看，也说明跳丧是廪君蛮遗裔的习俗。研究土家风俗的专家有"南摆手，北跳丧"之说，即湖南的板楯蛮遗裔只兴摆手，不兴跳丧。

可见，现今的土家跳丧，其远源为殷末周初的"武王伐纣之歌"，汉代称"巴渝舞"。最迟从唐代起，跳丧就盛行在三峡地带和清江流域的巴人山寨中，见于樊绰的《蛮书》和其他典籍。

我们现在看到的跳丧，显然是巴人武舞的流。流从源来，跳丧作为现实的存在，它在唱词、声腔、曲调和舞态中所透出的从古而来的各种因子，使我们能够看到它们与古老文化之间源远流长的关系。

在土家跳丧现场，客众可以说笑逗乐，穿戴红艳，没有什么忌讳。唯有一宗是自古以来都遵守的禁忌，那就是女子不跳丧（按，现今长阳、五峰的女子跳丧，属于打破自古以来的禁忌而于新近发生的变异）。俗称：“男人跳丧，越跳越旺；女人跳丧，家破人亡。”对此，《巴风土韵》写道：

跳丧是视死如归的男子的歌舞，这些男子尚武善战，重义轻生，认为生与死的交替是自然而然的。他们的跳丧是个体的生命力和群体的凝聚力的显示，因而有“越跳越旺”的信念。……战地的丧歌丧舞，只能由男子来表演。假如有女子也在且歌且舞，表明连女子也得上战场去，那就确实意味着家破人亡了。留得女子在，何愁家破人亡？可见，这正是“重女”，而不是“轻女”。唱“风流歌”，跳“狗连裆”，露骨地表达了生殖的需求，以及对旧生命的终结即新生命的开始的信念。[48]

重视女性，保护女性，土家有自己独到的见解和做法。历朝历代，土家牺牲的人太多，保护女人是特别重要的。有女人就可以生养，丈夫没有了可以和别的男人生养，否则家族、民族都要绝种。认为不让女人跳丧是封建、迷信和歧视，是讲不通的。正相反，轻视女性的封建制度里，在人前歌舞的女子恰恰是不被尊重的。如果不让女人跳丧是歧视，那么跳丧时场上就不会允许女人旁观，更不会允许女人说笑了。

清江土家历来将家庭中女主人的娘家亲戚视为“上大人”，称为“上亲客”或“高亲客”。无论婚丧嫁娶，都以女性娘家人为尊，俗称“红事的姑舅姨，白事的母后亲”。这里称女性娘家为后家，“母后亲”指母亲娘家的亲人。即红事时男女双方的姑舅姨都被视若上宾，其中姑妈、舅妈、姨妈都是女性，舅舅虽为男性，却也是母系家族的亲戚。白事更不用说，女性后家为大，无论亡故的是男主人还是女主人，都以女主人后家来“看信”的亲戚为尊。在巴东后乡，若亡者是女性，她后家的亲戚到达时，孝子必落礼叩头，在大门外跪地迎候，意在感谢亡者生前养儿育女的辛劳。如果是歧视女人，何必还要行此大礼？为女性亡者跳丧时，唱词内容在“荤”段子方面有所收敛，以免对女性亡者不敬。总之，与汉族礼教相比，土家对女性是重视有加的。

在对土家生命历程的考察和研究中，我深深感受到土家对女性的爱护以及他们本质中的达观。对死，如上所述，他们是豁达的。对生，他们也有属于自己的豁达。比如在巴东、五峰、长阳等土家地区，流传有女人生了孩子后才送嫁妆的习俗，即结婚时不操办仪式，待生养（按，无论生男生女）之后“过家家客”或“生儿打喜”时再送嫁妆。“家家”即外婆；“过客”，是土家民众家庭中遇有红白喜事等重大事项所举行的聚会庆典活动。“过家家客”，即接请外婆家的亲戚和乡邻们为新生儿诞生所举行的庆贺仪式及相关民俗活动。清江土家“过家家客”特别隆重，外婆家不仅送上给新生儿的各种用品等贺礼，还要热热闹闹甚至是大张旗鼓地送上给女儿的嫁妆。按照汉族的婚姻观念，这也是不合常理的。土家不歧视非婚生子，对待“腹中带子”的女性也没有某些汉族地区沉潭、绞死等严惩的族规。在我所到的巴东、五峰土家地区，甚至有“当兵的不绝后”这一闻所未闻的俗约，在外人看来，更是不合常理而难以想象和理解的。

我调查时所居住的巴东野三关石马管理区道子坪村，是一个以田姓为主的土家村落，小地名叫“秀才湾”。村里的“祠堂坪”，曾是田氏宗祠所在。在村人平淡朴实的日子里，仍能看到先辈们崇文尚武和仁爱的遗风。乡人们骄傲地告诉我，“道子坪”不能写作“稻子坪”，它的得名是因为这里出过武秀才。村间那条两山夹峙的长长山道，曾是当年那些志向高远的青年们骑马射箭的跑道。田氏族人常在此习演武功，为朝廷选拔将士做准备，以报效祖国。

而今，村里田氏宗族的家谱，仍由1947年那一次修订谱书时所选定的掌谱人田大海之子田世清一家妥善保管着。

田世清老人住在与道子坪村邻近的大树垭村11组，2001年12月1日，我在这里看到了他家保存的《田氏族谱》。

说起神圣的入族谱，田老告诉我：“自古以来，若男人当兵去哒，女人在家生的娃儿照样上谱，这是老辈子册封的，叫‘当兵的不绝后’。”这一与汉族观念大相径庭的说法使我瞪大了眼睛，老人却平淡地说：“这不稀奇，不管生好多，好歹不会整（死）嘛，多一个娃儿几好咧！”

在道子坪村，乡人并不忌讳地告诉我：村上有20世纪40年代被征兵从军的人，因战乱一去未归，其妻在家种地劳作，赡养婆母，一直未改嫁，而于1949年中华人民共和国建国前夕至50年代相继生了三个孩子。孩子的名分及继承、赡养等一切关系不变，族人和乡邻都善待其一家。大家自然而然地说："当兵的不绝后。"

与土家乡亲们聊起这祖宗"册封"的律条时，大家试图以生动的比方使之形象化。一位田氏老人曾进一步解释说："当兵的不绝后，实际就好比是一种优惠政策。早先这样的情况多，好些人家都有当兵去的，绝后哒，家族的人烟就没得哒。不过从前住家都是一个姓氏、一个族间（按，指同一宗姓家族间的族群）住在一起，哪家男的当兵去哒，他的女人就是有哒娃儿，也是这个家族的。家族有人，就不要紧哒。山里人不求当官，不求发财，主要是人要发达，人是最要紧的。"

"除哒当兵的能享受这种优惠政策，其他的人还是不行（按，指入宗谱、上牌子、进祠堂）。要说从前一些没有接过门就怀娃儿的，正脉正骨的少。不过有一条，有娃儿哒都会引起（按，指生养下来），娃儿也没得错。只不过这种情况在娃儿生下来哒上谱书的时候，要做个记号——在名字旁边打个疤子或卡个条条儿，说明是'腹中带子'。谱书就像你们城里人的户口档案，有个污点的就记在谱书上。从前选族镇长的时候肯定要查看谱书的，'腹中带子'的小娃儿长大哒，当不到族镇长，其他的都跟正常的娃儿一样。有异姓愿姓本姓的，可以入谱书，不过也要卡个条子说明。只有当兵人家的后人，不用卡条子，照样入谱。"

在野三关地区，除田氏外，其他本土大姓如向氏、谭氏、黄氏、邓氏等，也普遍认同"当兵的不绝后"这一俗约；在我曾到过的五峰石梁司一带，也流传有这个说法。

历朝历代，无论是武王伐纣时的牧野之战，还是汉王刘邦还伐三秦等战役，都有巴师、蛮军、土兵做先锋头阵。明嘉靖年间为抗击倭寇、保卫祖国海疆，土家子弟兵远行万里，奋力抗敌，所向披靡。他们在促进祖国统一与进步、保卫祖国领土与主权的正义战争中，书写着一卷又一卷辉煌壮丽的篇章。从巴人到土家，应征从军以保家卫国的意识已深植于人们的血脉之中。牺牲的青壮男子太多了，族群的繁衍成为压倒一切的需要，是否“正脉正骨”显然已经不值得深究了。

丧夫的土家女子，可以改嫁。家中无子，女儿可以招赘；即使家中不乏子嗣，也有让女儿招赘的。入赘的夫婿及其子女，一律改姓妻姓。对于女人不跳丧的习俗，在田姓族人看来，“自古女人就不跳，这个事情原来就不是女人做的，她们跳也跳不好，只在一旁观战，从古以来只兴男人跳”。这与土家族女可改嫁、可招赘的婚育制度一样，都是重视女性的表现。因为：留住了女人，就留住了青山。留得青山在，何愁无栋梁；留得女人在，何愁不发人。女人生养的孩子，可能又是忠勇的将士。

“当兵的不绝后”，这一观念的影响是深远的。在道子坪村，即便是“非当兵人家”的普通家庭，善待生命的例证也不罕见。在这里，非“正脉正骨”的孩子，与家庭间以及乡邻间的关系都是和睦的，并不存在被歧视、被嘲笑的情形。

由此，促使我思索汉族传统观念与此截然不同之处。在我们的生活中，常能听到一些围绕血缘亲情而发生的故事。就在近年，媒体就有不少相关的社会新闻向世人发布，不妨举一例以明之。

2002年11月23日，中央电视台科学教育频道《周末讲述》栏目以“男人四十”为题，讲述了成都的钟某与赵某，因在襁褓中被错抱，而发生的一段奇特的故事：钟某因长得不像其父，也不与家中其他孩子相像，引起了其父对其母的怀疑。一次，钟父回老家，钟家老祖母也提起这个小孩子不像钟家的人，从此钟某的父母一直感情不好。直至70多岁高龄时，父母二人终于到法院办理了离婚手续。一个偶然的巧遇，钟某的弟弟发现了一个长得跟自己很像的人赵某，经过交谈，他认为赵某有可能是自己的血缘兄弟，最后验证果真如此。一场误会延续了40年，造成了伴随钟家父母差不多一生的痛苦，根结就是以为儿子非己之血亲。

2003年5月23日晚中央电视台新闻频道《社会记录》栏目讲述的一个故事中，男主角也说："血缘是高于一切的。"

血缘，讲的是血浓于水的人间亲情。其实，血缘亲之外，还有一种养育情。在我从小到大的成长中，曾不止一次地听到奶奶说过"生身父母为小，养身父母为大"这句话，其意在告诉那些或因母亲生育时遭遇不幸、或因遭遇遗弃而被好心人领养，以及生活中其他的原因过继抱养（按，不是指被非法拐卖、恶意强迫收养）的孩子，要懂得报答养父母的恩情。奶奶是巴东谭姓土家，没有念过书，透过这话却能看出土家百姓对亲情伦理的朴素认识和民间社会的生活智慧。所以，相形之下，"当兵的不绝后"，似乎颇有警世、醒世之效。

然而，能征和善战并非巴人及土家的"天性"，正相反，他们在服从祖国需要的前提下，呼唤着太平和安宁。《田氏族谱》中记叙祖公田行皋在野厢河修建碑文桥和隘城时，曾勒石而铭之："一愿皇王万岁，二愿天下太平，三愿年登大有，四愿子孙昌盛，五愿干戈永息，六愿寇盗悉平，七愿圣贤继祚，八愿忠良代生，九愿华夷安堵，十愿万物安宁。”

从巴人到土家，为皇王尽忠守义，为祖国报效献身，已成为民族风尚而世代承袭，祖国一统的观念更是相沿至今。在土家跳活丧的现场，土老师仍按从前的仪式，高呼：“当今皇上万岁万万岁！”听起来似乎有些好笑，可在它后面有多少可歌可泣的事迹。忠君是为了爱国，从前的土老师作法时必称“大明皇朝”“大清皇上”。在今天的武陵山区，主持丧祭仪式的土老师为亡魂做的超度法事中，会不断地吟诵亡魂为中华人民共和国某省某市某县某乡某村人；在平时婚配迎娶、生儿打喜、逢年过节等各种频繁的祭祖仪式中，不管是土老师、知客师还是普通百姓，都会详细地向冥冥中的阴司主宰禀呈：祖先亡灵属中华人民共和国某省某市某县某乡某村人，以使后辈家人奉寄的香火纸钱能由阴司主宰及时、准确地发放，便于祖先亡魂如数收取、如期享用。总之，无论是土老师所写的安魂牒、为亡人置办的阴地契约，还是家人寄奉的祭祖“包袱”，无论是多少张、多少封、多少次，都会不厌其烦地在地域之前冠以“中华人民共和国”，写明或禀明，决不会遗漏或省略亡魂的国属！生是中国人，死为中国魂，活着时随时听命奉诏，死去了也仍是中国的鬼。祖国一统的观念深深植根于巴人和土家儿女的血脉之中，牢不可拔，坚不可摧！

五、未来趋向蠡测

我不敢断言跳丧在未来的走向，在我所到的流行跳丧的清江中游地区，已看到了跳丧的明显变化。表现在观念方面，原有的一些禁忌如女人不准跳丧、孝子不准跳丧、道坛不准跳丧等，都在悄然改变，甚至还有在殡仪馆里跳丧的，以及将跳丧改编为广场舞蹈巴山舞的。表现在歌舞本身，各地跳丧的动作套路和声腔舞态，在继承其核心声腔和舞段的前提下，花色品种更显得多姿多彩了。

从现存的歌舞形态看，以巴东后乡七大乡镇，长阳榔坪、火烧坪、渔峡口、资丘，五峰采花、红渔坪、傅家堰、水浕司一带为中心区域，保存跳丧较为原始、完整，并影响相邻的鹤峰邬阳关、金鸡口，建始官店、硝洞等周边地带。若要论跳丧套路的丰富，则当数巴东后乡的野三关为最。

绿葱坡迤南的巴东后乡地处清江中游地区，海拔高度最低在1200米左右，这里气候寒冷，古代山大人稀，比较闭塞。其东面离汉人聚居的平原既远，西面离明代以来朝廷设立卫所的恩施也远，有点儿像前不着村，后不着店。它既不直接影响到长江航道的畅通，也不直接影响卫所政令的实施，并非要害，无足轻重，官方对此相对管得较少一些。这里的土民甚至离土司也较远，因而比南面的五峰容美土司所在地都要偏僻。由于历史条件的限制，尽管现今的土家生活有了明显的好转，但不少民众的生活仍然处在贫困线附近，文化、教育、广播、电视、通讯等不尽如人意。跳丧在清江中游的巴东后乡及其邻近地区风行，跟它所处的地理环境与历史状况分不开。同时，精神文化生活的需求，也促使这种融歌、舞、乐、文于一体的传统仪式歌舞，因大众的参与而盛行。

野三关是巴东后乡的一个重镇，是通往西边的建始、西南的恩施和南部的鹤峰等州内各地的要道，也是历来官方设立的土汉民众和商贾进出所必经的关卡，历史久远。在巴东后乡七大乡镇中，它北连大支坪、绿葱坡，南携清太坪、水布垭、杨柳池、金果坪而成为一个中心，一方面具有后乡典型的文化特征，一方面又信息流通相对快捷。当地如黄在秀一样的艺人群体见多识广，善于吸取外来所长，敢于创新并蔚成风气。因此这里的歌舞好听好看，式样最多，自然形成了跳丧原始、正宗的中心区。

绿葱坡迤北的长江三峡是连接荆楚与巴蜀的要冲，历朝历代都要保证航道的畅通和政令的畅达，信息传输和货物流通快，人口流徙频繁，文化的土家特色容易淡化。处于峡江地带的秭归县1991年编纂出版的《秭归县志》有载："'跳丧鼓'，流传在屈原诞生地乐平里，现已失传。"[49]据三峡以北的兴山县资深音乐研究专家王庆沅老师介绍，他20世纪80年代初在兴山县峡口镇的普安一带进行民间文艺调查时，当地的老人们告诉他，这里从前也兴跳丧。由此可知，三峡区域的巴人后裔包括巴东前乡的土家，丧俗受汉族影响而发生了变化。

清江上游的恩施，以坐丧、转丧为主，不兴跳丧。下游的宜都，只有西南部的毛湖淌、潘家湾等地有少量老艺人表演性地跳丧。据曾参与《中国民族民间舞蹈集成·湖北卷》有关跳丧一节撰稿的宜都文化馆民间舞蹈研究专家张泽远老师介绍，这里的跳丧为"矮桩"，节奏为二或四拍子，与前文讲到的最具清江中游跳丧艺术特性的六拍子节奏类型相去甚远。

长阳东部靠近清江下游地段，较早地接受了汉族礼教文化。资丘跳丧以《四大步》最为原始，除此之外，跳丧过程中的"打排子家业""孝子下跪落礼"等，都表现出吸收汉文化因素的特点，并使这些程序和仪式达到极致。

土家的特点是在接受外来文化时，常常青出于蓝而胜于蓝，把事情做得淋漓尽致。跪也如此。跳丧中的"孝子下跪落礼"是汉族礼节，并非土家的发明，但土家跪起来远比汉族礼节要隆重得多。长阳、五峰对前来奔丧的人，一律要下跪；五峰城郊长坪村七八十岁的老太太为感谢跳丧的歌师傅们，哪怕对方是晚辈和少年，也照样下跪。长阳资丘“打排子家业”时，九套曲子要跪九轮，有的是一曲跪到底，有的是一上一下叩仨头跪三番，总之是跪得到位，跪得讲究，跪得有排场。巴东后乡也讲“孝子落礼”，但远不如长阳、五峰如此讲究。

长阳资丘与荆州较近，古老的楚文化和汉文化由清江下游进入，必先经过这里，加上文人们的传播，这里接受汉文化因素更多、更快一些。比如现在的《长阳南曲》，相传最早是从江汉平原的沙市流入的。现在，《南曲》在沙市已绝迹，却在资丘生了根，成为长阳具有代表性的地方文化艺术样式之一，有“长阳文化三件宝，山歌南曲跳丧舞”之说，说明南曲这个外来曲种已成为当地土家的标志性艺术品种或文化符号。这便是所谓“礼失求诸野”。资丘跳丧受汉族文化的影响，除上述“打排子家业”“孝子落礼”外，还表现在灵堂布置的色调方面，其祭幛为黑白两色，亡者的灵牌和具有土家特色的“岁竹”都是白色，这是受汉族丧仪庄严肃穆的黑白基调影响，与巴东后乡农家布置丧堂时的大红色基调已有明显不同。五峰“孝子落礼”的仪式也比巴东后乡讲究，而且孝子纷纷披戴着五尺长的白色孝帕，腰系麻绳。相比之下，长阳渔峡口、乐园，巴东后乡及其周边地带保留原始形态多一些，在农家的跳丧现场，没见孝子戴黑纱或黑袖圈，更没见披麻戴孝系白色长孝巾的。

长阳的跳丧，流行在清江中下游分界处的伴峡一带，有前河、后河之分。前河以资丘、渔峡口为代表，舞者动作力度强劲，风格豪放、粗犷，以《四大步》最为典型；后河以榔坪、乐园、火烧坪为代表，动作显得柔和而优雅，与巴东野三关相近。伴峡下游的鸭子口、都镇湾和县城龙舟坪均兴坐丧、转丧而不跳丧。

五峰的跳丧，流行在西部的傅家堰、采花、红渔坪和水浕司一带。东部的渔洋关镇是五峰县最大的集镇，其俗从汉族坐丧、转丧而不跳丧。南部的湾潭、后河一带靠近溇水流域，也不跳丧。

鹤峰的大部属溇水流域，只有北部的邬阳关、金鸡口等靠近清江流域的地区兴跳丧，这些区域与巴东后乡的杨柳池交界。1990年出版的《鹤峰县志》已有明确记载："跳丧……流行在龚家垭以北的邬阳关、金鸡口一带，属于清江文化。"[50]

建始的大部靠近清江上游的州治恩施，跳丧只在与巴东后乡交界的官店、硝洞、高坪等清江中游地区流行。原兴跳丧的景阳一带，现已少有人会跳丧，丧俗代之以道士做斋。景阳河南岸居于高山上的区段如革坦坝等地，还保留着跳丧传统。

古时，跳丧或许遍及整个清江流域和三峡地区，如今，只有清江中游的土家还在跳"撒叶儿嗬"。历史地看，跳丧流行的范围在缩小。而社会发展和时代变革所带来的人文环境和自然环境的变化在加剧，这正是需要对跳丧这一千古流传的非物质文化遗产加以保护的原因。尽管跳丧现在仅见于清江中游，但仍为土家民众所热爱，每有亲亡，其众必跳。它不仅有难度大而魅力强的歌腔、舞姿和豁达通脱直逼《庄子》的生死观念，还有利于邻里间乃至族群间的亲睦，是从巴人到土家一以贯之的优秀文化遗产，其学术和艺术研究的价值是显而易见的。

现在跳丧流行的人群，不是以族别，而是以地域来划分的。在清江中游土家地区，不管是不是土家族，在逢白事时，都会跳丧。明清以来一直有外族姓氏流入该地，他们虽不是巴蛮后裔，但定居上百年甚至几百年后，其习俗已与土家一样。如长阳资丘的刘氏、五峰的杨氏、巴东野三关道子坪村的侯氏和巴东杨柳池的卢氏等，原为客家（汉人），现在都乐意称自己是土家（按，“土家”是巴人后裔等土著或原住民的自称，土家人把外地迁来的汉人称为“客家”）。我所参与的九场跳丧中，具有清江土家代表姓氏的谭、田、向姓只有四家，若加上跳活丧的陈氏，共五家，基本上为一半。另一半则是居住在土家地区的客家，随着时间的推移，他们也已转化为土家了。跳丧首先是土家的，土家地区的客家跳丧是入乡随俗，跟土家学来的。不过这些由汉人转化的土家，都乐于按土家的丧俗来安排人生的最后一道礼仪。移民的流入会带来不同的文化，土家与客家的文化习俗相互碰撞、交融，今天所见的跳丧，无疑带有土汉文化融合的成分，它与古时的跳丧是有区别的，因而不能以“活化石”相称。

风俗没有“活化石”。在我从少年、青年到中年的过程中，曾不少次地见过人死出丧时，在棺材上披虎毯，这一习俗我在本书第一章里介绍过，在巴东县城以及前乡如此，在长江以北的兴山、秭归也如此。然而现在已难得见到了。2003年11月23日，我参加为表妹送葬的仪式，虽又一次看见了“虎毯”，且是真皮的，但并不是虎皮，而是一张已有些残破的小豹子皮，被精心缝制在一块大红的布毯上。据说这是巴东城里民间的丧事班子仅存的一张真皮豹毯，已不知传承多少代了，它仍被唤作“虎毯”。现今披虎毯改成了罩棺罩，棺罩由红色绒布做成，绣有纹饰，有各种花草、飞禽、走兽以及汉字等，然而有人依旧把棺罩叫成“虎毯”，这显然是沿袭了从前的习惯。以后再过些年，恐怕连“虎毯”这个名字都不会有了。可见，民俗都是在变化中传承的，水杉一样的“活化石”在民俗中很难找到。

经过时代的演进，跳丧不断增添了新的内容，这是跳丧的流变。流，不仅包括已有的变化过程和现有的一切，还包括将来的演化。在未来的时间里，跳丧还将发生变化。但可以肯定，其中的生死观念是极难改变的，这已在三千年的流传中得到了充分的证明。

因此，跳丧肯定不会消亡。它的白事当作红事办的乐观以及歌舞娱乐性质会长存下去。即使到了以后连棺材都没有了，仍可以在火化后的骨灰盒前跳。殡仪馆里现在就已有了跳丧，便是实证。跳丧更不同于巫术：到了科学发达的时候，巫术自然会日渐式微，跳丧则不会随着时代的进步而消亡。

跳丧甚至会受到相邻地区民众的喜爱。原来不兴跳丧的几个县城如巴东县城信陵镇、长阳县城龙舟坪镇以及五峰县东部最大的渔洋关镇（按，2011年渔洋关镇已成为五峰县新县城所在地），已欢迎跳丧并逐步流行开来。地处三峡地带的巴东县在三峡大坝修建后，已建成新县城，现在巴东城内遇有老人亡故，时兴请后乡在城里做工的农民跳丧，这将逐步改变20世纪80年代以来总是在街上搭个灵堂放《哀乐》闹丧的历史。在长阳县城龙舟坪镇和五峰县城渔洋关镇，孝家也是请打工的班子来跳丧，以封包酬谢，实例已见前文。

已在五峰时兴的殡仪馆里的跳丧，很可能在其他土家地区出现。如巴东县城迁建后，老百姓几乎全部搬进了高楼里的单元式住房，传统的在堂屋里停丧、闹丧已明显受到局限，不排除将来也像五峰一样修建殡仪馆的可能。那时，也会出现在殡仪馆里跳丧（按，在长江北岸三峡库区内兴坐丧、转丧的兴山县新县城里，丧仪也是在新修的殡仪馆里进行的）。在殡仪馆里跳丧，时间肯定比在家里短，这样正可以节省消耗，使丧事既办得热闹，不违背为老人寿终正寝的庆贺宗旨，又不至于造成人力、财力的铺张浪费，将成为受到未来人们欢迎的祭吊方式。与此同时，市场运作的成分也会加重，可能出现类似于婚姻庆典公司一样的丧仪公司，专为孝家承办丧事及其相关的跳丧祭奠仪式。五峰县民政局提供的服务已显出雏形，将来或许会出现以良好服务为宗旨的竞争。

从已有情况看，甚至在本土根本没有跳丧习俗的枝江、武汉等地，也出现了请土家外出打工的人跳丧的现象。如五峰的陈宏等人在外跑运输时，途经枝江，碰到白事，几个人到孝家跳丧跳得好玩，结果被孝家挽留住，要他们多跳一会儿（见第七章五峰跳丧实录）。另据友人相告，在武汉附近，也有巴东后乡外出到汉打工的农民在孝家为亡人跳丧的。虽然不普遍，但已有的例子证明，哪怕在文化背景不同的地区，凡看到这种歌舞的，也会喜欢，说明跳丧本身确实具有强烈的感染力。跳丧的歌与舞有如阳光，照在人的心上，给人温暖而不是阴冷的感觉。因此，跳丧在清江流域以外也将是受欢迎的，正如土家丧俗中的送亮习俗一样，跳丧也会影响到周边地区。

送亮本是巴人的风俗，每到年节，土家人都会给祖先的亡魂送灯亮，尤其在过大年时最为隆重。凡是巴人居住过的地方，都兴此俗。在与清江土家相邻的宜昌城区附近，人们受这一习俗的影响，也兴给亡魂送亮。每到腊月三十夜，城里的人会给埋葬在郊外的亲人坟前点上一盏灯。这一习俗即使在新建的公墓里，也仍在延续着。每当春节将至，公墓即开辟为亡人送灯亮的业务，不同的是，这里不像山里和郊外那样点灯笼，而是点上电灯。有求者只要交50元钱，在腊月三十、正月初一至初三、正月十五的夜晚，公墓工作人员会按时插上电线插头。公墓在修建设计时早已考虑到这一点，在每一座墓前都留有接线的插口。送亮习俗在宜昌东边靠近荆州的枝江境内也流行，最东直到枝江的七星台一带。如第一章清江土家丧俗综览“献祖、送亮”中曾提到，2003年农历正月十五日，我乘汽车经宜黄高速公路往武汉，从西到东，沿途所见田头地边的坟墓上，插满了一个个灯笼。与山里土家灯笼的不同之处在于，因平原地区风大，这些灯笼多为方形筒子，中间的蜡烛即插在地上的泥土中，不像山里土家做的灯笼，离地面约有一米多高。过了枝江七星台进入荆州境内，为亡魂送灯亮的情形就看不到了。跳丧跟土家送灯亮一样，势必也会影响到相邻的地区甚至更远。在这些相邻的地区或许也会出现在殡仪馆里的跳丧。

可以肯定，跳丧绝不是陋俗，更不是封建、迷信。不能因为唱了表达情爱、性爱的五句子，就认为是淫秽；不能因为有土老师的参与，就认为是迷信。当然，其中也有铺张浪费或给孝家带来负担等不良因素，这些都会随着人民群众知识水平和生活水平的提高而改变，民众自会调节。迷信、鬼神、浪费等，并不是跳丧的过错。至于“荤”五句子中太不雅的内容，人们也会因不喜欢而自然淘汰，五峰老年艺术团的婆婆们就已经在筛选了。

跳丧中女子的参与，使得表演的意味增加。长阳的民族民间舞蹈专家覃发池老师索性将跳丧改编成了巴山舞。巴山舞以跳丧舞蹈中核心的节奏律动和顺、曲、颤特性为基础，又融入了土家摆手舞和花鼓子等舞蹈语汇和元素，使舞姿更舒展，也更舞台化。除二人对舞以外，还借鉴、编排了转圈踏歌的形式，既有男女成对式的阴阳错落，又有集体携手式的联袂而行。巴山舞已作为体育舞蹈推广，长阳已申请了专利。

2003年9月28日，在长阳土家族自治县资丘镇，隆重举办了首届“中国土家撒叶儿嗬大赛”，长阳、五峰、巴东共18个代表队参赛角逐，上万名村民现场观赏，台上台下一齐欢跳，资丘镇沉醉在歌舞的海洋中。

相信土家跳丧在未来的时间里，会按照它自身的流变规律，自然而健康地生存发展。

注释

1 杨匡民、李幼平：《荆楚歌乐舞》，湖北教育出版社，1997，第287、288页。
2 同上书，第204、288、197、198、199页。
3 同上书，第292页。
4 王庆沅：《荆楚古音的发现》，《黄钟》1997年第2期，第23页。
5 杨匡民、李幼平：《荆楚歌乐舞》，第289页。
6 王庆沅：《湖北兴山特性三度体系民歌研究》，《中国音乐学》1987年第3期，第65页。
7 王庆沅：《楚声的传承与变异》，《比较音乐研究》1995年第2期，第13—21页。
8 彭万廷、冯万林主编《巴楚文化源流》，湖北教育出版社，2003，第418页。
9 同上书，第421页。
10 同上。
11 同上书，第422页。
12 同上书，第429页。
13 同上书，第428页。
14 同上。
15 转引自彭万廷、冯万林主编《巴楚文化源流》，第424、425页。
16 彭万廷、冯万林主编《巴楚文化源流》，第424、425页。
17 同上书，第430页。
18 杨匡民、李幼平：《荆楚歌乐舞》，第239页。
19 长阳土家族自治县民委、民族文化研究会编印《巴土研究》，1999，第255—263页。

20 董珞：《巴风土韵》，武汉大学出版社，1999，第213、214页。
21 彭继宽、姚纪彭主编《土家族文学史》，湖南文艺出版社，1989，第228—229页。按：张郎，即张五郎。
22 转引自彭万廷、冯万林主编《巴楚文化源流》，第431页。
23 同上书，第431、432页。
24 董珞：《巴风土韵》，第233页。
25 同上书，第236页。
26 同上书，第233、234、236页。
27 同上书，第236、237、239页。
28 同上书，第224页。
29 董珞：《巴风土韵》，第230页。
30 杨匡民、李幼平：《荆楚歌乐舞》，第197页。
31 彭万廷、冯万林主编《巴楚文化源流》，第421页。
32 同上。
33 董珞：《巴风土韵》，第241、242页。
34 《老子·四十二章》。
35 《庄子·田子方》。
36 董珞：《巴风土韵》，第1、2页。
37 同上书，第8页。
38 同上书，第4页。
39 萧国松整理《孙家香故事集》，长江文艺出版社，1998，第70页。
40 董珞：《巴风土韵》，第236—239页；杨匡民、李幼平：《荆楚歌乐舞》，第240页。
41 董其辉：《巴渝舞源流考》，鄂西巴文化研讨会论文。转引自杨匡民、李幼平：《荆楚歌乐舞》，第240页。
42 龚光胜、袁益军：《土家族的“摆手舞”》，《民族艺术》1988年第2期。
43 对庄子著述的解释参见陈鼓应注译《庄子今注今译》，中华书局，1988。下同。
44 董珞：《巴风土韵》，第210、211页。
45 同上书，第242页。
46 同上书，第212页。
47 《四库全书》本。
48 董珞：《巴风土韵》，第212页。
49 湖北省秭归县地方志编纂委员会编纂《秭归县志》，中国大百科全书出版社，1991，第428页。
50 湖北省鹤峰县史志编纂委员会编纂《鹤峰县志》，湖北人民出版社，1990，第450页。

后　记

《撒叶儿嗬——清江土家跳丧》这一研究课题，不是我一个人的微薄力量所能完成的，因此，在本书即将付印之际，我由衷地感谢所有以不同方式、在不同程度上曾给我以指导和帮助的单位和个人。谢谢！谢谢！

白晓萍

2005年11月6日于武汉

再版后记

2015年底，我接到湖北美术出版社袁飞编辑的电话，通知我《撒叶儿嗬——清江土家跳丧》入选《荆楚文库》，即将再版。算来，离2006年第一次出版发行整整十年。

本书记录的是2000—2003年我在湖北清江流域的巴东、长阳、五峰等地所亲历的土家族“撒叶儿嗬”活态遗存状况。从课题的选定、田野调查到写作成书，都是在著名学者张正明先生指导下进行的。张先生是名师大家，在楚学、史学和民族史学界，都是令人景仰的泰斗和实至名归的宗师。在先生生命的最后几年里，我有幸蒙先生垂爱、赏识和教诲。重温此书，感怀之情油然而生。

我起初关注“撒叶儿嗬”是因为参加了1995年宜昌市举行的首届巴楚文化研讨会，会议特别请到张正明先生为宜昌地域文化把脉。张先生对巴楚文化概念的诠释令人折服，其间论及土家跳丧，先生讲道：“中国的地形，从西到东，从高到低，大致可分为三级阶梯。长江上游与长江中游的交接地带，位于第二阶梯中段的东缘和第三阶梯中段的西缘。这里是连山叠岭和险峡急流，地僻民贫，易守难攻，历史的节拍比外围地区舒缓。北起大巴山，中经巫山，南过武陵山，止于南岭，是一条文化沉积带。古代的许多文化事象，在其他地方已经绝迹或濒临绝迹了，在这个地方却尚有遗踪可寻。这么长又这么宽的一条文化沉积带，在中国是绝无仅有的。……土家族正好分布在这条文化沉积带的中部，所保存的古代文化信息特别丰富，因而颇受文化界人士和学术界人士的青睐。武陵山区的傩祭和傩戏，比其他任何地方的傩祭和傩戏都更加多姿多彩。武陵山区端公（师公）的法事，可与大巴山区端公的法事媲美。

清江流域的跳丧和酉水流域的摆手，都能使人联想到三千多年以前的牧野之战。有些地方的土家人在跳丧时，不论识学与否，都还会唱屈原所作《九歌》的《国殇》，也是其他任何地方都听不到的上古流韵。”（张正明：《总序》，载苏晓云等主编《土家族研究丛书》，中央民族大学出版社，1999）

1998年10月，中国民族史学会以巴楚文化为题，汇集各方学者，在宜昌召开学术会议。为了参会讨教，我将在长阳所见的一场土家跳丧写成小文提交，没想到文中记述的“撒叶儿嗬”现场的鲜活内容被先生大加赞扬。会后他来到我的座位前，让我把这个课题好好做一下。张先生说：“关于跳丧，目前多是对歌舞套路的一般性和概括性介绍，它在现场的情形究竟如何，却少有人记录，也少有人说清楚过。你若把它说清楚了，就是一个了不起的贡献。”先生治学历来注重文献、考古、采风的三重证据法，反对蹈空之风。在指定给我必读的民族史志和《庄子》等古籍文献书目外，他特别强调要做细致深入的田野工作，尤其重要的是参与观察，必不可少；参与观察的时间须有一年半以上的周期，必不可短；即要有深度和广度，否则没有发言权。

2000年11月，我开始了对土家跳丧的田野调查。遵先生教导，我选择了家乡的恩施土家族苗族自治州巴东县野三关镇石马管理区道子坪村作为田野工作基地。住在高山上的土家农民家里，与观察对象一起，同吃同住同劳动，度过了变化的四季，两个冬天和一个春节。每次我将写成的作业呈给先生时，总是得到先生莫大的鼓励。他还特别称赞我做课题不问经费，不讲条件，上山下乡，说走就走；心无旁骛，方能成事。先生夫人、中南民族大学的董珞教授跟国外学者一起在土家族地区参与观察的实例，使得我在较为艰苦的条件下，更增强了克服困难、完成调查的信心。

书稿形成过程中，先生亲笔写给我很多具体的意见。比如让我着笔时心中要时刻装着读者，因此确定了全书以第一人称、夹叙夹议的手法展开——以第一人称娓娓道来，可使读者有身临其境之感；夹叙夹议则是在叙述时适当议论加以解释，便于读者明白所记为何意。每一章的内容都须与前一章对比，便于明了各地之异同。还有这一独特的文化事象赖以存在的人文环境和自然环境，村落间、族群间民众的交往方式和社会心态，文化传统背后的生命观念和哲学意涵，等等，都要仔细交代清楚，记录力求忠实详尽，甚至要做到宁滥勿缺。先生说我是巴东土家人，熟知清江土家的方言，让我对现场的记录尤其是人物语言，要尽量保持土家方言特色，必要时加上按语。还建议选择当地俚语俗话或歌词作为每一章的标题，由此形成了全书前、中、后三段体式：开头的“缘起”介绍课题的缘由、背景、操作和研究方法；末尾的篇章取名“感悟”，是根据调查作出的研究报告；中间部分共八章，是对所到之处亲历的“撒叶儿嗬”现场实录。书中选用图片都经过先生审阅挑选，均为揭示“撒叶儿嗬”所赋存的特殊历史传统和人文地理环境；凡跳丧图片，非现场拍摄的一律不用。我对现场演唱曲谱的记谱以及抄谱，先生交代不要记五线谱，就用简谱。我将手抄谱送到出版社排版，因一时没有简谱软件，先生提议就用我手抄的曲谱直接排版，还笑着说：“这才精彩，这才叫非物质文化遗产。”先生对我的悉心指导，可谓大到结构框架、章节铺陈，小到按语说明、引文注释，细到笔调风格、图片歌谱，凡此种种，无所不包。

书稿最后定名《撒叶儿嗬——清江土家跳丧》，每一稿都经过了先生的亲笔批点。凡值得肯定的地方，先生用朱笔眉批“妙！”“大妙！”凡谬误之处，先生毫不留情地狠狠批评，让我推倒重来。应该说，跳丧这个课题是在张正明先生的全程精心指导下进行并完成的，凝结了先生的心血和智慧。

所幸的是，先生离世前不久看到了这本书的出版。当时先生正值放疗期间，不能久坐，本来电话中说好我送书到先生家里放下书就走，但当到了先生家中，还是超出了预定的谈话时长。先生见到书特别高兴，说书的版式装帧比他想象的还要好。他写给我一些国内、国外学者的名字，让我在书的扉页上一一写上“敬请赐正”和我的名字。先生不仅耐心地传道授业解惑，还教给我学人应有的品德。没想到这竟成了我与先生的最后一次见面。2006年12月3日，先生不幸遽然仙逝！此书也成了先生生前见到的最后一本他所指导的后学出版的图书。

先生曾对我说，“这个选题是有价值的”，看着当时一摞摞的书稿，先生以肯定的口吻说：“好书不怕没人出（版）”“这本书肯定会获奖”“这本书会传下去”……这些当初不敢想的事，似乎都在应验。果然如先生的预见，2006年5月，“土家族撒叶儿嗬”被国务院列入首批国家级非物质文化遗产代表性项目名录；2007年12月，在先生逝世周年祭纪念活动之际，《撒叶儿嗬——清江土家跳丧》一书荣获首届中国出版政府奖；2008年该书继而荣获湖北出版政府奖；2010年巴东“撒叶儿嗬”传统仪式歌舞亮相中央电视台原生民歌盛典并斩获金奖，受到全国乃至世界关注；2016年本书入选《荆楚文库》得以再版。先生有感于土家族“撒叶儿嗬”的学术和艺术价值、悠久的历史文化传统和独到的生命观念，还曾预见它应该入选联合国教科文组织“人类非物质文化遗产代表作名录”。

为尊重当年调查时的历史事实，此次再版未进行大的改动，结构框架一概保持原貌，只对少量错别字或描写欠清楚的字、词、句进行了修订，旨在避免因表述不清产生歧义；对个别图片的顺序进行了微调，便于与文字描述的内容相对应。另外，2006年版中第三章《曲谱一》最后一小节do音前面表示微降的符号（按，向下的箭头），系当时排版时的错误移位，微降的符号应在最后的sol音前面，即表示微降徵音，此次一并进行了修订。2006年版第七章第202页末尾括号内文字列举的《风夹雪》谱例，巴东野三关写作曲谱十，实际应为曲谱十一；长阳资丘写作曲谱十四，实际应为曲谱十五。此两处均为疏漏造成的笔误，再版时也进行了订正。重新抄写了曲谱六、曲谱七、曲谱九，主要是对歌词和曲谱加以完善和誊正。再版的排版，文、图、曲谱都没有减少，只是注释的位置与首次出版置于页脚的格式不同，再版注释置于每一章的末尾，其体例、装帧等均由出版社统一设计，仅此略作说明。

十年后重读全书，再次温习当年田野调查时的情形和张正明先生的谆谆教诲，无论是做学问还是做人，都受益终身。先生逝世已整十载，相信此书的再版是对先生的最好纪念和告慰。借此机会，只为表达对先生的深切缅怀和无限感念。

白晓萍

2016年11月26日于宜昌